融通,打开语文课堂教学新视界

胡春美 著

东南大学出版社
南京

内容简介

扎根中国大地,聚焦核心素养,全球化时代的初中语文课堂应有怎样的质态呈现?

一位一线教师20年语文课堂教学的"融通"探索:以语言学习融合各学科知识,以跨界的、综合的、和煦的方式建构立体化语文课堂,实现语文课堂的文道相融、学养相通、情意相汇。

本书从"融通语文课堂"的研究缘起、价值意义、实践操作等角度全面、深入地阐述了新时代初中语文课堂的"融通"走向:关注教学目标的融会合一,以语文课堂为径,实现"文"的传扬和"道"的传承,通向"人"的全面发展;关注课堂教学内容的融合聚焦,构建"打开的"语文课堂,将文学、艺术、科技等融为一体,通过"语文的"学习,"通"向人类优秀文化的传承;关注语文学习方式的融聚,通过线上与线下相接、阅读与写作相生、鉴赏与品读相谐、实践与探究相融的方式,建设具有"融通"特质的语文课堂样态;关注师生情感的融洽和谐,师生共鸣共学、共生共长,实现语言的交流、思想的碰撞、价值的交融,使语文课堂达到"美美与共、交融并会"的状态。

图书在版编目(CIP)数据

融通,打开语文课堂教学新视界/胡春美著.—
南京:东南大学出版社,2022.10
 ISBN 978-7-5766-0271-5

Ⅰ.①融… Ⅱ.①胡… Ⅲ.①中学语文课-教学研究
Ⅳ.①G633.302

中国版本图书馆 CIP 数据核字(2022)第 190077 号

责任编辑:陈 跃 封面设计:顾晓阳 责任印制:周荣虎

融通,打开语文课堂教学新视界
Rongtong,Dakai Yuwen Ketang Jiaoxue Xinshijie

著 者:	胡春美
出版发行:	东南大学出版社
社 址:	南京四牌楼2号 邮 编:210096 电 话:025-83793330
网 址:	http://www.seupress.com
电子邮件:	press@seupress.com
经 销:	全国各地新华书店
印 刷:	南京京新印刷有限公司
开 本:	700mm×1000mm 1/16
印 张:	19.5
字 数:	279千字
版 次:	2022年10月第1版
印 次:	2022年10月第1次印刷
书 号:	ISBN 978-7-5766-0271-5
定 价:	130.00元

本社图书若有印装质量问题,请直接与营销部调换。电话(传真):025-83791830

序

袁炳飞

作为教师,无论是有意或是无意,其实都在以其所思所想、所行所成,书写着属于自己的教育史,而思想的自觉与明亮,实践的深入与卓越,直接提升其教育史的格调与价值。手上的这部书稿,是胡春美老师个人教育史上的一个重要节点,是其语文教学思想与实践的一次系统审视、积极筑建和成果表达。

融通语文,是胡老师提出的指向语文课堂的教学主张。教师的教学,是其所持教学见解下的自主选择与目标实现,是其教学理念、方略和标准等诸多考量的外化。教学的理念、方略和标准,其实就是教学主张的基本要素。在这一意义上,每位教师都有自己的教学主张,只是这样的主张可能是隐晦的、直觉的、经验的、零散的、矛盾的,可能是缺乏科学指导、不够先进、不成体系、缺少验证的。也正因此,倡导教师凝练自己的教学主张,旨在引导其系统而深刻地回顾既往、审视现实、展望未来,在问题的追问与理想的勾画中,在实践的探索与思想的澄明中,清晰教师与学生、课程的基本关系,弄清"我是谁、为了谁?""我与学生在哪,我与学生去哪?"以及"我与学生应当如何去?能如何去?"

等关键问题,而如上问题的系统性、高阶性、个性化应答,意味着对自我和教学形成清晰而确定的认知,让自己在教学实践上有方向、有指引、有动力,也意味着教学主张的明晰与确立。所以,教师教学主张的凝练过程,既是自身"聚力、注力、增力,开掘成长发展"的过程,也是从"事理向学理"、从"术"向"道",触发上位思考,鲜明教学追求,彰显教学风格,引领教学创新的过程。

融通语文,这一主张富有"质感与意蕴",源自胡老师能以更全局的眼光、更宽阔的视野观察和思考文化现象,因而胡老师对语文教学现实问题与时代发展的洞察,不仅基于当下的问题解决、聚焦学科的目标达成,更着眼教育的未来、理想的现实构建,提出"在人类文明基础上再迈新步伐",培养全球化时代"融通型人才"的教育宏愿。

胡老师对课堂教学生态的局限与可能、对学生语文学习生活的现实与理想有着深度的思考,在思想寻觅过程中逐渐生成的一个重要概念,就是"融通"。对于学生而言,语文学习的边界理应是其生活的边界;对于教师而言,语文教学的背景理应是学生语文生活、母语文化历史、现实与未来社会需求的融会贯通;对于语文教学而言,融通既是理念和方略,也应是一种可体验、可检测的语文课堂教学的新样态与新境界,更是学生语文学习的一种自觉、自信、能力和素养。融通不仅关乎课程、学科、教材与教学,更关乎时空场域、生态资源、方法路径、情致理智、品格素养。难能可贵的是,胡老师能从时代、民族与学生生命发展的多个维度来审视语文课堂教学、学生语文生活、学生素养培育,以及语文教育的当有质态等诸多问题,从问题中看见教学的历史与未来,看见改进的可能与资源,看见自己的使命与责任,进

序

而找到自己教学变革的支点与焦点,由点到面到体,构建起一个语文教学变革的观念系统、策略系统和教学实践系统。

胡老师对语文学科拥有一种学科关系意义上的课程理解、文化价值维度上的学科教学使命。语文学科是以母语为内容,音乐、美术、物理、化学、历史、地理等许多学科又是以母语为内容的载体、教学的语言,即便学外语,学生也是以母语的思维和文化为基础。在胡老师看来,语文教学首先要有"跨界意识",在此基础上,建立语文这一独具特性的学科教学认识与学生素养发展上的跨界思维,推进和优化"跨界融通的多元化学习"。在某种意义上,学生学习就是一种母语文化的根性学习,学生成长也是一种以母语文化为根基的文化成长。胡老师的融通语文,以学科育人为思想基础,是在"语文化人"这一价值定位上展开学科关系处理与学科教学构建的。融通语文,旨在系统化促进学生语言的建构与运用、思维的发展与提升、审美的鉴赏与创造、文化的传承与弘扬,通盘提升学生的核心素养,培养具有全球视角、中国品格的时代新人。

胡老师自工作以来,倾情投入、注重研学,视教学过程为研究过程、工作过程为创建过程、成长过程为修炼过程,不仅深受学生喜爱,还拥有了自我成长的拔节,先后获得江苏省、长三角班主任基本功大赛一等奖,第七届全国优秀班会课现场展示一等奖,江苏省初中语文青年教师教学基本功比赛一等奖等诸多成果,2018年经遴选进入南通市中青年名师培养一梯队。在某种意义上,"融通"这一核心概念,也是胡老师个人教育成长的核心概念,教与学本是相生共生的一体两面,"我即教育",教师首先是"学师"。在我看来,融通语文,也是胡老师自我成长与学科变革的由来已久、渐次明朗、相映生辉的教育融通。

融通,是为了更好的收聚、整合与优化,是为了更好的任务解决、更好的中心突破与目标实现,这是胡老师教学主张中始终明晰的教学逻辑。融通,也是语文作为母语的文化生命特质。对于汉民族的新一代,作为母语的语文不只是一种语言工具、一种思维系统,更是学生与生俱来的文化生命的"河流"、生命成长的"家园"。语文教学的一个重要目的,就是要让学生由生活性无意走向文化性自觉,由融入走向共生,由传承走向发展。胡老师对此很清醒,要实现这样的目标,语文教学中,学生融通的意识与能力,至为重要。而更重要的是,融通语文化育下的学生,应当把融通内化为一种精神、一种智慧、一种品格。时代剧变,发展如风,站在未来观照我们的教育,没有融通,就意味着缺乏适应力和创新力,也意味着成长的禁锢与自我的淘汰。

胡老师教学主张的核心价值在于对教学实践的改进与优化,在于学生学科必备品格与关键能力的协同提高。近年来,胡老师聚焦融通语文在课堂学习中落地生根,她与她的团队开展了积极而务实的系统探索,本书中,其实践方略和系列案例可学、可鉴、可品,加上对应的专题性阐释与陈述,相信读者会从中更为开放、更为多维、更为深刻地读懂语文、理解教学、优化课堂,体会融通语文的力量,让我们的教育教学更具活力与魅力。

在语文前面加上"融通",作为教学主张的一种个性表达,在学理上也许不尽完善,但表达的是一种教学的现实关切与理想追寻。在学科理解、教育追求、教学理念与实践方略的本意表达上,融通语文,无疑是个性鲜明、清晰晓畅的:语文具有融通的特质,融通是其文化存在的一个核心理由,融通既是语文自身发展的内在特质,也是其充满活力与魅力的独特禀赋;语文教学需要融通思维与融通智慧,无论是教还是学,无论是理解还是表达,融通既是前提,也是支撑、目的,在某种意义上,唯有真正的融通,才有更好的化育;语文学科对于学生的学习成长,不仅是一般意义上的一门学科,更是整个学习课程系统的基础,融通,既是语文学科的使命与责任,也是语文教学的原理与秘钥;对于学生而言,作为母语的语文是其文化演进的支持系统与存在表征,学生语文素养优化的理想境界,就是"我"与母语相融通,"我"是母语,母语有"我"。

融通语文理想的实现,需要不断从融通价值认知走向融通意识自觉,从融通意识自觉走向融通理念明晰,从融通理念明晰走向融通方略构建,从融通方略构建走向融通实践优化,更要从实践优化走向教学思想的纯化。学生成长与时代社会的变与不变,文化的差异性与本质上的共通性,是其核心认知;天人合一、万物互联,是其哲学根基。在整个教学主张的进一步思想厘定与实践改进中,以下三点很重要:一是研究性学习,二是反思性实践,三是学习生态与机制文化的系统建设。

一位教师如何从合格走向优秀,如何从优秀走向卓越,"道"有千条,"理"却通约:那就是以赋能学生、服务社会的使命感建立为前提,逐步构建起属于自己的、开放而又持续进化的六个系统,即科学人文、先进可行的观念系统;自成一体、独具风格的话语系统;精要自然、卓有成效的行为系统;开阔深刻,灵活独立的思维系统;仁爱温暖、雅致明朗的情意系统;视域开阔、质性智慧的研学系统。这六个系统的修炼统合,从方法论视角,除了找准自己的起点与标的,至为重要的就是自觉融通。而这,也正是胡老师这些年教育行走的写照。

未来可期,期待胡老师在语文教学的融通实践中,潜心追寻属于自己的语文哲学和学科教育学,以其情怀与智慧书写更富诗意的教育史,美好儿童,美好教育,也美好自己。

目 录

第一章 绪 论 ……………………………………………… 1

第一节 观察:我们的课堂怎么了 ……………………… 1

"学九年语文"不如"聊半年QQ"? ……………………… 1

"什么都变了,就课堂没变"? ……………………………… 4

语文老师有"梦魇"? ……………………………………… 7

"语文课请假也没事儿"? ………………………………… 10

第二节 沉思:语文,为了什么? ……………………… 13

"人":才德 才气 才能 才干 ……………………………… 13

"智":智识 智能 智性 智慧 ……………………………… 16

"文":文字 文学 文化 文明 ……………………………… 19

第三节 凝眸:这个时代,学生期待怎样的课堂? ……… 21

时空:打开去,融进来 …………………………………… 21

内容:能整合,会建构 …………………………………… 24

情境:小改变,大革新 …………………………………… 27

媒介:善翻转,敢盘活 …………………………………… 30

第二章 "融通"语文课堂的内涵、价值和意义 ………… 34

第一节 "融通":我的课堂思考 ………… 34
"融通"何谓? ………… 34
"融通"何由? ………… 39
"融通"何形? ………… 44

第二节 "融通"语文课堂的价值、意义 ………… 47
立德树人的时代召唤 ………… 47
课程改革的深度走向 ………… 50
语文学科的素养指征 ………… 52
传承师道的教学共长 ………… 57

第三节 "融通"语文的实施路径 ………… 60
样态:你"融"我"融",无"形"有"韵" ………… 60
资源:无处不在,无时不有,无地不"融" ………… 64
支架:从"场境""环境"到"情境""意境" ………… 67
关系:不是"对立统一",而是"互融共生" ………… 69

第三章 "融通"语文课堂教学的操作要点 ………… 73

第一节 目标融聚 ………… 73
"文""道"相融 ………… 73
"智""性"相通 ………… 76
"知""行"相协 ………… 80

第二节 课程融合 ………… 84
书内书外的丰富 ………… 84
课内课外的和谐 ………… 88

  校内校外的通达 …………………………………… 92

第三节　形态融汇 …………………………………… 95
  教学相长,视角转换 …………………………………… 95
  学科融通,跨界整合 …………………………………… 98
  网络创构,虚实相生 …………………………………… 103

第四节　方法融创 …………………………………… 107
  你说,我听;你听,我说 ……………………………… 107
  在读中写,在写中读 ………………………………… 110
  学而思则智,思而学则敏 …………………………… 115
  会问会答,走向"真学" ……………………………… 120
  为"素养"而考,为"未来"而评 ……………………… 123

第五节　资源融通 …………………………………… 126
  融合开发:让"无形"变为"有形" …………………… 126
  举一"融"三:从"有限"走向"无限" ………………… 129
  融"芳"聚"胜":使"隐性"归于"显性" ……………… 133

第六节　场域融贯 …………………………………… 137
  小学、初中、高中:从学段衔接走向学段融合 ……… 137
  学校、家庭、社会:从"单向合作"走向"协同融通" … 140
  过去、现在、未来:从"功利境界"走向"天地境界" … 146

第七节　修养融生 …………………………………… 149
  "爱"与"德" …………………………………………… 149
  "道"与"术" …………………………………………… 153
  "读"与"思" …………………………………………… 157
  "遇"与"见" …………………………………………… 161

第四章 "融通"语文课堂教学案例评析……164

第一节 融通,看见学生的需求……164

课前演讲的"尴尬"……165

"作业"告诉我们……167

134个字的作文……170

"多味"的《水浒传》阅读……173

从关注自然生命开始……179

第二节 融通,聚焦素养的落地……188

从"问题"开始

——以《女娲造人》为例的"融通"语文课堂实践……189

第二只猫从哪儿来

——例谈文本解读的"融通"立场……195

思维,是语言之本

——从一节"融通"的作文升格课说起……200

为别人点一盏灯

——"融通"视野下关于作文"立人"的思考……206

"阅"有乾坤天地宽

——关于《骆驼祥子》的"融通"阅读……211

第三节 融通,感受文化的力量……218

融通:让古老的诗行绽放文化活力

——谈统编教材《诗经》选篇的"融通"教学……219

寻善,向善,尚善

——基于"融通"的"善"文化主题实践活动……226

扎根本土，让"爱国"生长为一种习惯
——"融通"的爱国主义教育实践 ………… 237
生活创建：让"民魂"活在当下
——"融通"的民族文化教育策略 ………… 244
融合、创造、超越："张謇精神"的"红色"传承
——依托地方人文资源开展"红色文化"教育的融通实践 … 250

第四节　融通，关注关系的转化 ………… 256

让细节成为"走心"的艺术
——促发、修改、分享的"融通"写作策略 ………… 256
心田的源头活水
——农村初中长篇文学名著阅读的"融通"引导 ………… 264
创造，让文言也"融通"
——"知""行"相融的农村初中文言教学案例 ………… 273
她和他的"恩仇"
——关于师生情感"融通"的故事 ………… 278
作业，走在"立人"的路上
——"融通"的初中语文作业变革案例 ………… 284

附：作业成果 ………… 293

第一章
绪 论

第一节 观察：我们的课堂怎么了

"学九年语文"不如"聊半年QQ"？

不知什么时候开始，网上流传这样一句话：学九年语文，不如聊半年QQ。一句调侃，把语文学习的寸累之功抹杀得一干二净，也让人隐隐心生怀疑：QQ聊天也是语文学习的方式？我们的语文课堂竟比不上QQ聊天？

不可否认，语文能力强、综合素养好的学生，在QQ聊天时会有更开阔的思维、更严密的逻辑、更精准的表达；而经常性参与QQ聊天的青少年，在反应的敏捷、文本的理解、意义的转换、语言的表达等方面有更好的表现，在语文考试的口语交际、阅读理解等题型上也会占据一定的优势。但是，语文课堂的学习和QQ聊天并不在同一个坐标内——课堂是沉浸的深入的知识获取与能力培养的体系化工程，QQ聊天则是随意的自由的散漫的零散表达。从参与者的愉悦度、亲近感来说，QQ聊天可能更贴近青少年的喜好，但QQ聊天很难给予参与者系统的语言知识、文化熏陶，在语言文化教育和传承功能上无法与语文课堂相媲美。

既然如此，为什么会有这句话的流传？从这句话里，我们又能嗅到青少年怎样的语文学习诉求和渴望？从这样的需要出发，我们的语文课堂又该做出怎样的调整和变革？

和语文课堂相比，QQ聊天中聊天者需要时刻参与对话，需要全神贯注地吸收信息、理解信息、建构信息、输出信息，这种高度参与、高频反馈、极具个性化的交往活动使参与者在对话过程中始终保持积极愉悦的状态，这种状态，或许正是语文学习最好的状态。

班级授课的背景下，我们似乎很难在语文课上让每一个孩子达到这样的"在表达"状态——一个课堂里多则半百、少则三四十个学生，再加上持有话语主导权的老师，一节课，学生大部分的时间是在"听"或者"记"，很少有表达自我的机会。当一个孩子在课堂里只是一个"观众"或者"局外人"的时候，"真正的学习"能够"发生"的概率自然大打折扣。从这一点出发，我们的语文课堂可能更需要关注每一个学生在课堂上的参与度、活跃度。虽然班级授课的模式在短期内可能还无法改变，但我们可以对课堂的组织形式进行适当的改进和革新。比如，把班级整体分成若干个讨论组，在讨论组内部展开学习活动，加强小组成员之间的交流和反馈，增加个体表达机会，提升参与度；比如，借助小白板、平板、投影等多种媒体，增加课堂发言、分享的频率，让学生始终感受到"被关注"；比如，加强有关课堂评价的设计，注重评价主体的全员化、评价方式的多样化、评价语言的正向化，形成学生对语文课堂的积极期待。

QQ聊天的另一个重要特征是"自由"，话题的跨越度和包容度极大，天南海北，纵横逍遥，看似没有主题的随性发挥，却涉及各个知识领域，融合各种观点表达，呈现各种语言形态，对于人的知识构成、思维养成具有积极的促进作用。语文课堂与QQ聊天很大的一个差异就在于课堂讨论的话题指向相对集中和单一，语言表达的形态也相对固定，开放度和融合度没有达到学生所期望的程度，对学生的持续吸引力便相对较弱。

我们的语文课堂该往哪个方向走？是继续保持高冷气质，维持

"优雅"和"高贵"的矜持,还是走向开放和融合,同时接纳"阳春白雪"和"下里巴人",让课堂五光十色、五彩斑斓?

早在1996年,国际阅读协会(IRA)和全美英语教师联合会(NCTE)携手出版了美国《英语语言艺术标准》,其中有12项要求,包括"学生广泛阅读大量的印刷和非印刷文本,建构属于自己的文本理解""要收集、评估、综合从不同渠道得来的数据";美国未来学家丹尼尔·平克在《全新思维》中提出,决胜未来的6种能力中非常重要的一种就是"整合";《中国学生发展核心素养》指出,文化基础的培养"重在强调能习得人文、科学等各领域的知识和技能,掌握和运用人类优秀智慧成果,涵养内在精神"。以更全局的眼光、更宽阔的视野观察和思考人类语言文化,是语文课堂发展的必然。古人云,"风声雨声读书声,声声入耳;家事国事天下事,事事关心",今天我们的语文课堂需要关注的,不仅仅包含风雨人生、家国事件,无论是历史科技、人文地理,还是战争风云、人类环境,都应该成为语文课堂关注的内容。

但是,主张扩大语文课堂的容量,不等于将语文课堂等同于QQ聊天,而应该超越QQ聊天。课堂的核心在于"学习",在于从"交流"中凝练思想,从"分享"中研究规律,从"思考"中发展能力。如果说,QQ聊天是横向的知识内容的"集合",那么,语文课堂应该立足于纵向的素养能力的"融合","思接千载,视通万里"的背后,是从现象到本质,从分析到综合,举一反三,获得立于知识基础之上、超越知识的高阶思维和技能——尤其是横向的或通用的(不与特定的领域直接联系,但与很多领域相关)、多维度的(包含知识、技能和态度)高阶思维和技能。

这是一个不断发展、不断变化的时代,QQ聊天也渐渐被抖音短视频、直播所替代,但是,更主动、更开放、更包容、更多元、更融通,这是教育发展的主旋律,语文课堂,亦如是。

参考文献

[1] 董蓓菲. 全景搜索：美国语文课程、教材、教法、评价[M]. 上海：华东师范大学出版社，2009.

[2] 刘丽玲. 论巴兹尔·伯恩斯坦的教学话语理论[J]. 北京师范大学学报(社会科学版)，2003(4).

[3] 邓莉. 美国21世纪技能教育改革研究[D]. 上海：华东师范大学，2018.

"什么都变了，就课堂没变"？

那一年，看电影《流浪地球》，灾难、寒流、地下世界，和我们这个世界生生隔开了一道鸿沟。一眼瞥见影片中的课堂，一股熟悉感扑面而来：老师和学生，讲与听。我不由得一愣，我们课堂的这个样子，要"永恒"吗？不知是导演对于课堂太没有想象力，还是对教育的固化模式表达一点微妙的情绪？

有人说，近百年沧桑巨变，尤其是改革开放四十年，社会发生了翻天覆地的变化，唯有课堂没有变，尤其是语文课——同样的教师讲解，同样的课堂纪律保证，同样的反复练习，同样的听说读写。

经历一轮又一轮课堂教学改革，课堂必然在潜移默化中变化，说语文课堂"一成不变"恐怕并不准确，问题的关键是：我们变了多少？我们在往哪个方向改变？这种改变学生是不是喜欢，能不能适应未来社会的发展？

通过近年来对本区域语文课堂的观察，以及对不同届学生的访谈，我们发现，语文课堂教学整体上呈现以下积极改变：

一是，与现实生活的联系更为紧密，尤其是十八大以来，对"立德树人"问题的关注让语文教学更为注重"文"与"道"的结合，不管是课堂教学的内容，还是课堂练习的选择，更多地贴近生活，语文课堂对家国情怀、民族精神的重视不断加强。

二是,语文学科的工具性质更为凸显。微信公众号等自媒体平台的风靡让语文的工具性质进一步彰显,在语文课堂上,师生都更重视"用语文"进行学习,理解语文是"思维的工具",是"交流的通道",借助语文了解世界、表达自我的意识不断增强。

三是,课堂上学生自主交流的意愿和频次明显增加。随着新课改的推进,"以学习为中心"的思想深入每一间教室,学生主动学习、主动表达、主动交流的意识不断增强。但不同老师执教的班级,学生课堂表达的主动性和自主性呈现不同的状态;同一老师执教的班级内部,学生的交流欲望和表达水平也参差不齐。

四是,自主阅读的意识不断深化。统编语文教材必读书目和选读书目的课程安排,让阅读成为语文学习的重要内容,教师和学生对经典阅读的重视程度比之以往显著提高。社会文明程度的提升、书香校园建设也推动和促进师生的阅读,"让学生安安静静阅读"成为语文老师的共识,形式多样的阅读交流课丰富着语文课堂。

但是,学生对我们的语文课堂满意吗?

本校组织的"课堂满意度调查"结果显示,学生对语文课堂的满意度有待提高,学生对语文课堂的意见恐怕也是我们语文课的症结所在。

有的学生认为,对语文课的教学内容"不感兴趣",认为其"没有用"。统编教材选编的多是文质兼美的经典之作,虽然与学生的生活体验、现有认知水平有一定差异,但品嚼之下,意蕴无穷。学生认为"不感兴趣""没有用"的原因,可能在于语文教师对教材的二次开发不够全面和准确,在教学设计中没有重视对学情的研究和把握,导致在学生的体验中,语文的"学"与"用"之间产生隔阂。这就提醒我们,在语文课堂教学过程中,在解决"教什么"这一问题的时候,首先考虑"学生要学什么",而不是"老师要讲什么"。从学生的问题出发,解决学生的困惑和疑虑是重要原则。教师具有广博的知识，全面地占有教学资料，在教学过程中引入学生感兴趣的内容、吸引学生的注意力也很重要，这能让学生得到意料之外的"惊喜"。

有的学生认为，语文课的学习方式"比较枯燥"。观察当下的语文课堂，主要学习方式有以下几种：教师讲授、学生听讲，教师提问、学生回答，小组组织讨论交流，习题练习，朗读背诵，等等。这些学习方式在语文课堂中被综合运用，但其中占据课堂主导的，还是"教师讲授""师生问答"这两种方式。在"听讲"的过程中，大部分学生处于静止的被动的学习状态，课堂上的存在感不强，这就难免会分神走神，进而觉得枯燥了。站在学生的角度，我们应该将各种学习方式进行高度融合，同时更多地考虑，哪种方式可以让更多的学生参与，哪种方式可以让学生乐于接受。一方面，我们可以拓展语文学习的方式，除上述形式外，采访、新闻会、辩论赛、产品发布会、综合探究等方式都可以成为语文课堂教学的常态；另一方面，我们可以在课堂上尽可能综合运用多种学习方式，让课堂呈现"变式"，使学生在多种体验中不断获得新奇感和成就感。

也有学生认为，语文老师缺少"有趣的灵魂"。或许是久远的传统影响，不同于体育老师的飞扬洒脱，也不同于英语老师的时尚洋气，似乎语文老师就应该是儒雅端庄的"老夫子"形象，不少语文老师也因为这样的角色暗示，隐藏了原有的丰富多彩的个性特征，摆起一副"教书育人"的、大义凛然的、严肃正直的面孔，并以此为"正宗"。然而教育是"人与人交往"的事业，亲其师，信其道，学生喜欢的绝不是四平八稳的"夫子"。"零零后"的小不点，思维跳脱，个性斐然，老师讲课时幽默风趣，更容易引起他们的情感共鸣。课堂上的语文老师，不妨也多一点生活的真实，多一点生动的表达，多一点生趣的演绎，让语文课堂因为老师的精彩而多彩。

还有学生认为，语文作业"了无生机"。"一怕写作文，二怕文言文"的初中学生直言:语文作业形式单一,让人"提不起兴趣"。出于提升语文成绩的考虑,很多老师在布置语文作业的时候,以"语段阅读""作文""名著阅读"的练习为主,在作业内容、形式等方面很少有创新之举。作业环节(包括课内和课外)是增加语文积累、提升语文素养、增强语文运用能力的重要途径,尤其是在"双减"背景下,设置有效度、有梯度、有温度的语文作业,是对语文老师的一大挑战,我们需要把作业改革放在课堂教学改革的框架中一并考虑。

变,是永恒的主题。语文课堂教学永远在变革中,以主动之变求发展之道,语文课堂的魅力可以更彰显。

语文老师有"梦魇"?

这个世界是一个奇怪的圈,在外人看来,语文老师似乎是最有诗意最浪漫的,"最是书香能致远",这也算是世间为数不多的可以在工作时远离世俗尘嚣、沉浸于诗词歌赋的职业了,但语文老师从来不这么认为。

"数学老师两个小时就能批完一套作业,我们语文老师呢?一套作文就能让你批两天!"

"你永远猜不到这个孩子语文能考几分,语文,太'糊'了……"

"早读课的铃声绝对是语文老师的梦魇,什么时候语文老师能不用早上看班?"

语文老师的痛苦和烦恼来自何处?深究那些"怨言",我们发现,让语文老师感到厌倦的,表面看起来是繁重的工作量、是被无限拉长的工作时间,而事实上,里面包含的是语文老师对重复低效劳动的质疑、对课堂教学效果的追问和反思。

因为有压力,所以很焦虑。

这种焦虑也势必会对课堂教学、对学生产生消极的影响。作为语文老师，提升职业幸福感，化解教学焦虑，不仅让我们自己受益，更让学生幸福。

　　语文老师需要经常思考这个问题：我们为什么教语文？方向，往往决定了我们的路径选择。多年来，陷于应试教育的泥潭，禁锢于学校绩效考核的枷锁，很多语文老师习惯用"分数"来衡量语文教学的效果，于是，常常为了"0.1"的平均分"死揪"学生，让学生精疲力竭，更让自己痛不欲生。语文教学要不要分数？答案是肯定的，但是，语文教学绝不只是为了分数。因为，语文教学首先是教育人、培养人的。那些超越"考试"而存在的语言表达能力、人际交往和沟通能力、共情能力、批判性思维能力、跨界整合能力、独立创新能力、热爱生活热爱美的能力才是我们更需要去保护和培育的——这些能力，一部分可以在考试分数中显示出来，另外很大一部分却不在试卷中呈现，但是它们会伴随"人"的一生，帮助学生成为更幸福、更生动的"人"，成为我们国家所需要的社会主义事业的建设者和接班人。

　　如此想来，作为语文老师，在教学"乱花渐欲迷人眼，浅草才能没马蹄"的时候，是拉着学生一次又一次默写、一遍又一遍罚抄以保证考试时的正确率达到100％好呢，还是带着学生走进满含春的气息的情境，去感受"杂花生树、群莺乱飞"的迷人春色好呢？是让学生重复练习一张又一张冰冷的试卷好呢，还是使学生通过阅读、讨论、交流、辩驳，去主动寻找生命的意义和生活的真理好呢？"风物长宜放眼量"，作为语文老师，明确教育定位，真正理解"立德树人"的意义，才能给学生带来幸福——关乎他们一生的幸福。

　　一些人觉得，老师是一个并不具备多少专业含金量的职业，尤其是语文老师，这样的错误认知让语文老师多少产生一些尴尬。于是，在"无需专业"的暗示下，不少语文老师放弃了专业的研究和充满探索精神的创造，使语文课堂教学停留于代代相传的方式，疲于应付的职业倦怠自然而生。

第一章 绪 论

教师职业的幸福感来自何处？来自把"难题"当作"问题"的充满挑战和探索意味的钻研，来自灵感奔涌之时的不断开拓不断创造，来自超越固有的教学体系、凝结出富有独特个性的课堂教学之美……

如果我们仅仅把语文教学看作是简单传承而没有独特创新，如果我们认为语文教学只是完成某项任务而不是创造某些奇迹，语文老师是很难找到属于自己的职业幸福的，自然也不能将语文学习的幸福带给学生。但是，如果我们能够纵横捭阖、融会贯通，能够举一反三、触类旁通，如果我们能够以充满激情和喜悦的创新意识去研究语文、去构造课堂，我们就能在《黄河颂》里感受语言和音乐的交融之壮阔，能够在《梦回繁华》里细细鉴赏文字与美术的融汇之优美，能够在《女娲造人》中品味文学与民族文化交融之宏远，我们的语文课堂就能超越传统意义的语文课堂，带给学生更多的惊喜和成长，带给我们自己更多的愉悦与幸福。

忙，不是痛苦的根源；碌碌无为，才是丧失职业幸福的罪魁祸首。

作为一位语文老师，拥有并保持自己的专业素养，孜孜不倦地变革语文课堂教学，追求教学创新，其生命力才能蓬勃、伸展。

在很多老师看来，教学最大的挫败感来源于学生。教室里涣散游离的眼神，作业本上凌乱不堪的字迹，如同一颗颗定时炸弹，让老师心力交瘁。作为语文老师，我们时刻面对的是学生，我们职业幸福的源头也是学生。与学生保持良好的师生关系，营造和谐的课堂学习氛围，建立亲密的相互支持系统，是一位聪明的语文老师的必修课。尤其我们当下面对"零零后"，他们热衷于网络交际，习惯了虚拟世界，对于人际交往——尤其是师生交往——缺少经验和方法，语文老师需要改变传统的"瞪一眼是两把尖刀、哼一下是一声闷雷"的师道尊严，通过情景模拟、任务创设、成果展示等方法激励、引导、支持学生，和学生保持亲密感，以自身专业度维护学生的崇敬感，以关心、爱护、理解、尊重赢得学生的信任感，在课堂内外成为学生的"重要他人"，成为他们成长的呵护者、精神的引路人。当学生全身心地爱护你、信赖你的时候,那是一个老师最幸福的时刻。

"语文课请假也没事儿"?

"老师,今天下午第一节、第二节课是不是音乐和语文?我想趁这两节课,带孩子去看一下牙齿,这样不耽误课,您看行吗?"

接到家长这样的电话,心里挺不是滋味的。语文课不重要吗?不是的,学生当然是重视语文的。只是,在很多学生及家长看来,语文课不同于数学课、英语课,那些课不能缺,因为老师会在课上讲新的知识点,一旦错过,就不能跟上学习的节奏。可是语文课就没那么"要紧",因为语文课上没有那么鲜明的知识点呈现,少听一节课,似乎也没什么大不了的。

诚然,语文课有其自身的特点,语文学科是人文学科,语文课的价值很大程度上在于引领学生认识世界、认识自身,在文字的洗礼中培育高尚的情感,丰富人生的体验。这是一个漫长的日积月累的过程,并不是通过一节课或者两节课的学习就能够获得的。语文又是工具学科,是交流的媒介,是思维的工具,但这种工具"使用"的方法似乎也很玄妙,似乎也并没有什么直接的方法传授,语文课只是在不断地阅读、鉴赏、交流、分享,在学中用,在用中学。不同于数学课或者英语课,一节课讲了一个知识点或者几个句法,就能用所学去理解某一类题目,或者读懂某一类句型,语文课确乎没有这么"功利",语文课所教的并不是"指哪打哪"的武功秘籍,这就给了一些人这样的错觉:语文课,好像学不到什么东西;语文课,好像听不听都无所谓;语文课,好像什么人都可以教;语文课,其专业性好像并不怎么强。

作为一位语文老师,很想为语文课正名。语文课自有其纵横交错的知识体系,更有语文知识体系之外的情感体系、思维体系。语文课,怎么可以"随便"呢?

我们以统编教材作为观察对象,看其编排,便可以发现语文课的知识体系。以七年级上册第一单元为例,这是初中生入学第一个星期所学的内容,阅读部分是《春》《济南的冬天》《雨的四季》《观沧海》《闻王昌龄左迁龙标遥有此寄》《次北固山下》《天净沙·秋思》,写作部分是《热爱生活,热爱写作》。首先,从文体来看,涉及现代散文、古体诗、绝句、律诗、元曲,站在初中生的立场,纵使不需要详细介绍每一种文体的发展历史和内在逻辑,但其基本特征和发展如何能够忽略?再看几篇课文涉及的作家,朱自清、老舍、曹操、李白,这几位可是中国文学史上著名的人物,对于踏入初中的学生,需要进一步了解他们的生平事迹、思想发展,甚至艺术主张,又如何能够忽略?我们还可以看一看教材编者希望老师在语文课堂上带领学生掌握的语法知识,几篇课文后面的补白内容依次是比喻、比拟、名词,放在整册书中来看,编者设计了"修辞"和"词性"这两大语法知识框架,凡学习语文者又怎可忽略?同时,在"积累拓展"和"阅读提示"中,编者又设计了诸多语文学习方法,如"加点词的表达效果"(叠词和排比),朗读的"重音"和"停连","拟人手法的表达效果","视觉、听觉和嗅觉的角度",在"写作"部分让学生关注"最近发生在身边的事情",这些语文学习的基本技能又如何能够忽略?

可以说,初中语文课不仅包含了丰富的语文知识,而且将各种语文知识重组、整合,形成融文体知识、语法知识、文学史、鉴赏技巧、写作方法等于一体的立体交叉的综合性语文素养体系,怎么能够否定语文课的知识结构体系呢?

更为重要的是,语文课堂不是封闭的课堂,而是"打开的"课堂。语文课堂上,所谓的语文知识只是教学内容的一部分,语文课中更有"知识和技能"以外的青少年成长、甚至民族发展所不可或缺的营养。

第一种，是思维的发展与提升。语言是思维的工具，提升思维能力是语文教学的核心。朱智贤教授与林崇德教授合著的《思维发展心理学》中，把思维的属性界定为六种：间接性、问题性、逻辑性、个性性、生产性和概括性。语文课堂的学习，是不间断运用并提升思维能力的过程。还是以七年级上册教材为例，第六单元《皇帝的新装》"思考探究"要求：快速阅读全文，把握故事情节，并用自己的话简要复述。要完成这个学习任务，需要对各段落内容进行基本的概括，又需要把握各段落之间的逻辑关系，理清作者的写作思路，并提炼重点，这个过程，有概括、综合等多种思维能力的淬炼，又融合了阅读、语言表达等多种语文素养训练。在占有大量信息后提炼概括重要内容，这是现代人必备的重要素养，语文课堂的思维训练，对人的终身发展具有不可取代的作用。

第二种，是对生命的理解与热爱。语文的感性、感动、感发与感奋是其他任何学科都不具备的特质，语文课堂上的阅读、分享能唤起人对爱与美的渴望和尊重，能让人保留纯澈纯真纯美的情怀。比如读《天上的街市》，在新奇、瑰丽的想象里感受郭沫若在黑暗的社会面前、在苦闷的现实之下，依然向往"美丽的街市"，依然坚定地相信彼岸的光明，让人生出不尽的勇气和力量。现代人很聪颖，但是也很脆弱，孤独的生活状态、超强的生活压力之下，语文课堂给青少年烙下的生命底色，让他们能在艰难跋涉时回望生命的绚烂，保留对生命最初的爱恋，这是语文课的重大价值。

第三种，是对民族文化的传承和发扬。文化是一个民族的根，文化传承与发扬的形式有很多，但语言的传递是最关键的。语言文字中隐藏的文化密码、民族精神在很大程度上凝聚着一个民族的向心力，点燃一个民族的奋斗力，决定一个民族的发展力。语文课堂就承担着这样的"火炬手"的作用。语文课堂上的品诗论文、指点江山，都在用"语言"把青少年的血脉联结。读《女娲造人》，比较不同民族关于人类起源的神话传说,津津乐道于我国古代的神话故事,被夸父逐日的悲剧英雄气概感染,被精卫填海的坚韧顽强毅力感动,被大禹治水的造福民众精神感化,这些精神符码也通过语文学习的方式在一代又一代少年身上留下深深的印迹。

所以,语文课的内涵应该不只是我们肉眼所看到的。

第二节　沉思:语文,为了什么?

"人":才德　才气　才能　才干

一日,因文明城市检查,校长把政教处人员和门卫师傅拉到一起组了一个群。突然,群里冒出一个语音:"我×××,今天谁到校门口值班的……"原来,是保安师傅。群里一片诡异的静谧。突然想起一句俗语:"贾府里的焦大是不会爱上林妹妹的。"不同的生活阅历、不同的生长环境、不同的教育背景,往往造成不同的话语体系,迥然不同的话语体系背后,是个体不同的价值观、世界观。林妹妹不会喜欢焦大的粗鄙之状,焦大也未必看得上林妹妹的娇柔姿态。不同的话语体系是如何形成的?语文课堂的最优路径是保留各种话语体系的分歧,还是促进教室里各种不同话语体系的融合,进而实现社会话语体系的更新迭代和改革进步?

话语的背后,是人。

要解答上述问题,首先需要厘清:我们的语文课堂,是要培养什么样的人?我们的社会,需要什么样的公民?

"国无德不兴,人无德不立。"德,是为人的根本。语文课堂也好,数学课堂也罢,教育的首要目的,便是"立德",是教导出有才德之人。

这个"德",既是个人私德,又指社会公德。于己,有健康的生活情趣、优雅的言谈举止,有淡泊的情怀、高雅的情操,正如刘禹锡所言:"斯是陋室,惟吾德馨。"于社会,能遵守社会规范、不影响他人,凡事能从大局考虑,不自私自利唯我独尊。这样的"德",来自家庭的濡染、社会的感染,更来自每个人的价值观念、人生信仰。而语文课堂,是架构学生精神基座的课堂,是养成个人良好品德修养的课堂。语文课,首先要把字、词、句、篇和"德"相融,从字里行间感受德行之馨香,树立崇德修身的理想。《陈太丘与友期行》中元方的恪守诚信,《咏雪》中太傅一家的高雅生活情趣,郑振铎通过《猫》表达的对生命的尊重理解,康德拉·劳伦兹在《动物笑谈》中传达的对科学研究的执着热爱,都是语文课要传达给学生的生命力量之源。"才者,德之资也;德者,才之帅也。"不管是语文课堂的教学,还是学生学业水平的评价,都需要树立"以德领才、以德蕴才、以德润才"的观念,这样的语文课堂,才有"根"。

  孟子说:"我善养吾浩然之气。"这"浩然之气。"至大至刚,俯仰天地而无愧——这种"浩然之气",是每一个青少年应该拥有的大视野、大胸怀、大担当。我们自古就有"文道合一"的传统,这"道",不仅仅是文理意趣、客观规律,还是"兼济天下"的政道、造福百姓的人道。语文课堂应该是包容的、博大的课堂,是融"道"于"文"的课堂。把社会主义核心价值观融入课堂,对于富强、民主、文明、和谐的企盼,对于自由、平等、公正、法治的追求,对于爱国、敬业、诚信、友善的执守,方能成为每一个青少年的自觉行动。要让学生养成一种品性,一种胸怀天下、以苍生为念的品性;形成一种价值,一种求得人类福祉、实现天下"大同"的价值;锻成一种精神,一种"我将无我,不负人民"的精神。一个人的精神成长源自语文课堂,我们的语文课堂,不能培养"精致的利己主义者",在课文的阅读中,在名著的学习中,在对世界的观察中,着力养成学生的"浩然之气",不戚戚于贫贱,不汲汲于名利,放眼世界,着眼人类,"青年一代有理想、有本领、有担当,国家就有前途,民族就有希望"。

"贤良之士众,则国家之治厚;贤良之士寡,则国家之治薄。"课堂所培养的人,必是贤良有才能之人。在2018年的全国教育大会上,习近平总书记站在党和国家事业发展全局的战略高度,阐明了培养德智体美劳全面发展的社会主义建设者和接班人这一教育的根本目标。立足人的全面发展和终身发展,具有高尚的品德、创新的思维、健康的体魄、良好的审美、劳动的习惯,是时代对人才的要求和期盼。"德智体美劳"不是相互割裂的单项的能力素养,而是相互融合、相互促进,在整合性的学习活动中共同提升。这就决定了我们的语文课堂不能只是单一的语言训练的课堂,而应该是"五育"共融的以综合能力训练为主线的课堂。我们需要加强语文同美术、音乐等各种课程的整合融通,加强语文综合实践活动的设计和实施,加强具有创造性的主题探究课程的开发,加强学生的动手能力,培养学生的探究意识,提高学生的创造素养。培育全面发展的人,我们的语文课不能再停留于传统的"一位老师＋一份PPT",我们的语文课堂需要翻转、需要开拓、需要走出狭窄的封闭的空间,到更广阔的世界去认识、去探究、去发现。培育全面发展的人,我们需要跳出"文字文本"的局限,看到事件和人物,感受表象和本质,思考过去和未来……

尤其需要关注的是,我们要培育的是"社会主义的建设者和接班人"。要实现中华民族的伟大复兴,要实现"中国梦",我们需要在坚定理想信念上下功夫,在厚植爱国主义情怀上下功夫,在培养奋斗精神上下功夫,我们的语文课堂,要进行积极的精神引领,要鼓励和激发青少年把个人的生命价值融入国家和民族的事业中,把民族发展的重任作为自己的责任。在教学《植树的牧羊人》的时候,我们需要思考新时代中国的"牧羊人"在哪里;在教学《驿路梨花》的时候,我们也可以探讨新常态下如何继承和发扬"雷锋精神";在教学《安塞腰鼓》的时候,我们也可以寻求如何点亮民族的音乐、文化之光……我们要培养"社会主义的建设者和接班人",要培养未来中国最积极、最有生气的力量,要培养有才能、肯苦干、会实干的人,我们的语文课堂不能满足于"坐而论道",更要"起而行之",我们的课堂不能只拿锦绣文字做官样文章,更要知行合一,要深入实践主动作为,要以实际的、生动的行动实践我们的理论,践行我们的思想。

为谁培养人?培养什么人?作为人民教师,尤其是语文教师,我们在教育教学中需要时时反问自己,并以此为标准时时审视课堂,这样,才能创造"长江后浪推前浪"的历史,才能实现"一代更比一代强"的期盼,才能实现民族复兴的梦想!

"智":智识 智能 智性 智慧

《道德经》中有一句话:"知人者智,自知者明。""智"的终极目的在于两个方向的"知":向外,认识他人,认识世界——由已知而达未知;向内,认识自我,认识内心。同时,在这个"知外""知内"的过程中形成独特的认识方法,并指导其生活。

语文学习,即是帮助个体实现"知"的重要途径。可以说,语文学习是一个通达智慧的过程。

语文学习是一系列客观认知的叠加。在语文学习过程中,个体逐渐形成固定的概念、觉知、判断,形成个性化的价值取向。这种"智识",是在个体和环境相互作用的过程中形成的,借助感觉、知觉、记忆、想象、思维等活动,个体认知的功能系统不断发展,趋于完善。所以,语文学习既要注重一个个"点"——各种语文知识和能力的突破,更要重视一个个点之间的线性联系、交叉和"整统"。各个"点"的认知重合、融汇,方才构成一个人完整的语文知识和素养的聚合。

第一章 绪 论

一个人的成长在于他认识世界和认识自我的过程,在不断的语言积累中,个体的认知呈现持续性的特性,构成独属于个体的认识过程。语文学习的过程,也使个体的认识过程得以重构和发展。一个人对世界、对自我的认识不是孤立的、僵化的、一成不变的,而是联系的、发展的、辩证多元的。语文学习的方式,在一定程度上决定了个体对信息的接收、编码、存储、提取和利用的特性,也决定了个体的信息加工过程——思维和记忆的方式与特点。在长期的语文教学实践中,我们很容易发现,不同学生的认识方式是存在很大不同的。比如对古诗词的识记,有的孩子很自觉地将字音、字形和字义内涵联系记忆,能从"谁家新燕啄春泥"里面读到燕语呢喃、春回大地的欣喜与生命活力;有的学生则没有这样的认识自觉,纯粹死记硬背,或者无意识记忆,"谁家新燕"便容易成为"谁家新雁",春意盎然的灵动与萌发便也不易觉察了。自然,这只是小小一例,至于对文字整体的把握、对作者情感的理解,在信息泛滥时代对有效信息的提取和运用、对客观世界的认识就更为不同了。

语文学习应该是这样一个过程——创设多样化的认知途径,让学生在不同的环境中尝试各种认知方式,优化自己的信息编码方式,实现认知过程的最优化,并且由此及彼,促进智能发展。基于这样的思考,语文学习就不能只限于封闭的、狭窄的空间,而应该置于开放的、延展的世界,语文学习应该是多类型多方位的学习融通,把文字与事件、情感与智慧、个体与社会、民族与世界融会贯通,在交流、碰撞、激荡中实现素养的汇聚与更迭。

语文不同于其他的学科,在于它不仅仅是思维的工具,更是一种人文素养的养成和培育,它与人的情感、态度、价值观密不可分。语文学习的过程,不是单一的获取知识的过程,而是人的精神基石奠定的过程。在语文的学习中,学生获得最基本的价值情感的认可与接受,从而逐步形成个体的价值体系,进而形成社会的、公众的道德判断标准,也直接形成未来公民的基本素养。我们可以看到,在《邓稼先》《说和做——记闻一多先生言行片段》等课文的濡染之下,奉献祖国、爱岗敬业等精神深深镌刻在学生的心头,成为青少年的主动追求。这种道德濡染,又不仅在语文学习中存在,更与学生的日常生活紧密相连,《长津湖》《水门桥》等影片的热映激发了学生不忘先烈、保家卫国的慷慨之志,北京冬奥的胜利召开、港珠澳大桥的成功建成激发了学生的自信之情,蛟龙号的深潜、北斗导航卫星的研发激发了学生身为华夏儿女的自尊与使命感,在语文和生活的融合中,学生认可并接受作为一个中国人的骄傲与自豪、责任与担当,可以说,语文学习与生活事件一起,共同构筑起学生的精神世界,催发个体的生命成长,并形成新一代中华儿女的家国认同、民族认同。这种认同,不仅在行为方式上、在情感理智上与"中国"一脉相承,更在文化命脉上继承"社会主义建设者和接班人"的主动与自觉,在血缘契合上传扬中华文化的深沉与伟大,把"人民主体,天下为公"的"中国梦"的实现镌刻在灵魂的深处,并自觉为之努力奋斗。

  这样的"智性",不仅在文本的学习中渗透,更在环境中濡染,在生活中践行。这就意味着语文学习应该是一个活跃的、立体的空间建设过程,从"发自本心"的写作到主题多样的综合性学习,从倡导思考探究的名著阅读到整体协同的口语交际,都应该立足于"中华认同"的文化视野,将"富强、民主、文明、和谐、自由、平等、公正、法制、爱国、敬业、诚信、友善"的社会主义核心价值观贯穿始终,让"君子文化""和文化"等传统文化荡涤心胸,形成具有中华文化风格的语文课程。同时,语文老师应该具有广阔的视野,从"闭门造车"的"独行侠"变为"广开八方门"的"融通者",创设各种生活的、语文的活动,在融合多元的客观世界、神奇奥妙的虚拟世界中传播中华文化,构筑多维的语文学习空间,传承中华文化基因。

第一章 绪 论

"文":文字 文学 文化 文明

近年,流行一句话,"得语文者得天下",似乎把"语文"捧上了一个前所未有的至高无上的地位。因为语文学科的得分不是一朝一夕能够提升,在语文学科占据优势是绝对的"无冕之王";因为语文学科的分数不像数学能够预估,而是存在很大的不确定性;因为对于真正的"学霸"来说,其他功课基本上都是能够拿满分的,高手之间的对决"战场"往往就在语文学科上……

但是细究"得天下"的说法,"得语文"的优势绝不仅仅在语文考试的高分上,还在于将语文作为工具去学习其他学科时,学生的阅读能力、理解能力同时影响该科目知识的理解和掌握;在于语文学习所带来的深厚的文化素养往往决定了这个人能够走多远;在于通过语文进行的文化传播在潜移默化的濡染中会改变一代人、甚至几代人。换言之,语文课传递给学生的,决不仅是语言文字的运用,更有文学的价值濡染、文化的熏陶感染。

透过表层的语言现象,语文带给学生的,是语言背后的话语系统、思维方式以及整体文化体系。

于是,我们就要思考,语文最需要教给孩子的究竟是什么?

最重要的自然是"字词句篇,语修逻文"等语文基础知识,以及运用语言的基本能力。尤其需要注意的是,在语文的世界里,"用"显然比"知"更为重要。"纸上谈兵"显然就是没有实践操作的结果,而读书人一旦成为空有知识只会"掉书袋"的"两脚书橱",那是很可悲的。日常的语文教学,需要把目光投注到"用"的维度,在用中学,在学中用,才不会造出呆滞的、僵化的读书机器。例如我们学习比喻的修辞手法,不是能够赏析几个句子就算达到了学习目标——固然,考试的时候用的是这种方式——那于生活是毫无意义的,学习比喻的修辞,是为了让我们的表达更为生动和准确，当你需要描摹一件事物的时候，你可以用最有趣、最生动、最精准的比喻，形象地展现你的感受，让人触摸到你的思维，感知到你的理趣。这样基于"用"的"学"，融于"用"的"学"，方是有意味的"学"。在课堂上，我们要杜绝老师的"独家讲坛"，那是无法让学生真正投入"学用"语文的；要激发和鼓励学生去交流、去表达、去争鸣，在"说"和"写"的过程中理解和消化所学的知识，培养基本的运用"语修逻文"的能力。而相关的语文综合实践活动、口语交际活动，更需要融合在日常的语文教学中。

语文的教学，很大一部分是通过"文学作品"这一载体进行，可以说，"文学作品"是语文的集中表达，它的宏大空间决定了语文教学的内容极为庞杂而多元，同一篇文学作品，不同的老师、不同的学生所读到的东西甚至可以完全不同，即使是同一位老师、同样的学生，在不同的时空环境下读到的内涵也迥然有异。语文教学，不能忽视和违背这种作品解读的多面性。从这个角度出发，语文教学，是"智"的凝练和"情"的濡染相融合的学科。语文学习的一大重要意义，就在于在阅读中体验人生百味，在潜移默化中丰富情感、树立价值。语文教学，需要重视学生情感的生发和智慧的引领，并将这种"情"与"智"相互融合，在多维的情感共鸣和多层的思维激荡中实现语文新生长。比如读《愚公移山》，在愚公身上，关于"情"与"智"的生长点就有很多：愚公不畏艰险一往无前的勇气和毅力，愚公老当益壮志在千里的远大志向，愚公不限于当下着眼于事物发展的朴素哲学观，愚公明知不可为而为之、迎难而上勇于挑战的非凡精神，愚公一家团结协作携手奋进众志成城的宏伟力量；当然，也可以是愚公不自量力藐视困难口出狂言的固执，愚公以一己之私决定家人命运的专制，愚公将生命耗费于无价值事件的狭隘，愚公移山的结局借助外力而对现实并无借鉴意义的浅陋……语文课堂需要激发学生的多靶向思维，激荡学生的多维度情感，在分析与比较、观察与思考、共情与共研中成就丰富的、全面的、立体的人。

通过这样的文本阅读,学生实现了一次次的情感共鸣和思维跨越,通过长期的阅读思考,学生能将零散的、断层的、个别的思考凝练成完整的、和谐的、统一的情感体系、思想体系和价值体系。而个体的生命价值体系,植根于日常的语文教学,与"语文"背后的民族文化血脉相承。

在语文教学中,我们需要挖掘文本背后的文化内涵,在理解"是什么"的同时更要深究"为什么",由此追溯中华文化的价值根源,由一个个零星的"点"铺展出中华文化五千年的史诗,促进"文脉"的唤醒、传承和发扬。这需要教师以系统的、融通的思维解读一个个语言现象、一段段文学故事,从中解构出文化的本源。如读诸葛亮的《诫子书》,除读到诸葛亮对子辈的殷殷嘱托之外,更看到传统的儒家文化在家族教育过程中的延续和发展,"修身齐家治国平天下"的儒家理想在现实中的物态呈现。把《诫子书》与《傅雷家书》相融合,又可以看到在不同的时代中华家庭传统伦理是如何以相类的方式一代又一代传递,绵绵不绝、生生不息的。

所以,"得语文者得天下"的说法,看似把语文推向"神坛",但如果只看到语文的"分数功能",那不是对语文的真正理解,而是对语文认识的狭窄化、粗浅化和片面化。

语文的背后,是人,是整个民族的历史和文化!

第三节 凝眸:这个时代,学生期待怎样的课堂?

时空:打开去,融进来

读过《论语》的人一定都被这样一个画面感动过:"暮春者,春服既成,冠者五六人,童子六七人,浴乎沂,风乎舞雩,咏而归。"暮春三月,草长莺飞,褪去厚厚的棉衣,换上轻薄的春服,三五知己,六七童子,在沂水沐浴,感受天地复苏的气息,高坡上,春风吹起衣襟,共同吟咏歌唱,尽兴而归。那满眼的春色春意,满心的自在吟唱,在充满生机的绿野之中,使心也自由飞翔。在那个情境之下吟诵的诗一定是最美的,说出的语言一定是智慧的,因为,那是一个自由的、无比阔达的空间。

不知道从什么时候开始,语文课堂就被束缚在一个小小的房间里了。以前是一把戒尺一本书,现在是一张讲义一个PPT,师生相对,正襟危坐,神色俨然。但是,语文的曼妙真的能在一个狭窄逼仄的空间里全部呈现吗?

答案自然是否定的。

语文的载体——文字固然是"伫立"于小小的有限的纸上,但是,它勾勒出的世界是无限的。语文的世界,不仅一张小小的书桌载不下,纵使一个高大巍峨的图书馆也无法尽载。语文不断在发生,不断在发展,汉语新词持续更新,思想形态瞬息万变,永恒的变化无时无刻不在发生,学习语文的过程如果仅限于静止的、封闭的、有限的空间,又如何看到未来呢?

"思接千载,视通万里"应该是一个极曼妙的境界,"接"与"通"需要博大的视野和胸襟,阅读是一条途径,但只有阅读没有实践,恐怕也容易成为水中望月,落得个纸上谈兵的结局。古人说"读万卷书,行万里路",语文学习也需要一个"打开的"的空间,在这个空间里,学生去经历、去实现、去失败、去体验,将生命之体验与阅读之体会相融相生,生命才愈加厚重,愈加丰盈。

语文课堂的空间需要突破。需要打破阅读的界限,让教科书适当"退后",让各种"闲书"共同参与学习空间的构造。统编教材在这方面已经做了大量的尝试和引领,每册教材上的"名著导读""自主阅读推荐"将学生的阅读空间进行了大大的拓展,不少课文后面的"积累拓

展"部分也进行了有意识的阅读延伸。如八年级下册《小石潭记》"积累拓展"部分,编者就进行了这样的引注:

> 柳宗元的山水游记上承郦道元《水经注》的成就,而又有突破性的发展。明代文学家茅坤说:"夫古之善记山川,莫如柳子厚。"课外阅读"永州八记"中的其他作品,如《始得西山宴游记》《钴鉧潭西小丘记》等,体会柳宗元山水游记的特色。也可以阅读后世的游记作品,如袁宏道《满井游记》、袁枚《峡江寺飞泉亭记》等,体会其与柳宗元文章风格的不同之处。

从《小石潭记》走出,走进柳宗元的"永州八记",再走入袁宏道、袁枚的游记,学生的阅读空间、思维空间一下子得到了极大的拓展与延伸。在这样的空间构设下,学生可以从一点、一处看到多点、多线、多面,对柳宗元的微妙幽趣的情感世界、曲折多舛的人生轨迹有更深切的认识,对文字风格的代际变化、内涵更迭也有了多元的认识。

除阅读空间外,课堂的物理空间也需要突破。可能是出于课堂管理、安全保护等因素的考虑,当下绝大多数的语文课堂都束缚于教室之内,学生也总是静坐于板凳之上。这样的结果便是,学生以为语文便是"说说""写写""考考",对于语文的兴趣就越来越淡薄,对于语文"用"的价值越来越怀疑,而事实上,语文何尝不是帮助我们感受生活、品味生活的呢?

转变课堂的空间布置,让课桌动起来,让学生活起来,课堂上多一点空间变化,变成新闻发布会,变成演说讲台,变成朗诵舞台,变成辩论现场,变成新闻场景,让整个教室具有更多变化的可能,学生具有更多的角色期待,语文课堂的空间不就会有更多意味、更多生趣吗?

走出教室这个有限的空间,到生趣盎然的校园中去,到清新的自然中去,到变幻无限的生活中去,造就多样化的语文课堂空间,以沉浸式的情境教学,使"人"与"情"融和,"景"与"境"通达,使学生享受语文学习的挑战和幸福,不是更愉悦、更有情味的体验吗?

学习《安塞腰鼓》,就到广阔的操场上去,放开了膀子酣畅淋漓地读一读舞一舞;学习《大自然的语言》,就到可爱的自然中去,定期观测身边的物候现象,在观察、记录、探究中体验自然的神奇;学习《壶口瀑布》,纵使不能亲身到黄河,也要在气势磅礴的击水之声里感受勇往直前、博大宽厚的伟大神韵……

情境时空的营造和浸润,与语文课堂相融,可以实现"1+1>2"的效果,在情、境、趣、理的交汇中感受语文之美、生活之趣。

课堂时空的建构,不仅仅包括向外的"打开去",更包括向内的"容进来"。以开放包容的心态,融聚多种思维、多种价值,建构一个让学生充满安全感的课堂心理空间。保护学生的言语自由,让学生敢说、能说、会说;保护学生的思维自由,让学生善思、乐思、能思;保护学生的交往自由,让学生主动、积极、大胆;保护学生的自尊自信,平等对待每一个学生,让学生在课堂里感到被理解、被认可、被尊重,让其归属与爱的需求、自我实现的需求得到满足。

不管是现在的语文课堂还是未来的语文课堂,都不会满足于那一间教室的安逸。空间,从来都存在,关键是如何去建设,如何去融通。

内容:能整合,会建构

语文课教什么?

这个问题比"怎么教"远为重要,尽管我们在备课的时候往往更纠结于"如何教"的操作策略。

这里有一个问题,我们上语文课的着眼点在哪里?是"语文"本身的传承和发展,还是作为"人"的学生的成长?语文,是"人"的构成的重要支架,学语文、用语文,是为了更好地成为"人",教学的目标是"立德树人",基于人的全面发展和终身发展,是语文教学的首要着眼点。

那么,对语文课堂教学的内容需要有一个全新的理解和阐释。比如,为了保证学生的"心思纯粹"而要求学生"两耳不闻窗外事,一心只读圣贤书",不看电视、不碰手机是不是适恰?比如,为了语文考试时的高分而让学生牢记答题模式,所有的思考都围绕着作者的思路而不去开辟自己的思维"疆域"是否合适?比如,名著阅读时去熟记熟背那些已成"定论"的名家言论而放弃个性化的解读是否值得?比如,古诗赏析只要熟练默写外加背诵众人认可的普适性鉴赏结论而不需要读者自己的生活迁移和情感投入是否可取?

语文学习,不是为了宣布一个结论,而是为了让学生有能力得出一个结论;语文学习,不是僵化的知识传递,而是为了让学生能在泛滥的信息中冷静地梳理筛选,保持客观的判断;语文学习,不是为了让那一个个文学符号在冰冷的纸上留下印迹,而是为了激发生命共通的情感,把"真善美爱信乐"这些精神财富在一代代共鸣中弘扬。

语文学习的内容,要整合,更要建构。

就语文学科统编教材编排而言,教学内容本就丰富而繁杂。每册语文书的教学内容,绝不仅仅限于文本阅读,还有"写作""综合性学习""口语交际""名著导读"等丰富的内容,既有向内的思考和钻研,也有向外的交流和探求,是个体自我的探索和群体交互的融合。就教材阅读文本而言,其内容庞杂,包罗万象,随手拎出八年级下册的几篇阅读课文,有《安塞腰鼓》的民俗文化演绎,有《大自然的语文》的物候知识传播,有《核舟记》的民间艺术展示,有《小石潭记》独特美学的濡染,可以说,天地经史无所不及,人文地理无所不括,在看似聚焦的主题单元学习下,以发散的内容呈现,把培养"完整的人"的目标落到实处。

如果说,教材的内容编排是固定的、线性的,那么教师对课堂教学内容的选择则是流动的、交互的。如何运用好教材,让语文教学内容呈现出更为丰富多元的色彩,带给学生更为真实细腻的体验,培育学生的核心素养和适应未来的能力,是语文教师选择教学内容时必须考虑的。

教学内容的选择首先要关注文化基础的积淀。文化是人存在的根和魂,语文学习的过程也是文化传承的过程,五千年文明的辉煌,"君子""大同"的人文理想,悲悯慈爱的人文情怀,高雅平和的审美情趣,都需要在教学内容中渗透和濡染。例如,教学《桃花源记》时就需要把国人对美好理想的追求、对精神家园的寻觅进行探究,对"阡陌交通,鸡犬相闻"的朴素的审美追求进行理解。在教学内容的确定时,尤其需要注重学生科学精神的培育。理性思维的能力,批判质疑的精神,勇于探究的习惯,都应该成为语文教学的内容。因为通过语文课堂,我们要培育的,是一个个有科学的价值标准和思维方式的新时代接班人。

其次,在关注文化基础知识之外,设定教学内容时,我们更应该注重学生的自主发展,注重培育学生有效管理自我的能力,使其主动发掘自身潜能,找到明确的人生方向。一方面,语文课堂要积极引导学生学会学习,形成个体有效的学习方法,养成乐学善思、勤学善问的良好习惯,并将学习作为终身的需求;另一方面,要引导学生在学习的过程中不断认识自我,形成健全人格,实现身心的健康发展。语文学习内容的选择,不仅仅关注"当下",更关注学生的"未来",让学生能从语文的学习中学会学习,学会生活,得到滋养终身的养分。语文老师可以适当拓展语文学习的内容,比如学习《鱼我所欲也》,除了让学生理解课文内容、掌握文言知识、感受严密逻辑,还要让学生学习说理方法,举一反三进行类比说理,更要帮助青少年识别生活中的"鱼"和"熊掌",帮助他们在面临人生选择的时候有方向、有力量。

社会性是人的本质属性,语文学习不能独立于社会生活之外,语文学习的目的是培养积极融入社会、能承担社会责任的大写的人。语文教学内容需要融合社会生活,帮助学生逐步形成初步的社会责任感,处理好自己与社会的关系,养成现代社会所必需的道德行为,在社会生活中实现个人价值。语文教学内容需要帮助学生形成基本的民族意识和国家认同,承担起民族复兴的大任。学习《唐雎不辱使命》也好,《出师表》也罢,不仅仅把它们作为一个古代的文本来阅读,更要通过学习以"华夏儿女"的自觉传承家国大任。语文教学内容更需要融入世界,形成当代青少年睿智通达的国际理解。比如对于乌克兰危机,让学生充分了解危机始末,感受瞬息万变的国际局势,如此,学生对于和平的理解和追求、对于国家富强的渴望和期盼、对于自我价值的追问和实现会有更深的理解,他们的视野也会更为开阔。

语文学习的内容,不仅仅局限于语文。语文老师在设定语文学习内容的时候,着眼于学生的核心素养,关注文化基础、关注自主发展、关注社会参与,语文课一定能焕发不一样的光彩。

情境:小改变,大革新

曾经在初中语文老师和学生中发起过一个调查:你理想中的语文课堂是什么样的?

参与者众说纷纭。学生说,希望老师不要那么凶,可以平等地和学生交谈;希望不要有考试,每一节课都能学习一点语文以外的东西;希望可以看电影、做演讲、有笑声。老师则说,希望学生多积极参与,不要让老师一个人从头讲到尾;希望可以有更多的方式和学生相互拉近距离,相互理解;希望课堂可以有更多的争鸣和交流,让老师和学生都酣畅淋漓,乐有所获……

盘点学生和老师的想法,关于理想课堂的样子,有很大一部分涉及课堂的形式,不要老师的纯讲授,要老师和学生的共同参与、共同交流,这几乎是所有老师和学生的共识。

那么,初中语文课堂的现状是什么样的呢?

某次参加县市优课评比——比赛课相对来说要比"家常课"更精

致,在课改背景之下,课堂评分标准很大一部分关注"学生"——可惜的是,事实上参赛老师的个人表现还是大大凌驾于学生活动之上。据听课现场统计,至少有65%的老师占据了65%以上的课堂话语权。也就是说,在初中语文课堂的组织形式上,以教师讲授为主的语言传递占据了课堂绝大部分时间,课堂教学组织形式还是停留在20世纪。我们的语文老师,急切需要学习和运用新的课堂教学手段,推动课堂教学形式的变革!

  自然,在课改深入推进的当下,谈话、讨论、交流等方式已经进入了语文课堂教学日常,但问题是,这些教学方式引入的程度如何?师生是如何操作的?有没有从根本上实现了语文课堂教学形式的变革?

  连续的追问恐怕是要让我们"汗涔涔而泪潸潸"的。在固定的班级授课制之下,实现生动活泼的课堂教学形式变革,不是那么容易的事。比如,课堂讨论如何保证每一个孩子都积极主动发言,每一个孩子都耐心认真倾听?比如,自主探究活动如何让"探"的过程更有深度和现实意义?比如,各种类别的学习方式——如参观教学、情境融入教学如何实现?班际联合、家校合作如何进行?

  实现语文课堂教学方式的变革,可以说任重而道远。但是,当下的语文老师,并非无所作为,而是恰逢其时——一个个小的改变最终能促成大的变革。

  我们需要将谈话、讨论、交流等语言传递类的学习方式广泛运用于语文课堂,并着力构建让这些学习方式落到实处的规则范本。让小组讨论的操作流程具体化,以确保班级中的每一个个体都能积极参与;全班交流时,让"说者"和"听者"都保持明确的交流意识,有智慧的闪光碰撞;教师总结时,有鲜明的"让位"意识,让学生的语言成为课堂的主旋律;讨论时进行有效管理,实现争鸣而不争论、有礼且有节的课堂生态……这些规则的架构和维持,需要我们不断实践、不断反思、不断总结,以帮助学生形成根深蒂固的主动参与课堂的意识,"让学生成为课堂的主体"也才能真正得到落实。

与此同时,我们要着力构建平等和谐的师生关系。在中国传统的"天地君亲师"的道统观念影响下,"师道尊严"往往成为教师心头难以跨越的"坎",对学生爱则爱矣,却怎么也"亲"不起来,这就必然导致学生对老师的"畏"大于"敬",在距离感和疏远感占主导的课堂之上,学生难以畅所欲言,师生交流也难以臻于化境。语文教师需要放下自己的"身段",真正亲近学生,愿意和学生站在平等的位置,同呼吸,共命运,以悲悯的情怀、慈母的心怀、挚友的襟怀,理解学生,懂得学生,学生才愿意在课堂上主动去表达、积极去展示。

除了这些以语言传递为主的学习方式,教师更需要不断开拓创新,在语文课堂上引入丰富多样的学习方式,实现语文课堂情境变革的大跨越。河南卫视2021年的《元宵奇妙夜》和2022年的《端午奇妙游》等节目深受各方好评,除充分发挥中华传统文化的魅力之外,其节日与故事交融、现实与曾经交错营造的氛围感和情境性无疑是打动人心的重要原因。我们的语文课堂,也需要摒除单一与单调,以丰富的情境体验、生动的现实实践,散发独特魅力。

音乐的情境渲染,美术的氛围营造,甚至现代VR技术的呈现,都可以给学生带来入情入境的体验,从而唤醒其玄妙幽微的情感,展开睿智融通的思考,丰厚生命体验,实现素养发展。那么,我们的语文教学形式就可以不只是教室内的言语交锋,你来我往,可以是参观、寻访、体验,还可以是阅读、探索、提炼。学习《桃花源记》,可以于桃花盛开之际踏访水果小镇,感受"中无杂树,芳草鲜美,落英缤纷"的美学境界,为一段至美的关于社会理想的遐想奠定基础;学习《梦回繁华》,可以借助视频或《清明上河图》仿本,让学生近距离观察这盛世的繁华,体味繁华背后的失落和迷离;学习《大自然的语言》,可以用一个月的时间记录校园里各种植物的变化,通过观察、统计、分析、综合,真切感受气候与植物生长的关系……

课堂情境的变革,意味着语文课不只局限于一间教室、一本书,而是你与我的活动、我与你的实践。在这个过程中,学生需要和同学、老师以外的人进行交往,这些教室之外的交流和讨论、经历与获得同样成为语文教学的重要形式之一,共同对学生的素养发展起作用。如语文实践活动——采访,访前的人物确定、问题设计、时间预约,采访时的礼仪交际、随机应变、彬彬有礼,采访后的真诚感谢、总结反思、报告撰写,整个过程的学习形式一直在动态变化,但提升核心素养的目标不变,语文课堂学语文、用语文的性质不变。

语文课堂教学的情境是无尽的,正如语文世界是无尽的。

语文教师需要做一个宝藏的发掘者、创造者,用我们有限的教学生命,去发现教学情境的无限绮丽。

媒介:善翻转,敢盘活

若干年前,参加语文教师信息化能手比赛。那时,选手多用的还是PPT,赛场上,精美绝伦的画面,惟妙惟肖的动画,荡气回肠的音乐,使课堂"五彩斑斓"热闹非凡。点评时,评委谆谆告诫:媒介是为课堂服务的,不能只图"热闹",要考虑"有效",不能让媒介喧宾夺主——尤其不能因为媒介的运用而让语文课失去语文味。

谆谆细谈,语重心长。时至今日,言犹在耳。

语文课的味道在于那字斟句酌间的幽妙微思,在于磅礴语势下的慷慨激昂;所有语言的魅力,在于朗读,在于吟诵,在于咀嚼,在于品味。信息媒介的意义,在于能够帮助加深这些语文味儿的体验和感受,而不是为了抢占课堂的话语权、支配权——这几乎是所有语文老师的共识。那么,这是不是意味着语文课要减少、弱化信息媒介的运用呢?

我们不妨来看看信息媒介在语文课堂上能带来什么。

教学八年级下册第三单元的古诗时,有老师把四首《诗经》融合在一起,通过多媒体的剪辑,思维导图的综合比对,学生很容易感受到四首同样来自《诗经》但出自不同地域的诗歌不同的语言风貌、情感特质。四首诗歌的情感内涵、表达特色、地域特征都呈现在学生面前,教学内容得以拓展。因为信息媒介的运用,课堂的信息容量变大,学生的视域变宽,教学的效率提升——这样的媒介运用,值得。

教学古代白话小说《三顾茅庐》,教师把教学重点设定为"体会诸葛亮的智慧,感受不同人物的形象特征"。课堂上,学生对于典雅凝练的白话语言始终不得入门,这时,老师播放了一段《三顾茅庐》的电影视频,请学生比对,影片中的对白和课文中的对白有何异同,揣摩电影编剧"照搬"和"修改"的原因。学生在对比、揣摩中不断获得发现,教学的难点和重点一下子得以突破,课堂一下子灵动起来——这样的媒介运用,值得。

教学《梦回繁华》,学生对文中大段的描写兴趣不大,教师出示一幅《清明上河图》的长卷动图,请学生讨论:如果你来描写这幅画中的某一处场景,你会如何描绘?在品析、讨论之后,学生把自己的成果和文本对照,发现课文语言的典雅凝练、生动传神,这个过程中,学习的兴趣一下子被激发,兴味盎然的课堂呈现让人幸福——这样的媒介运用,值得。

语文课堂,不是不用、少用信息媒介,而是要用好媒介,用活媒介,让媒介成为激活学生、盘活课堂、链接生活的载体。

随着时代的发展,信息生活逐渐成为现实生活的一部分,人们的工作、学习、交往很大部分都通过信息媒介发生。在这样的时代背景下,如果还固守语文课堂的"纯粹",与信息媒介划开鸿沟,那是语文的悲哀。关键是,在这样一个时代,我们要如何使用媒介,融合语文课堂与信息媒介,让媒介更好地为语文教学服务。这是一个极其宏大的命题。

出于推进教学的目的,我们要在备课时充分考虑信息媒介的作用,慎重选择对本班、本课教学最适宜的方法,让信息媒介发挥最好的作用。如教学法布尔的《蝉》,若要让学生体会蝉静守地下、期待歌唱的艰辛与不易,自然是有多种方法。可以让学生品读语句,借助音频,体会重点词语中蕴含的真性情;也可以播放一段蝉的小视频,让学生直观感受蝉生活的艰辛;还可以让学生圈画批注,通过投影展示学生的思考成果,实现思维碰撞……而要运用哪一种方式,关键要看学生和课堂的特点,因此,语文老师需要充分了解学情,推演运用不同的信息媒介可能产生的结果,从而选择最佳方式。

比推进课堂更重要的,是在课堂的媒介运用中让学生学会运用信息媒介,在当代浩如烟海的信息中,能够快速提取有效信息,并借助媒介表达自己的观点。所以,让学生走进网络世界,带着主题去遨游,又带着思考和收获走出信息的海洋,是对学生信息素养能力的大挑战、大培育。

适应这个时代,并不难。但是新时代的中学生更需要成为时代的弄潮儿,语文课可以成为学生"试水"之地、"磨刀"之石。如学习八年级下册的演讲单元,在读演讲稿、写演讲词、比演讲赛的基础上,不妨让学生试着把自己的演讲内容制作成视频,在交互型欣赏、交流中提升演讲能力;对学生的优秀作文、奇思妙想,不妨创设一个媒体平台,让同伴超越时间和空间的限制进行学习,实现课堂内外的衔接、学校社会的融合;学习游记散文,不妨去网上进行实景探访,了解风土人情,形成个性化的旅游手册,制作"微信公众号推文",让具有时代特色的"产品"融入课堂,点亮生活……

在这个自媒体风起云涌的时代,如何形成科学的信息判断、养成良好的媒介素养是教育的一大目标,也是语文学习的着力点之一。从被动接受媒介走向主动寻找媒介,从墨守成规的等待走向积极主动的创造,当代信息媒介生活需要学生成为一个"思考者""行动者",而不是跟随在各媒体大 V 之后的人云亦云的糊涂蛋、应声虫。信息媒介，我们需要形成一种思维，一种以超越的眼光理解社会发展、主动迎合发展、甚至走在发展前端的思维。这种思维，关乎信息媒介，却不是信息媒介能给予的。要让学生在数量庞大的抖音视频里保持自己的定力，在"众说纷纭"的微博热搜里记得自己的声音，需要语文课堂的发力。

当代语文课堂的媒介使用，不是一句漂亮话，而是一个浩大的事业，一段教育发展的必经之路。

或许，这段路已经启程了许久，或许，这段路才刚刚开始。

第二章
"融通"语文课堂的内涵、价值和意义

第一节 "融通":我的课堂思考

"融通"何谓?

融,通也;通,达也。

融通,即融会通达而无滞碍,融合畅通、融合通达。南朝梁任昉《齐竟陵文宣王行状》:"公道识虚远,表里融通。"明宋濂《白云稿序》:"经乃圣人所定,实犹天然日月星辰之昭布,山川草木之森列,莫不系焉,覆焉,皆一气周流而融通之。"融通,是内外兼修的难得境界,是合乎自然的合理表达,更是不尽追寻的人世理想。

一、聚焦:"融通"是多元共融的追求

借助中国知网检索发现,使用"跨界融合"这一概念的文献最初出现在 1997 年,自 2013 年至今,尤其近 5 年的相关研究增速加快,形成学术研究热点。

有观点认为,"融通"是语文教学的目标。如马伟平老师指出,"融通"的语文生活,要追求理解的通透和实践的通达,达到"科学"与"人文"融合、"必然"与"自由"辉映的语文学习之境。陈尚达老师提出,精通、疏通和融通是语文教学专业性的三个追求,融通是语文教学专业

第二章 "融通"语文课堂的内涵、价值和意义

性的终极性追求,更是语文教学专业性的理想境界。

也有观点认为,"融通"是语文教学的一种方式。如沈春媚老师提出"学程融通",从源头出发找到学生的学习起点,厘清现行教材的编排特点与体系,将"逻辑起点"与"现实起点"融合,从而调整教学目标和设计,重构课堂教学。

还有观点认为,"融通"指向语文课程资源的拓展与开发。如袁爱国认为,应让学生走入生活,关注生态,敬畏生命,在"三生"教育中整合课程资源,开发创造潜能,提高语文素养。王守明老师认为,当下学生在语文学习中不仅要提高建构和使用语言的能力,还要提升思维品质、审美能力及传承先进文化的能力。要贯通语文、历史、地理,甚至英语、美术、音乐等学科,让学生提升融会贯通的能力,培养跨学科研究的学术素养。

而我认为,语文"融通"的意义不是单方面的聚合,而是基于学生核心素养发展的各种语文元素的融合与通达。

初中语文课堂的"融通",是指教育教学目标的融合通达。即以语文课堂为径,实现"文"的传扬和"道"的传承;以"文"为介,促进"人"的成长与发展。这既是对"文道合一"这一传统的继承,也是创新和超越。"诗以言志""文以载道",文字向来就具有教化功能,只是在"应试"的利益驱动下,语文教师往往把着眼点置于所谓的语言知识点上,忽视了在阅读、思考过程中"人"的树立与成长。初中教材中,不乏文质兼美之作,在教学过程中,注重"立德树人",在品读语言的同时关注"人"的发展,是"融通"课堂的必然追求。

初中语文课堂的"融通",也是指课堂教学内容的融合通达。语文是一个丰富的世界,应该是一个开放的学习系统。如一篇短短的《梦回繁华》,融合了音乐与绘画、政治与历史、经济与民俗等诸多文化,展示了一个广阔的语文天地。作为语文教师,要构建打开的语文课堂,将文学、艺术、科技等融为一体,通过"语文的"学习,传承人类优秀文

化,是语文课堂的必有之义。

初中语文课堂的"融通",还表现为语文学习方式的融合通达。现代科技的发展,5G时代的到来,让"学习"方式产生了巨大的变革。充分发挥融媒体时代的信息技术优势,通过线上与线下相接、阅读与写作相生、鉴赏与品读相谐、实践与探究相融的方式,建设具有新时代特征的语文课堂文化,是新时代语文教学的必然选择。

初中语文课堂的"融通",更是教师与学生关系的融洽和谐。在学习过程中,打造语文学习共同体,通过师生间、生生间的交流、争鸣、合作、展示,实现语言的交流、思想的碰撞、价值的交融,使语文课堂达到美美与共、交融并汇的状态,变"教学"为"共同学习""共生学习",让语文课堂成为"文"与"人"的交融互生。

二、价值:"融通"语文课堂的意义追问

(一)对"人"在何方的主动探寻

教育的最终目的是"成人",知识教学只是"成人"的途径。语文是人文学科,但在当前教育背景下,大多数研究者把语文教学作为技术加以训练,忽视了语文教学中"人"的存在和发展。遵循"文以载道"的传统,在语文教学中引领学生的精神成长,将语文学习有意识地置于"人的发展"的框架之内,融合科技、艺术等人类优秀文化,还原到人类探索世界的历史长河中,使语文学习变得丰满、厚重,折射出智慧的光芒,吸引学习者参与其中,让学生在与知识的相遇、相知过程中完成知识意义和生命意义的建构,"立德树人"才能成为现实。

(二)对新一轮课改的积极响应

新时代的语文教学,需要以国际视野打开课堂,培育通融的"百科全书式"的人才,以适应未来社会的发展。纵观当下的语文课堂,时代气息不强,教学方法落后,教学媒介单一,融媒体时代的信息优势在语文学科并未得到充分的体现。"融通"语文基于新一轮课程改革,关注

学生语文学习的兴趣、媒介与方法,关注"零零后""零五后"求新、求异的心理特征和开放、灵动的思维特征,将听说读写相整合,将语文知识与实践活动融为一体,尤其重视融媒体时代的信息素养,打通语文与生活、艺术的界限,融合师生之间的关系,构建语文学习共同体,让语文学习方式与时代发展相融合。

（三）对教师自身成长的热切期待

师者,所以传道授业解惑也。作为人生的启迪者、希望的播种者,教师自身的持续成长是引领学生成长的重要条件。在课程改革的大背景下,各地轰轰烈烈展开语文教学的改革,但很多改革始终囿于"应试"的怪圈,着眼于学生,而忽视了作为学生"精神关怀者"的教师的自身成长。"融通"语文要求语文教师拥有开阔的视野、宽阔的胸襟、广博的知识,构建开放通达的课堂,将学生核心素养的培育和学科教学融合渗透、相辅相成,促使语文教师成为知行合一的融通教育者。

三、守正:"融通"语文课堂的根基所在

"融通"的语文课堂是开放的课堂,是流动的课堂,是交互的课堂,但是,"融通"的语文课堂不是"闹"的课堂,而是静水深流、潜滋暗长的课堂;"融通"的语文课堂也不是"杂"的课堂,而是立足语言文字、滋养语言文学、传承语言文化的课堂。

（一）"融通"的本味是"语文味"

"融通"的语文课堂需要融合音乐、美术、历史等诸多学科,需要与媒体交映,与世界相生。但是,"融通"语文的本味是"语文味","融"是方法,是手段,在"融通"中立足"语言文字"这一根本,是"融通"课堂的基石所在。"融通"的语文课堂,更加注重语言的品味,更加关注语言现象、语言文化,从多课程的"融合"出发,走进语言的深处,思维的深处。

(二)"融通"的本源是语文课堂

"融通"的语文看起来很"大"很"庞杂",高川河流、山鸟虫鱼,都可以成为我们的学习对象;生活实践、影视音乐,都可以成为我们的学习媒介。但"融通"的语文事实上很"小"很"聚焦",尺牍方寸,微格提炼,聚百态于一课,融万象于一堂。"融通"语文不是没有边界没有限制的"放任自流",而是融会贯通,聚焦课堂,在课堂上朗读、思考、交流,在课堂上"咀嚼、反刍、锤炼",在有限的时间和空间内实现无限跨越,在语言的涵泳中触类旁通,融合通达。

(三)"融通"的本位是素养提升

在走向"人工智能时代"的进程中,我们需要传承和培育的,是"人"的素养,是能够适应终身发展和社会发展需要的必备品格和关键能力。"融通"的语文课堂,关注"知识与能力""过程与方法"的获得,关注"情感、态度与价值观"的养成,更关注打通学生思维的阈限,走入"了悟"的境界。从语文出发,而不终止于语文;以语文为"器",而不局限于语文。关注作为独立个体的"人"的发展,通过语文探究人生,探索科学,探知未来。

(四)"融通"的本体是教师成长

"融通"的语文课堂,来自"融通"的语文教师。一个具有扎实学识、开放视域的语文教师是"融通"课堂实施的关键,教师的主导作用需要在课堂上充分体现。"融通"的语文老师需要把"社会的"变成"语文的",把"大众的"变成"语言的",把"浅薄的"导向"深邃的";"融通"的语文老师,需要有不断修炼的自觉,有不断成长的内驱,有不断吸收不断萃取不断更新的信念。如果说,教师是"传道授业解惑者",那么,"融通"的语文老师更是学习的引导者、智慧的点燃者、精神的领跑者。

"融通"是语文教学的一种憧憬、一种追求,也是语文教学的一种存在方式。

语文教学过程中,打通语文学科与其他学科的界限,打通语文学习和生活的界限,打通"文"与"人"的界限,以跨界融合的方式,构建起语文学习的共同体,形成具有新时代"融通"特质的语文课堂,不管是对于学生还是对于教师,都是我们能够望见的语文教学新境界。

参考文献

[1]陈尚达.精通·疏通·融通:语文教学专业性的三个追求[J].合肥师范学院学报,2017(7).

[2]梧革.以师生心灵之融通 构建和谐的语文课堂[J].基础教育研究,2015(13).

[3]陈红.言意融通:共生语文课堂不可或缺的精彩[J].小学教学研究,2016(11).

"融通"何由?

当下,中语界关于"这语文""那语文"的争论是很热闹的,"生活语文""简约语文""诗意语文",每一种教学主张的提出都有独特的背景、意义和价值,每一种主张都值得尊重和学习。

但是,语文教学不是一个"占山为王"的过程,也不是狭隘的一家一言一派的声明。自古以来,学术就是在争鸣交流中进化,在交融整合中衍生,从春秋战国的"百家争鸣"到新中国成立后的"百花齐放",从儒墨道法的理性汇聚到天南海北的文化融合,都验证着"有容乃大"的气度和格局。即使是"一家之言",也会在岁月的长河里激流出无数分支,在分离和聚焦中走向超越和新生。语文,由一个独立的学科走向各学科的融合,由一个个分立的学派走向思想的融汇,是一种必然的规律。"融通"的语文课堂,不是一个孤立的所谓"教学主张",而是一种教学的姿态,一种研究的姿态,一种顺应时代潮流、贴合学生素养发展的选择和追求。

一、瞭望：全球化时代人才培养的必然需求

当今世界，国际竞争日趋激烈，人才强国战略深入实施，时代和社会发展需要进一步提高国民的综合素质，培养创新型、综合型、融通型人才成为全球化时代的必然需求，各国相继提出培养"融合型人才"的构想。如美国2015年《美国创新战略》提出实施STEM提升计划，营造政策环境，借助人才、创新思维及技术工具的有效融合，为公众提供更好的服务。又如日本提出"全球化时代人才培养战略"，提出人才培养的三个基本要素：语言与交际能力，主动性、协调性、挑战精神、责任感与使命感，对不同文化的理解与对本民族的认同感，指出全球化时代在能力融合、文化融通等方面对人才的要求。《中国学生发展核心素养》指出，文化基础的培养"重在强调能习得人文、科学等各领域的知识和技能，掌握和运用人类优秀智慧成果，涵养内在精神"。全球化时代，需要"融通型"人才，能以更全局的眼光、更宽阔的视野观察和思考文化现象，在人类文明基础上迈出新步伐。

二、聚焦：新一轮课程改革的积极推动

《教育部关于全面深化课程改革落实立德树人根本任务的意见》指出，要"统筹各学科，特别是德育、语文、历史、体育、艺术等学科"，要"加强学科间的相互配合，发挥综合育人功能，不断提高学生综合运用知识解决实际问题的能力"，提高国民素质，建设人力资源强国，需要将开阔的视野、融通的格局注入每一门科目的学习中。作为母语的语文学科，本身就是语言、思维的工具，承担着传承优秀文化、创造新文化的使命，更应该走在课程改革的前沿，实施以语文为中心的跨界融通的多元化学习；需要不断更新课堂教学形式，以自主、合作、探究等多质态的融通的学习方式融汇语文能力、培育核心素养。

第二章 "融通"语文课堂的内涵、价值和意义

三、回眸：当下语文教学对"人"的忽视

（一）语文教学中"分"与"人"的割裂

教育的最终目的是"立德树人"，语文教学是"立人"的重要途径。但在当前教育背景下，不少教师把语文学习作为技术加以训练，忽视了语文教学中"人"的存在和发展。课堂重视所谓"知识点"的传授，重视"答题技巧"的训练，忽略教学情境中对学生思想情感的引领；片面追求分数，过于重视学生学业成绩，甚至将"分数的提高"凌驾于"人的成长"之上，忽略对青少年价值观、人生观的引领；对学生的评价"以分为先"，甚至将学业成绩作为"优秀学生"评选的唯一标准，扭曲了学生的成才观，导致学生对"分数"认识的片面化、极端化，遗失了"文以载道""文道相融"的传统。

（二）语文教学中"学"与"养"的分离

《义务教育语文课程标准（2022年版）》指出："现代社会要求公民具备良好的人文素养和科学素养，具备创新精神、合作意识和开放的视野，具备包括阅读理解与表达交流在内的多方面的基本能力，以及运用现代技术搜集和处理信息的能力。"语文学习，应立足于学生核心素养的发展，培育学生识字写字能力、阅读能力、写作能力、口语交际能力，提升审美修养，促进思维发展，实现语文素养全面提升。但由于初中语文学习的检测手段是单一的笔试，不少教师在教学过程中只注重与考试相关的阅读、解题能力的培养，对于听、说、写等能力的重视不够，导致学生个体的语文素养发展不均衡不融通，如长于做题而不善于交际、表达，只会做题而不会与人交流沟通，严重影响学生的全面发展、终身发展。

（三）语文教学中"技"与"艺"的离散

语文是工具学科，是交流的工具、思想的工具。语文素养的高低，一方面，取决于学生对语言的理解和运用能力，包括掌握一般的语文

知识,懂得一般的语言运用法则,这是语文学习的"技";另一方面,则取决于学生占有和掌握各类知识的的宽度与深度、学生审美素养的积淀、思维能力的训练,这是语文学习的"艺"。当下,在语文教学中固步自封、自设藩篱的现象屡屡可见,"只要学习语文",拒绝与其他学科融合,限制自由,压制兴趣,花大量时间刷题,而放弃阅读语文书和必读书目以外的音乐、美术、科学等各类书籍,拒绝各类具有跨界融合性质的综合实践活动,将语文学习局限于封闭的课堂,导致学生视野狭窄、思维僵化,影响其语文素养的可持续发展。

(四)语文教学中"教"与"学"的对抗

"学然后知不足,教然后知困。"教与学本应相辅相成,互生互长。然而,在现实的语文教学中,教师的"教"与学生的"学"往往并不处于同一水平线,由此导致"教"与"学"之间的对抗。教师的要求与学生的需求之间的矛盾,教师创设的情境与学生兴趣之间的距离,教师的"教法"与学生的"学法"之间的落差,师生关系的疏离,课堂氛围的紧张……最终导致"隐其学而疾其师,苦其难而不知其益"的结局,落得"虽终其业,其去之必速"的悲剧。

四、沉潜:语文需要"融通"的学理溯源

(一)建构主义观点

建构主义认为,知识不是通过教师传授得到的,而是学习者在一定的情境即社会文化背景下,借助其他人(包括教师和学习伙伴)的帮助,利用必要的学习资料,通过意义建构的方式而获得。学习是认知维度、人际维度、自我维度这三种复合性实践,学习的过程,是一个融合文化并建构意义的过程,"融通"的核心在于"融",融合各类知识,融合人类文化,在融合中实现语言、思维、能力的建构和发展。

（二）主体间性本体论

主体间性理论认为,生存不是在主客二分的基础上进行的主体构造和客体征服,而是主体间的共在,是自我主体与对象主体间的交往、对话。语文教学的过程,需要构造学生主体与学科内容主体间的交流和对话,这种"对话""原初性理解"就是客我相融的过程,是语文与其他学科共同构建的"参与和分享"的过程。在这个过程中,主体间相互影响,实现语文学习的"通达"之境。

（三）中国传统教育思想

中国传统教育思想视域下,"融通"的教育理念由来已久。《论语》提出"学而不思则罔,思而不学则殆",主张"学"与"思"相融通。《礼记·学记》指出:"道而弗牵,强而弗抑,开而弗达。道而弗牵则和,强而弗抑则易,开而弗达则思。"强调教学需要重视启发引导,要构建和融的环境,顺其自然,触类旁通,于愤悱之间走向"通透",在圆融之中培育智慧。白居易提出"文章合为时而著,歌诗合为事而作",重视"文"与"道"相融,"情"与"志"相通。从孔子的"举一反三"到陶行知的"知行合一",从《礼记·学记》的"教学相长"到李吉林老师的"情境教育",无一不重视教学过程中各种资源的相融相生,无一不重视情与智、教与学、术与道、法与艺的融合通达。

融合,主动,多元,共生,这是未来语文发展的必由之路,也是语文课堂实施的必经之途。美国未来学家丹尼尔·平克在《全新思维》中提出决胜未来的6种能力,也提醒我们,未来人才需要的基础能力来自何处——不是刻板的传统的教学,而是游刃有余的借鉴、举重若轻的融合、闲庭信步的通达。

参考文献

［1］中华人民共和国教育部.义务教育语文课程标准:2022年版[S].北京:北京师范大学出版社.2022.

［2］中国学生发展核心素养[J].上海教育科技,2016(10).

"融通"何形?

"融通"的语文课堂是怎样的形态?它和一般的语文课堂有何不同?

这个问题似乎很难回答。在我看来,"融通"的语文课堂并非对一般语文课堂的背离与反叛,而是在一般语文课堂的基础上,更加注重学与理的融合、教与学的交汇、文与质的融聚、言与意的通达。在具体表现上,着力以跨界融合的视角实现语言的深潜,植根文字,提升学生语文素养;以学生的自主学习、合作学习、探究学习融入课堂,帮助学生学会学习;以多元共融的项目学习实现阅读与写作的融汇、学科与学科的跨联、思维与审美的并举、情感与理趣的互生;以学习共同体为课堂基本构成单位,在尊重学生个性发展的基础上,实现小组成员共同成长,教师和学生共融共长。

"融通"的语文课堂,注重学习资源的融合性。一般的语文课堂,

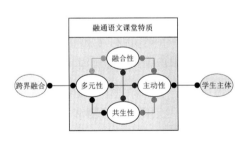

往往把课堂学习"语文化",即只注重语言现象、语文知识的传授和积累,而忽视语文课堂教学过程中各种教学资源的融合,忽略语文作为工具所承载的丰富而广博的科学、艺术等文化知识,使语文学习狭隘化。在"融通"的语文课堂上,语言既是交流的工具,也是文化的基石,更是思维的载体。"融通"的语文课堂注重学科与学科之间的融合,语文课不只是语文的,也是科学的、美术的、音乐的、物理的、历史的。教师要主动将各种学科知识及思维方法融入语文课堂,关注"语文"中的"他学科"现象,而不只是把语文看作语文。我们可以设计多学科融合的教学内容,以《骆驼祥子》的阅读教学为例,我们可以融合祥子、孙侦探、曹先生等人的生活,探究老北京

第二章 "融通"语文课堂的内涵、价值和意义

各种职业的特征,勾画老北京职业谱系图;我们可以跟随祥子的脚步,经历被"拉壮丁"的逃亡路线,与地理学科相融合,了解民国时期老北京的地域图像;我们可以通过祥子、高妈等人的理财思想,探究民国时期的经济特征……语文不只是语文,语文应该引导学生去关注生活、关注历史,帮助学生成为具有广泛视角、广博知识,并且能够将各种知识、文化进行有机融合的"全景式"人才。

"融通"的语文课堂,注重学习主体的主动性。在课堂上学生的主动性得到积极发挥,是"融通"的语文课堂最本质的属性。"学习"需要主体的积极参与才能真正发生,才能真正对主体的终身发展产生切实的影响。把课堂设计的"他融通"转变为自主自觉的"我融通",学习过程实现"物我合一"的状态,这种"融通"的思维和行动镌刻进学生的血脉,学生能成长为具有"融通"特质的全人。教师在课堂设计之初,就要站在学生的角度思考:在课堂推进的过程中如何不断激发学生的好奇心和求知欲,让学生始终对课堂保持愉悦和激情?活动的组织、问题的导入、情境的创设,都要尊重"学生"这一主体,并以激发主体的主动意识为中心。"融通"的课堂,不是老师牵着一群学生一起走的过程,而是老师学生你我共情、相伴共行、携手共进的过程。在课堂实施时,老师要时时关注和调控学生的学习状态,倡导提问、讨论、质疑、交流、辩论等多种方式,把课堂话语权让给学生、交给学生——而且是课堂里的所有学生,让每一个学生都在学习中得到充分的锻炼和发展,实现"文"与"道"的融合,"情"与"理"的通达。

"融通"的语文课堂,注重学习目标的多元性。语文学习是一个复杂的过程,阅读、实践、交往、写作,在多元的语言活动中,学生得到的发展是多层、多面、多体的,语言的建构与运用、思维的发展与提升、审美的鉴赏与创造、文化的传承与理解,都在这个参与的过程中凝练和积淀。而"融通"的语文课堂,需要关注学生"融通素养"的发展。人的各种能力都不是孤立存在的,而是一个相互联系、相互支撑的均衡结

构体,就像语言与思维相辅相成、审美与文化相依相生,"融通"的语文课堂,立足于学生知、情、意等各方面素养的综合发展,并着力培养学生融会贯通的能力。比如《当一回记者》的采访活动,既关注学生拟写采访提纲、进行精准设问的思维能力,又注重提前预约、主动交流的人际交往能力;既关注面对面交谈、自信表达的语言沟通能力,又注重报告撰写、核心价值锤炼的写作整合统一能力;既关注细致观察、随机应变的情绪感知能力,又注重思想引领、人生态度的价值确立……这些知识与技能、过程与方法、情感态度价值观的引领在同一节课上相融相通,在某些环节的推进中得到融合性发展。

"融通"的语文课堂,注重学习成果的共生性。通过课堂,谁在成长?在"融通"的语文课堂来看,语文课堂上成长的绝不是个别的学生,而是全体的学生;不只是学生的语文素养得到提高,而是以语言为主要表现形式,融合知识基础、自主发展、社会参与等的综合素养共同发展;不只是学生的素养发展,还有语文教师的专业知识提升、情绪调控能力增强、教学技巧的娴熟;不只是作为教学主体的教师和学生的发展,还有语文教学研究的深入、对语文课堂传统的继承和突破、超越和创新……"融通"的语文课堂,是一个教学的过程,也是一个生长的过程,一个主客体交互作用、紧密联系、共同改变的过程。这个过程中,既有课堂作为物态呈现的显性成果显示,也有课堂参与者零星的、长期的、影响终身的隐性生长。

"融通"的语文课堂,形态不是单一的,也没有固化的所谓的"教学模型",而是发展的、动态的、多样的,但是资源的融合、主体的主动、目标的多元、成果的共生是其最聚焦、最鲜明的特征。

第二章 "融通"语文课堂的内涵、价值和意义

第二节 "融通"语文课堂的价值、意义

立德树人的时代召唤

这个时代,很特别。

新一轮科技革命和产业革命深入发展,国际力量对比深刻调整,国际环境日趋复杂,不稳定性不确定性显著增加,新冠疫情影响全球,周边环境动荡不安——这是"世界百年未有之大变革"的时代。每个人在这个时代都深感忐忑和不安,不知道未来会怎么变,一个国家要有怎样的底气和实力,才能够立于不败之地?渴求国家综合实力的发展、渴求创新人才的培养成为教育的时代使命。这样的时代之下,教育尤其需要高瞻远瞩的思考、通盘全局的谋划。哪怕作为一位小小的语文老师,也需要跳出狭隘的生活视野,从全球变革的角度寻觅语文教学的来路,思考语文教学的去向。因为,在这个深度变革的时代,语文教学也不再是固守一方教室,凭着一句"人而不仁,如礼何"便能游刃有余的。走进,参与,沉浸,语文课堂必须融于这个时代,才能培养出未来引领这个时代的人。

这是一个瞬息万变的时代。

从手机支付到刷脸消费,从"绿皮车"到高铁,短短数年间,生活发生了翻天覆地的变化。不断出现、不断衍生的新事物,催动社会生活变革,也促发人的内心焦虑。时代跑得太快,一不小心就会被其远远甩在身后,甚至半天不看手机,就会有无数"重要事件"发生,人被这样的焦虑挟持着、逼迫着,必须不断前行。在这个越来越快、越来越忙的时代,我们需要在语文学习中获得超前的思维,获得看到未来的远见

和洞察力，获得终身可持续发展的能力；语文还需要带给学生一种心境，一种淡泊平和、宁静悠远的心境，让他们在未来能够从容淡定地面对快节奏的生活，"不以物喜不以己悲"，不被外界的纷繁复杂、光怪陆离所左右，扎好自己的"根"，过好自己的生活。语文需要融合，融合文学世界的纯粹与质朴、现实世界的纷繁与无奈，融合世界飞速前进的脚步和个体坦然宁静的节奏，让个体在"看见""遇见"的同时保留最初的自我，在这样的淬炼中成长起来的"人"，才能够既在世界之中，也在世界之外。

这是一个技术称霸的时代。

当"大数据"开始席卷我们的生活，人，几乎被一个个符号、一行行代码所主宰。微信群的一条条工作指令、手机日历上的一次次闹钟催促、备忘录上的一个个待办事项，人被推着、挤着往前走。技术不断被运用于生活之中，并逐渐称霸于生活。而教育，也逐渐走进技术的漩涡并乐此不疲。作业帮、猿辅导的视频解题，各种微课视频、知识点短视频，将"教学"肢解为一个个零星的片段，以技术方式对学生进行"精准攻击"。"哪里不会点哪里"，"一对一错题再练"，看起来，技术让教学变得更为便捷、更为迅速、更为精准、更为高效，但是，教学哪里只是一个个知识点的串联、一份份习题的攻破、一张张试卷的解答这么简单呢？在技术的围攻之下，教学简化为了纯知识传授，庸俗为分数的获得。但我们知道，教学最终的意义是"人"的站立。教学交流中尊重与理解的传递、悲悯与同理的表达、自信与友谊的获得、爱与信任的满足，才是"教学"最本质的需求——我们的学习，从来都不应该只是为了学会解答一道题。教学需要技术，但是教学不仅需要技术，更需要真实的情境、师生的交互、问题的发生、矛盾的呈现、资源的融合……语文教学，需要融合技术与真实生活，让技术服务于教学、服务于生活，而不是胁迫教学、支配生活。语文教学需要融通，将人与人、人与社会、人与环境、人与技术协同融合，让人在技术面前保持自我的独立

第二章 "融通"语文课堂的内涵、价值和意义

与自由。

这是一个"人人皆可为国王"的时代。

互联网技术的发展,抖音短视频的兴起,自媒体平台的风靡,让这个时代的职业体系发生了翻天覆地的变化,"成才成名"的途径也变得错综复杂。一次和学生闲聊,说起"网红",不少学生表示:"网红"不是洪水猛兽,那是一种生存的方式,不排除将来自己也有可能会从事网络直播方面的工作。在这个"人人皆可为国王"的时代,教育已经不是独木桥,而是一座高架桥,是带人发现更多的风景、看到更远的地平线的介质。这个时代的语文教学,不是为了让学生成为谁,而是为了让学生认识自己,走向自己。古老的人情社会正逐渐转化为经济社会、契约社会,人的社会角色也在不断发生变化,人处在这样的时代,有疑惑、有挣扎、有焦虑、有惶急,语文教学需要融通,让学生看到世界的变化、未来的发展,并且顺应这种变化,在与世界融合的过程中找到自己的人生方向,同时坚守内心的爱和善良,永远保留自己的精神家园。

这个社会中,人类的分工越来越精细,人与人之间的合作与依存日益紧密,但人与人之间的关系却越来越冷漠。想想,我和你也许是共用一堵墙的邻居,但是双方却互不相识;我为你送来一日三餐,两者之间的关系却仅仅是平台上留下的一串被保护的电话号码,还有一个漫不经心的点赞或义愤填膺的差评。时代的发展让人与人之间休戚与共,却又漠不关心。这样的生活方式让人的情感世界格外荒芜和冷寂,而教育,是为数不多的可以丰富人的情感的途径之一。如果我们的语文课堂是融通地流淌着情谊的;如果老师和学生之间不只是"教"与"被教"的合作关系,学生和学生之间不只是冷酷的考分之下的竞争关系;如果在语文与生活的融通中,我们感受到各种行业的人们冷漠外表之下的温暖而热情的善意,感受到众人齐心协力共同完成一个项目的激情,人的内心会不会更丰满,人的情感会不会更悠长?

课程改革的深度走向

新一轮课改持续推进,语文课堂教学不断迎来新的挑战。作为一名普通的初中语文教师,身在课堂,经历了学校一轮又一轮关于课堂教学改革的"觅渡"之旅。从十多年前的"杜郎口模式"到"洋思经验",再到"景安现象""立学课堂",语文课堂在风风雨雨中蹒跚前行,一次次变革,在无声之中不断给予课堂新的生命活力,更新课堂的结构,改变课堂的生态。

但是,课堂教学的改革并不是一蹴而就的,尤其是语文课堂。不少老师的课堂在"千帆过尽"之后,依然是"岿然不动",讲授式、被动式、填鸭式的课堂存在并不是少数;课堂改革深陷"坐而论道""翻来覆去"和"为改革而改革"的境地,也不是危言耸听。语文课堂教学改革如何深入,依然是摆在语文教师面前的大问题、大难题。

《中共中央国务院关于深化教育教学改革全面提高义务教育质量的意见》中指出,要"树立科学的教育质量观,深化改革,构建德智体美劳全面培养的教育体系",要"突出学生主体地位,注重保护学生好奇心、想象力、求知欲,激发学习兴趣,提高学习能力",要"优化教学方式""融合运用传统与现代技术手段,重视情境教学",要"探索基于学科的课程综合化教学,开展研究型、项目化、合作式学习"。这些目标要如何达成?怎样的语文课堂才能推动课改的进一步深化?语文课堂要怎样变革才能成为学生需要的课堂?

基于这样的思考,我们认为,语文课堂需要"融通"。

融通的语文课堂,构建的是一种综合的立体的教学情境,在这个情境中,融德融美,育志育心,培养德智体美劳全面发展的未来公民。我们的语文课堂不仅是语文的,而且是人文的;不仅以"育才"为目的,更以"育心"为要求。在这样的语文课堂教学中,我们讲究"字词句段

第二章 "融通"语文课堂的内涵、价值和意义

篇章"的结构价值,更发现文学中蕴藏的巨大的精神力量;我们讲究"语修逻"的规律,更注重培育学生的思维能力和人格修养。"腹有诗书气自华",融通的语文课堂培养的正是学生的"浩然之气"。以此为目标,融入各种教学资源,社会的,历史的,科技的,人文的,在文本资源、师本资源、生本资源的相互融合之下,拓展眼界,丰富情感,铸就一个个有大胸怀、大视野的时代新人。

融通的语文课堂,注重各种资源与学生主体的融合,并实现学生主体对客体资源的充分理解与交融。在此过程中,学生主体作用发挥的程度和效度是课堂融合的关键。可以说,"融通"的目的是更好发挥学生的主体性;而学生主体作用发挥的程度,也决定了"融通"的成效,两者相辅相成,相谐相生。以此为自觉,融通的语文课堂更关注学生活动,关注学生活动过程中的合作与交流,关注学生学习时与教学资源的融合共生。不管是情境创设、问题设计,还是课堂组织、知识建构,其出发点和归宿都是学生的活动,都是为了激发学生的求知欲,加强学生可持续发展的能力。黎巴嫩诗人纪伯伦说:"我们已经走得太远,以至于忘记了为什么而出发。"课改的深入推进,其出发点是学生。"融通"的语文课堂,必然是学生努力思考的课堂、积极融合的课堂、共同生长的课堂、充分发展的课堂。"融通"的语文课堂,不会消磨和泯灭学生的学习激情,只会激发和点燃学生的学习热情。

语文课堂的"融通",体现为各种教学方式的融合,多种教学媒介的运用。围绕"学生主体"这一中心,广泛吸纳和优化教学方法。在"融通"的语文课堂中,可以讲授、讨论、交流,可以争辩、质疑、询问,可以思考、探究、调研,可以访问、聚集、劳动,可以阅读、表演、演讲……教学方式的融合促进课堂生态的优化,物型的课堂变为活性的课堂,使传统的"填鸭教学""反复训练"样态实现彻底变革。而现代媒体的融合运用则使语文课堂更为通透灵活,线下与线上的链接互动,课内与课外的时空交错,让语文学习课堂成为无时无刻不在进行的场域;

技术的变革、数据的运用,让语文课堂更加精准、更加有味。现代技术手段的运用并不意味着对传统教学手段的否定,而是两者的融合与互通、补充与发扬。适应当下,走向未来,这是课改的方向,也是语文课堂能够植根于学生心田的基石。

融通的语文课堂,不止步于语文,而是将语文与各学科相互融会贯通,逐步构建基于语文学科的课程综合化教学,在"语文"的引导下,展开研究型学习、项目化学习、合作化学习。学科融通的项目研究,高度拓展了语文学习的外延,学生从"学语文"走向"用语文",从"纯语文"走向"泛语文",从"为了语文"走向"基于语文",以语文为工具,学生的学习触角伸向社会、历史、生物、地理的同时,更建构起一种"融通"思维,举一反三,触类旁通,加速了学科间的交流与融合,为创新人才的培养奠定了坚实的基础——这也正是课改深入推进的重要表现。社会的发展、学生的需求对课堂提出了更高的要求;"双减"的深入推进,素质教育的全面实施,都需要语文重新考量自己的课堂。不能固步自封、画地为牢,语文需要走出自己的学科象牙塔,主动与科学、艺术合作,焕发自己新的魅力;语文更需要走出校园的藩篱,来到家庭,走进社会,在生活的洪流中展现语文的精神。

"融通"的语文,刚刚好。

语文学科的素养指征

梁思礼:我国火箭系统控制专家、中科院院士,中国导弹控制系统研制创始人之一,是研制捍卫疆土、扬我国威的"东风"系列导弹的主要负责人。

林桦:华人科学家,才华横溢,公费留美后,选择留在美国研制军事武器,研发美国民兵洲际导弹"瞄准中国"。

第二章 "融通"语文课堂的内涵、价值和意义

何为素养？学富五车，视通万里，具有丰富的科学文化知识积累，那是素养；精益求精，开拓创新，具有艰深的专业技能，以独立的思考推动人类文明的发展，那是素养；思维缜密，多维辩证，大胆假设并能小心求证，那也是素养……

《中国学生发展核心素养》认为，素养是以培养"全面发展的人"为核心，包括"文化基础""自主发展""社会参与"三个方面，综合表现为六大素养，细化为十八个基本要点。在这些全而满的"素养"要点中，哪一种素养才是最根本最重要最迫切的，是"全面发展的人"生长的根基和土壤？

也许，我们可以从梁思礼和林烨的故事中得到一点启发。据悉，两人曾是同学，有同样深厚的人文底蕴和科学精神，却走出了完全不同的人生轨迹，身为炎黄子孙，不禁为林烨发出一丝哀叹：他的素养构成里，究竟缺失了什么？

一、融道德修养：素养发展之基石

孔子说："君子务本，本立而道生。"不管"素养"的内涵有多么全面多么丰富，立于"人"的中心，作为各种素养之根基的，首先是一种道德修养，一种以炎黄子孙华夏民族为自我认同的价值传承。

完善的道德修养，首先是作为"人"的一种自觉：仁者爱人。孟子说："君子所以异于人者，以其存心也。"君子"以仁存心"，这"仁"是对天下万物的尊重与热爱，是对生命的慈悲与敬畏。以仁存心，方能将他人的生命同样视为珍宝，将人类命运视为一体。

完善的道德修养，也是对"义"的遵从与追求。"舍生取义"是中国传统的道德规范，当代学生的核心素养也应该植根于中华民族的优秀文化历史土壤，有信仰，有追求，有责任，"忠恕信勇，爱诚敬善""有所为而有所不为"。"万钟之俸，妻妾之侍，众人之追随"，都不足以改变对"义"的追寻。

完善的道德修养，更是一种"达"的气度，一种坦荡的胸襟，一种豁达明净的慨然。"君子坦荡荡，小人长戚戚"，面对得失成败时，不斤斤计较，不患得患失，不以物喜，不以己悲，自强不息而不以名利为意；"君子不忧不惧"，扪心自问时，无愧天地，坦荡自如，气定神闲。唯有内在的"达"，才能实现外在的"慨"。

"礼义廉耻，国之四维。"新时代的青少年，思维开阔，视野宏大，他们的科学精神、实践创新等能力远远走在时代前端，但是，"百行德为首"，道德修养，是素养发展的基石。"格物、致知、诚意、正心"，然后才能谈得上"修身、齐家、治国、平天下"。作为青少年精神引领者的语文老师，需要有这样一种自觉：发展学生素养，应融"德"入心，以"德"为先、以"德"为基、以"德"为本。

二、融养成评价：素养发展之导向

"权，然后知轻重；度，然后知长短。物皆然，心为甚。"学生素质发展不同于零件生产，其发展水平如何，难以用工具测量，难以用数据评估，也不可能在一张试卷上得到具体呈现。同时，养成评价在很大程度上影响着学生素养发展的方向，这就意味着语文老师需要以更大的责任、更多的自觉将学生素质的全面发展作为工作的重心，也意味着语文老师要在课堂教学中加强对学生隐性素质的评价和引导，更意味着语文老师需要以学生的终身发展为教育出发点，注重其素质长远发展的规划和培育。

《国务院办公厅关于新时代推进普通高中育人方式改革的指导意见》指出，要"把综合素质评价作为发展素质教育、转变育人方式的重要制度，强化其对促进学生全面发展的重要导向作用"。在学生综合素质评价信息管理系统建立的当下，语文老师需要思考，如何建立动态的学生素质评价体系，将学生综合素质评价在课堂落地，并以评价引导和促进学生综合素质的发展。

第二章 "融通"语文课堂的内涵、价值和意义

需要注意的是,综合素质评价的要点,不仅在于学生获取了多少张证书、赢得了多少场比赛,更要注重其日常的思想、态度、价值观。如果一个获取了钢琴十级证书的孩子却厌恶钢琴,在获取证书后从不弹奏钢琴,甚至"言琴必鄙",这样的孩子,只能说他具有音乐技能,而离"音乐素养""审美素养"尚有一段距离。

对学生进行综合素质评价,语文老师需要"观其言,察其行",注重学生日常素养表现,以学生的日常学习、生活为着眼点,重形成性评价,更重过程性评价,并以日常的评价提升其思想水平、改善其行为习惯。对于学生素质发展的某些隐性要点——比如道德水平,我们也许可以采用更为贴切的方式。比如,以陈述性评价代替总结性评价,可以建立学生语文成长档案,客观记录日常学习生活中学生的某些言谈举止,用以呈现学生的真实状态,这样有助于学生进行自我反思和修正,引领学生向"更完整的人"过渡。

三、融生长期待:素养发展之关键

语文老师不仅仅是学生素养的评价者,更是学生素养发展的指导者、培育者。作为学生的"重要他人",作为班级精神的引领者,语文老师对学生素养的发展,具有无可比拟的重要作用。

"马不伏枥,不可以趋道;士不素养,不可以重国。"学生的素养发展,不是空中楼阁,更不可能一蹴而就,而是由平素养成,在琐碎而真实的教育生活中造就。而课堂,是学生素质发展的第一基地。深化课堂教学改革,以"融通"的思想构建语文课堂,在课堂上培育学生的人文素养、审美能力、创新精神,是"立德树人"的不二选择。这就需要语文老师以"全面发展"的眼光看待每一节课,特别注重美术、音乐、劳技等课程,将"课程育人"落到实处。语文老师要善于激发和鼓励学生,善于调动学生的积极性,唤醒学生的内在自觉,主动追求全面发展。语文老师也要善于同其他任课老师交流沟通,及时了解和掌握学生在

不同课程中的学习情况,与其他科目老师共同关注学生的"素养发展"。"气不素养,临事惶遽",语文老师更需要在语文课堂上融合、渗透各学科知识和能力,奠定素养之基石,培养社会主义事业的建设者和接班人。

"当一个孩子离开学校的时候,他忘记了所学的一切,留下来的,才是教育。"每一个走出校门的学生身上都会留下学校的烙印,甚至留下语文老师的烙印,这烙印会直接影响其人生观、价值观,进而影响其一生。对学生的素质发展指导,尤其需要我们站在"终身发展"的角度,用三年的付出,让他们拥有幸福生活三十年的能力。语文老师应该清醒地知道,人生的黄金二十年中,什么是支撑起家庭、社会责任与使命完成的关键因素——不是分数和考试成绩,而是一个人的核心竞争力,即参与社会工作、组建和谐家庭、营造幸福生活的能力与素养。语文老师需要创设各类语文实践活动,以实现"知行合一",在实践中发展学生的核心能力;语文老师需要发掘各类教育资源,密切学校、家庭与社会的联系,构建有效的素质发展网络,最大限度保证学生素质发展的可能;语文老师需要充分展现自我人格魅力,以理想信念、以道德情操、以扎实学识引领学生素质发展,以仁爱之心给予其生命的温度,增加其生命的厚度;生命的素养无法速成,语文老师需要以包容之心对待学生,不急功近利,留给学生素质发展的时间和空间……

孔子说:"为仁由己,而由人乎哉?"学生素养的发展,离不开学生个体的主动意识和自觉行动,更离不开老师的努力创建和积极引导。作为语文老师,"传道"是我们的首要责任,传为人之道、传理想之道、传责任之道,是教书育人的神圣职责。注重"素"之"养成",方能成就学生的未来"素养"。

(此文发表于《中小学班主任》2020年第1期,有删改)

传承师道的教学共长

"师者,传道授业解惑也。"传人生之道,授学识之业,解成长之惑,语文教师是学生的"重要他人"和精神导师,作为一个专业性岗位,语文教师的专业化可持续发展是"立德树人"的重要保障,而对语文教师进行职业生涯规划,能让语文教师更好地投入自己的职业生命。

一、破题:从传统师道看语文教师职业生涯规划的现状

通过对本市部分学校的调查,80%的学校都有语文教师职业生涯规划指导,语文教师也都填写了职业生涯规划书:从环境分析、自我分析到职业目标、行动策略,洋洋洒洒数千字,整整齐齐堆叠在教务处的档案中。但语文教师的专业发展愿景有多大突破、语文教师的职业现状发生多少改变,就不得而知了。

在语文教师职业生涯规划中,很多教师的期待是发表论文、上公开课、做研究课题,不可否认,这些是语文教师职业生涯发展的重要部分,也是对语文教师工作进行量化评价的极其重要的手段,但是,语文教师职业生涯的发展应该不止于此,语文教师职业生涯最重要的意义应该也不在于此。

"古之学者为己,今之学者为人。"孔子说,古时候的人大多为了完善自己而学,今天的人求学大多是为了沽名钓誉。那么如今的语文教师呢?是为完善学生、完善自我而教,还是为沽名钓誉而教?语文教师职业生涯规划,指向的应该是学生、爱学生、为学生、成就学生。如果我们把语文教师职业生涯规划的目标着眼于语文教师自身的功利性发展,把了解学生、研究学生作为实现个人功利目标的手段和方法,那么我们的语文教师工作是不是多了一点赤裸裸、冷冰冰的残忍味道?

"学者有四失，教者必知之。"语文教师职业的意义并不在于捧上一张张鲜红的录取通知书，而在于捧上一个个具有鲜明个性的活生生的人；语文教师职业的意义也不在于评比时的表格、总结时的数字，而在于与学生共度的生命历程、共创的人生体验。可惜的是，在调查过程中发现，把语文教师职业生涯规划量化、数据化、表格化的现象并不鲜见，而在一份份语文教师职业生涯发展规划中细细寻找也难得一见的，恰恰是学生、是人、是生命。

"天地君亲师"，根深蒂固的观念体现了儒家传统文化仁孝至上的精神图腾，同时也显示，自古以来，师者都是淳厚长者的形象，是值得信仰、值得依靠、值得崇拜的偶像，教师的形象特征，可比君父——这是何等沉厚的重托！但我们语文教师如果只有基于自我发展的职业生涯规划，可担得起这份敬畏与尊重？

二、思考：从传统师道看语文教师职业生涯规划的取向

《礼记》言："知其心，然后能救其失也。教也者，长善而救其失者也。"教育工作是以德育德、以心育心的工作，语文教师职业生涯中，首先需要修炼的，就是与学生相融、读懂学生的能力。与学生相融，才能矫正学生的缺点；与学生相融，才能发扬优点、克服缺点；与学生相融，才能拨动学生的心弦，才能达到"亲其师，信其道"的效果。陶行知先生能以四颗糖软化一个犯了错误的小男孩的纯真的心，就在于他全面而完整地了解一个小男孩在彼时彼境的心理。在语文教师的职业成长过程中，修炼自己的一双慧眼，去洞察儿童的内心，因材而教、因差别而教、因长短而教，和儿童站在一起、融为一体，才能体验到作为一个语文教师的职业幸福。

在古城阿波罗的圣域，有一条著名的神谕，告诫人们"认识你自己"，这至今仍是一句"天启式"的至理名言。荣格说："谁向外看，他就在梦中；谁向内看，他就会醒来。"语文教师职业生涯规划重要的一环，

就是需要认识自己。

"夫子循循然善诱人,博我以文,约我以礼,欲罢不能……"当我们为颜渊的仰慕之意怦然心动,更为孔子的深博高远喟然长叹之时,我们不妨放下外在的评估标准,"三省吾身",向内探索,在自省和觉醒中,达到"融"的境界。

曾经有一位老师,批评一个多日未做作业的学生,最后学生愤然而出:"我就不来学校了!"老师悔之不迭,却依然不知教育失败的症结所在,后来听旁边老师指点才发现,是自己不小心反问了一句:"你作业不做,那你学校要不要来了?"老师的无意之言导致了学生的愤然离校,归根到底,是教师不曾善于"修己",在他的职业生涯规划中,恐怕也很少有"内省"的打算。"桃李不言,下自成蹊",语文教师唯有先认识自己、改变自己,才有可能找寻到语文教师职业生涯的幸福。

"君子既知教之所由兴,又知教之所由废,然后可以为人师也。"语文教师职业生涯规划,还需要有对教育本质的理解和思考。观察和反思语文教师工作的成败得失,钻研教育学心理学理论,探究语文教师工作的奥秘,在工作的过程中,才可以做到游刃有余,才可以达到师生和谐相融、共同成长的愉悦之境,才能享受教育的幸福。

三、融通:从传统师道看语文教师职业生涯规划的回归

"暮春者,春服既成,冠者五六人,童子六七人,浴乎沂,风乎舞雩,咏而归。"这是孔子的理想,也是语文教师所向往的一个教育场景,是教师职业生涯的化境。语文教师的职业生涯规划的最终归宿,应该不是一个语文教师个体的功成名就,而是语文教师和学生共同的幸福生命。

"玉不琢,不成器;人不学,不知道。"在语文教师的职业成长中,专业阅读是必不可少的。唯有专业阅读,才可以帮助语文教师拨开重重疑云,探知学生内心;也唯有专业阅读,才能帮助语文教师揭开教育纷

繁复杂的表象,洞察种种曲折变化。经过阅读的融通"厚积",方有教育的"薄发",方有语文教师工作中的种种新奇,种种创造,种种靓丽的风景。

语文教师职业生涯发展要有计划、有目的,不可盲目地"撞大运"。"兵来将挡,水来土掩"的被动态度不是语文教师职业生涯规划的应有之义。

"学然后知不足,教然后知困。知不足,然后能自反也;知困,然后能自强也。故曰:教学相长也。"实践出真知,把教育中的每一次"遭遇"都当作"经历",在每一次"经历"的时候都全情投入,理清每一种关系,做好预设,推演每一种可能。这样,我们的眼里不仅有自己,更有学生;不仅有问题的解决,更有自我的成长。

"良冶之子,必学为裘;良弓之子,必学为箕。始驾马者反之,车在马前。"语文教师职业生涯发展,也要学习这三者,反思而知其所以然。融合工作中的案例进行反思、总结、提升,通达教育奥秘,这是语文教师职业生涯发展的点亮和凝结。

(此文发表于《中小学班主任》2017年第4期,有删改)

第三节 "融通"语文的实施路径

样态:你"融"我"融",无"形"有"韵"

"融通"的语文课堂,是什么样态?

也许,各种凡是有所谓的"固定模式"的课堂,都不是学生喜欢的课堂,也不是适合学生发展的课堂。试想,人最大的特色便是其多变性、不可固定性,尽管我们希望孩子往我们希望的方向生长,但是,事

第二章 "融通"语文课堂的内涵、价值和意义

实总是无法预料。他们会受到各种各样不可预估的细节的影响,即使你设定了一个框框,他也总是能跳出去,在你无法想象的地方"突破和舞蹈"。

这是生命的魅力所在——谁能忍受自己的生命按照固定的程式演绎呢?

如果课堂有其固定的模式,比如说,一开始是预习检测,然后是讲授,然后是学生讨论,然后是交流,然后是教师总结,然后是当堂反馈——每一节课都是如此程序化、模式化、刻板化,数年如一日,学生从开学的第一天就知道接下来的每一节课会发生什么——岂不是很无趣?期待,渴望,新奇,该从哪里来呢?

所以,我们宁可希望,"融通"的语文课堂是不存在所谓的一成不变的"样态"的,准确地说,它是多样态的,它随着老师的创造而变化,随着学生的创造而舞动,充满变革、充满变数,你无法预知下一堂课是什么样,甚至无法预知这一堂课会走向何方,那不是更具有挑战,更能激发起学习的欲望?

"融通"的语文课堂虽没有固定的形态,也没有统一的格式,但有基本的特征与质态——融合,主动,多元,共生。以跨界融合的视角实现语言的深潜,植根文字,提升学生语文素养;将学生的自主学习、合作学习、探究学习融入课堂,帮助学生学会学习;以多元共融的项目式学习实现阅读与写作的融汇、学科与学科的跨联、思维与审美的并举、情感与理趣的互生;以学习共同体为课堂基本构成单位,在尊重学生个性发展的基础上,实现小组成员共同成长、教师和学生共融共长。

所以,"融通"的语文课堂也许是这样的:老师在听,学生在讲;或者老师在讲,学生在听。师生一起思考、一起质疑、一起辩论,实现言语的交融、思维的碰撞。在这里,老师和学生是平等的,只有观点的激辩、学识的争论,没有身份的差异、角色的对抗,因为,在"融通"的课堂里,老师也是学生,学生也是老师。"教学相长"变为"学学相长",老师

和学生在共同的语文世界遨游,相互激发,基于各自的学养分别获得有益的成长。

"融通"的语文课堂也许是这样的:围绕课堂的只有一个字——问。围绕一篇课文,学生深入研读,不断提出问题,组内互问,组间辩问,班级共问,老师则把学生的各种问题分类综合,引导学生透过问题研读文本、研读历史、研读社会、研读人性。在疑问、询问、质问中,不断发现问题、分析问题、解决问题。学生在教师预设的学习路径内外游历,自主发现,积极表达,课堂是一个充满探险之趣、发现之乐的过程。

"融通"的语文课堂也许是这样的:老师彻底隐于课堂之外,课堂内只有学生的声音、学生的身影。在教师的引导之下,学生围绕某一主题展开深度研究,进行融合汇报,或者进行演讲、调研总结、主题表演,融合各种形式进行汇报和答辩,在交互式探究中,学生的思维被引向纵深。在这个过程中,教师是策划者、设疑者、评论者,但教师绝不能替代学生的成长,而是为学生的成长搭好阶梯,让学生由浅入深、由表及里,学会深度思考,展开真实研究。

"融通"的语文课堂也许是这样的:教师和学生一起,精心阅读,圈点批注,会心处偶尔相视一笑,滞涩处停驻相与评析。有时候,语文课堂未必只是你来我往的问答,此起彼伏的争论。或许书声琅琅,或许静静翻阅,或许阖眼微思,或许笔端流泻,保留自我独立的语文学习空间,在看似静止的空间里实现思维的无限腾跃,体味"阅无界""思无涯"的愉悦和幸福。而语文老师,是这一方"静土"的主导者、创设者、保护者,并以这样的执着和坚守,帮助学生养成终身阅读、善于思考的习惯。

"融通"的语文课堂可能还是这样的:它不是一个老师与学生对话的传统课堂,而是若干个不同科目老师和学生交流的组合,甚至是老师、专家(媒体)和学生的多样组合,学生也未必是一整个班级,也有可

第二章 "融通"语文课堂的内涵、价值和意义

能是一组学生,甚至一个学生。在这样的课堂里,学生获得的是"语言+艺术+科学+逻辑+……"的融通式成长,是基于人类文化和艺术的综合素养的提升。"融通"的语文课堂,讨论的不只是语文,语言是思维的工具,也是精神的载体,通过语言,我们形成对人类文化的理解,并努力去创造属于我们自己的作品。"融通"的语文课堂不只关注班级学生的整体发展,也关注个别学生的独特发展,在"融通"的语文课堂,"一个"和"一群"同样重要,因为一个独特的个体所创造的有时能改变整个世界,而这种"独特性"的养成值得基础教育阶段的老师去发现、去呵护、去培育。

"融通"的语文课堂或许还是这样的:它不是一个45分钟的完整呈现,而是一段断断续续的时间的接续,一次有始有终的融合性活动。比如,出一本属于学生自己的书,需要学生对自己的日常作文进行整理汇编,设计封面,撰写篇首语,排版制作,在一系列的编辑整合中,学生的语言运用能力、编辑能力、交往能力得到全方位提升;如进行一项校园植物开花时长的物候研究,需要每天观察、测量、记录,发现差异,探究原因,撰写报告,这需要几个月、一年,甚至几年的坚持才能完成,坚持、细致、耐心等优秀品质在这个过程中积淀;再比如开展一次低碳综合实践活动,学生需要走进图书馆查阅资料,走进网络了解远方,走进社会观察当下,还需要街头宣讲、发放传单,号召周围人一起加入,扩大学习成果……

"融通"的语文课堂还可以是集中展示的,实地考察的,全景渗透的……

"融通"的语文课堂,不恒定,不唯一,不设限,它也可以是以上种种形态的有机融合,随"人"而变,据"时"而易。"融通"的语文课堂,因为其无穷变幻却始终贴合学生的成长而魅力无限。

资源：无处不在，无时不有，无地不"融"

说起语文教学资源，我们首先想到的是什么？

是网上浩如烟海的希沃课件、PPT，还是高大上的各类资源网站？抑或是"考之不尽，用之不竭"的各类语文试卷、专题训练？还是名目繁多的教学参考顶级教案？还是与作者相关的各类书籍、轶事、札记、心得？与文本有牵绊的种种独特地域人文景观？

概而言之，这些，都是语文教学的资源。而"融通"的语文课堂教学资源，远远不止以上这些。在丰富庞杂的客体资源之外，"融通"的语文课堂上，我们更重视学生主体资源的交互、激发和创生。课堂是由主、客体间的相互合作、相互激励、相互作用而构成的一个交互式实体网络，"我经历""我阅读""我领悟""我积淀"，在语文课堂上交融贯通，构成了语文课堂"融而相通""杂而不乱""丰而不涩"的资源主体。

"我经历"的成长资源是生命个体在成长过程中独特的体验，这些体验给学生打上鲜明的烙印，成为他们独一无二的生命符码。就像那个叫寰的男生，在阅读"海日生残夜，江春入旧年"的时候说，作为一个羁旅之人，每每遇到困难和挫折，感受着无可排遣的孤独和思念的时候，看到一轮新生的太阳，又感到生命无限蓬勃的力量，觉得自己背井离乡的付出都是"人间值得"。恰恰因为他是跟随打工的父亲才来到了本地读书，而自己的母亲、哥哥都留在家乡，这样的人生历程让他在刹那之间理解了王湾的痛苦与豁达，从而在阅读诗篇的时候融入了自己的体验，让生命扬起了昂阔的旋律。

"我阅读"积淀的资源是主体教学资源的重要组成部分。"一个人的阅读史就是一个人的精神成长史"，融通的语文课堂，鼓励和激发学生将学习与自己的阅读经验相融合，使当下的学习更为蕴藉和醇厚，

第二章 "融通"语文课堂的内涵、价值和意义

课堂文化更为"雄浑瑰丽"。有一次,我和学生讨论"要不要过圣诞节"的问题,由此引申到东西方文化的差异,此时敏桉发言:"我们不能简单地以'过'或者'不过'来给这件事做轻易的判断,我们在害怕文化侵蚀的同时也应该相信文化的力量,中华文化的体量是庞大的,两千多年来,她包容和消化了很多外来文化,使自身更为浑厚和坚韧……"这个把余秋雨《文化苦旅》读熟读透了的女孩,把"我阅读"融入了自己的血脉,呈现的思维广度让人惊艳,也激发教室里的其他学生的思考,课堂的涟漪层层荡漾,通达远方。

《秋天的怀念》中有这样一段话,曾经让我胸怀激荡不能自已:"黄色的花淡雅,白色的花高洁,紫红色的花热烈而深沉,泼泼洒洒,秋风中正开得烂漫。我懂得母亲没有说完的话。妹妹也懂。我俩在一块儿,要好好儿活……"史铁生那一瞬间的"领悟"让人潸然泪下,初中学生处于身心巨变的关键阶段,醍醐灌顶般的"领悟"相互融汇,让语文的世界玄幻多姿。"读书作文,以领悟为上。无所领悟,虽十年八年归于无益;有所领悟,虽一刻两刻可以有功。"融通的语文课堂上,教师以精要的片言只语触发学生思考领会,有所"悟",达到"每有意会,便欣然忘食"的逍遥之境。

在每一个孩子的背后,都有一个色彩斑斓的故事,这个故事里,装着他的家庭、他的故乡、他的民族血脉,这种来自基因深处的"我积淀",是课堂极重要的文化资源。融通的语文课堂,会有意识地将学生背后的文化资源引入,让学生发现并表达自己的文化诉求和文化力量,这样的语文课堂,因为分享和传承而格外厚重。比如在学习《女娲造人》的时候,我们比较东西方人类起源传说的异同,学生把母亲的温和柔美和慈爱勤劳与女娲的形象进行融合,感受中华女性的伟大;进行张謇文化项目学习的时候,学生自然融入自己所理解的启东"抗大九分校""挡浪墙遗址""垦牧公司",体会乡土文化中的张謇精神、张謇精神中的乡土文化,获得了更为丰富的体验……

"融通"的语文课堂上,"我"资源与客体资源相交互,让课堂由一生二、由二生三,层层深入,"滋味一层又一层",曼妙无比。

　　而当我们看到一个打开的"融通"的语文世界的时候,其资源更是融合通达,表现为生活资源无限融合于语文课堂。人际的交往,表达的艺术,肢体的优雅,思想的深邃,都让语文课堂获得不一般的滋养。而语文学习的资源,同样反馈于生活,让生活也因为语文的"润泽而通透"。

　　学校组织各班打扫科技楼,学生怨声载道,纷纷吐槽科技楼的角落充满蛛网杂尘,栏杆锈迹斑斑,大组长说,有同学会"当逃兵",会"偷懒",甚至有同学嚷嚷着要拿班费去"请阿姨"……大扫除之前,我和孩子们讨论《钢铁是怎样炼成的》,谈到保尔修路,谈到拉兹瓦利欣。"我们要把布尔什维克队伍里的蛀虫找出来!"调皮的丁俊仁大声喊道——以往他是那个最会"偷懒"的人。"我们今天要比一比看一看,谁是真正的'保尔',谁是我们班级里的'拉兹瓦利欣',我们要和自己的缺点进行坚决的斗争!"班长一声令下,大扫除的队伍浩浩荡荡来到科技楼,群情振奋,热火朝天,大扫除后,大组长们总结:

　　"每个同学都投入到了劳动中,热情又努力!"

　　"大家都是真正的'布尔什维克'!每位同学都有保尔的精神!"

　　这只是语文生活的一个小小缩影。但足以让我们惊叹,语文的资源一旦融入生活,对学生会产生怎样巨大的影响!

　　"融"的远方是"通",通往学生精神的振奋、思想的升华,通向个体素养的提升、生命激情的迸发,通向集体精神的凝聚、核心价值观的确立。语文资源的融通,同伴关系的影响,共同体氛围的滋养,在三年的潜移默化中,教室里的"每一个"都能够脱胎换骨,成为他想成为的模样。

支架：从"场境""环境"到"情境""意境"

原本,我并不乐见"课堂游戏"这样的教学活动。总觉得这样的所谓"游戏"显得过于幼稚和闹腾,对于初中学生来说,更应该呈现的是思维的"静流"、深邃的"机锋",我们要把学生带入审美之境,而游戏,实在是让人"呵呵"。

那是一节文言文教学课,学生对文言词语的理解意兴阑珊,我随手调出教育信息化应用系统希沃上的一个关于字词理解的小游戏,和学生说,小组合作对文言字词进行理解,稍后游戏 PK。没想到,这样一来,学生兴趣盎然,小组讨论热烈非凡。游戏 PK 的时候,小组选出基础最薄弱的学生来参赛,每个孩子都声嘶力竭地提醒、呐喊帮助组员完成任务,参与兴致高涨,那节课的当堂反馈结果显示学生对文言词语的理解和掌握前所未有得好。

于是,我开始深思,"融通"的语文课堂上的媒介运用该遵循怎样的规则? 是否一定要"阳春白雪"? 是否要留有一定的阈限? 或许,用什么媒介本身并不是重点,我们需要考虑的是,这个媒介运用后对语言的品味领悟、对学生的终身发展产生的影响。凡是能将课堂引入佳境、让学生在语文世界里感受愉悦和幸福,凡是能激发学生兴趣、鼓励学生向学、乐学的媒介都是值得推崇的。

媒介只是一叶小小的摆渡船,它引向的远方,是素养的提升、生命的愉悦。

"融通"的语文教学媒介,不只是教学中的一份 PPT、一幅画、一份录像,而是通过技术手段营造与教学内容相契合的场境,是通过真实任务引导学生进入真实学习的真实环境。就如那个文言游戏的运用,关键不在于那几个蹦跳的游戏画面的设置,而在于通过这个游戏,在教室里营造出人人争先恐后、个个兴趣盎然的课堂场境,在这种群体心理氛围的影响下,每个孩子都主动投入、红光满面,积极心理在课堂中充分酝酿和发酵,课堂效率得到大幅度提升。

营造"场境""环境"的媒介有很多,小至一段音乐、一幅插图,大至教室布置、环境选择。教师需要根据不同的教学内容、教学目标,寻找和运用不同的媒介,让学生走进对应的场域氛围。如进行"校园植物"的专题写作,就和学生一起来到学校墙角,观察那一株纤细枯黄却韧性十足的爬山虎的枝茎,和周围的零落的树叶对比,一种不服输的顽强意志在学生心头自然萌发;学习《三顾茅庐》,请学生演读诸葛亮,一把淘宝来的古韵十足的羽扇,一顶青丝纶巾,让学生瞬间进入"诸葛亮"的角色定位,那种气定神闲、决胜千里的气魄从铿锵字韵里显现;组织"学百年党史,感红色精神"的融通项目活动,我带着学生来到顾民元烈士纪念馆、抗大九分校、启东县首届人民政府旧址纪念馆,在特殊环境中,学生深深感受历史的凝重感和沧桑感,激发肩头的责任感和使命感……

媒介的物态形式多样,种类各异,塑造场境、渲染环境,是媒介最基础的意义。然而,不得不说的是,"场境""环境"如果只停留于物质层面,没有从情感深处去触动、去激发,那还算不得"融通"。"融通"的语文教学最理想的状态,是在媒介的参与下,充分碰撞出学生的内在需求和自我实现,从而营造"情境"和"意境",这就需要教师用心设计,在"场景"和"环境"的建构中融入学生的内在需求,促发学生强烈的情感体悟、现实满足,"境"与"情"相生,"境"与"意"相通,被动的学习变成主动的寻求探索,那样的语文课堂,才是"心之所向"。

"双减"实施不久,学生心怀疑惑:"为什么要延时?以前都是很早就回家了,现在却要等爸爸妈妈下班了才来接,在校时间变长了,这究竟有什么好?"我没有和学生讲道理,而是带着他们去读"双减"的文件,同时设计调查表,将原来的放学模式和"双减"后的放学模式进行比较,从学生感受、家长行为、学校责任、社会影响四个角度进行网络

第二章 "融通"语文课堂的内涵、价值和意义

调查,搜集数据,整理资料,并得出自己的结论,同时设计适合我们学校的"延时服务方案"。学生处在"双减"的场域之中,内心有不解、有困惑,此时以"双减"文件和网络为媒介,帮助学生调查真相,了解始末,得出科学客观的判断,提出有效解决方案。这样"融通"的活动项目,以真实环境为依托,融入学生的"情"和"理",成为一个帮助学生思辨的"情境",这样真实的学习,立足实际、以解决问题为目标的学习,学生又怎会不全力以赴呢?

再比如"微语塘"微信公众号,是我们班级的微信公众号,每一次作文,我们都进行优秀作文展示,邀请全班学生及家长一起观看,并在文下进行点评表扬。微信公众号这一媒介的运用,让学生的作文有了"让更多人看见"的平台,增加了相互交流相互学习的机会,很多学生在写完作文后即盼望作品的展示交流,自信和兴趣由此激发,自我实现的需要得到满足,评论和互赞更加强了情感交流。这样的媒介,让"作文"这一冷冰冰的"作业"带上了情意的温度,使"任务"变成了富有意趣的"期待",促发"有意境的学习"。

"融通"的语文课堂,教学的媒介不是固定的、冰冷的、无生命的物质器械,而是相时而动、随意而生,在不断的需求中调整、变化,以助于"真实的学习"的发生;"融通"的语文课堂,教学的媒介需要老师不断去摸索、去创造,这样的媒介发现本身就充满挑战和趣味,"融通"语文又如何不愉悦呢?

关系:不是"对立统一",而是"互融共生"

最近听到一种很有趣的关于师生关系的说法:

> 老师和学生是老板和员工的关系,老师是老板,在他的领导下,学生拼命读书,为老师挣得名利,而学生自己也获得赖以生存

的薪资——优秀的成绩，升学的资格。

听得这样的论调，心里实在是不怎么舒服，且不论老师与学生之间真诚的情感交流，这种把师生关系异化为利益互换关系的思维方式，实在是很不"教育"、很不科学的。

在中华数千年的历史传统里，"天地君亲师"是儒家根深蒂固的思想，"一日为师，终身为父"，将老师摆上了极端尊崇的地位，在学生眼中，老师往往是高高在上的、不苟言笑的、端着架子的老学究。曾经有一段时间，老师又被视为"臭老九"，从云端一下子跌进了泥潭。再后来，随着经济的发展、价值观的变革，"尊师重教"成为社会的主流意识，但又有虚浮为一句口号的嫌疑。老师处于怎样的地位，不应该是教育关注的重点，但家庭、社会对老师的态度，直接或间接影响着学生对老师的态度，形成和影响最基本的师生关系，进而影响课堂氛围。

然而，这些都只是外部因素，从很大程度上来讲，师生关系的根源，在于老师自己的角色定位、老师的性格特点，以及老师与学生相处的方式。

在以往的记忆里，学生总是很怕老师的。"哼一下是一声闷雷，瞪一眼是两把尖刀"，在很多老师的意识里，学生越怕老师，教学的效果越好，质量越高。就像我刚刚参加工作的时候，有老教师告诉我："一定要让学生怕你，要镇得住学生。"这自然是老教师的一番好意，但是经历了与数届学生的相处之后，尤其是在实施"融通"的语文课堂之后，越来越觉得"畏惧"不是师生关系的本源，就像雷夫老师在《第56号教室的奇迹》里所说。一旦学生"害怕"老师，那么，学生就会在心头筑起一道高高的保护自己的城墙，师生之间沟通的渠道就会被隔断，表面的"听话"往往只是"漠然"和"对抗"的障眼法，内心的隔膜和孤立才是真实的视镜。而老师，又如何与一个竖起了防护墙的学生情感相融、心意相通，如何对他们产生长远的影响呢？

第二章 "融通"语文课堂的内涵、价值和意义

在"融通"的语文课堂里,尊重、理解和爱才是师生交往、生生交往的前提。"亲其师信其道"的道理不必多言,只有老师的尊重、理解、爱才能给予学生安全感,而人只有在一个安全的环境里才能够愉悦地学习与生活。有一次,和学生讨论"假如生命只剩下最后七天,你会如何度过",一个孩子的"秘密纸条"上写的是"我要气死爷爷,气死爸爸,气死奶奶和妈妈",我问他为什么,他回答:"他们总是骂我,打我。"那个孩子的家人必然也是爱他的,但是,不尊重不理解导致简单粗暴的不恰当的"爱的表达"却让这个孩子心头升起憎恨与厌恶。试想,如果老师和学生之间的关系也是如此,那还谈什么"教育""影响""成长"呢?

师生之间情感的融通并非一蹴而就,需要长期耐心的交流、沟通,我们不妨多尊重学生,把他当作一个独立的与我们平等的个体来看待,当他产生一个独特观点的时候,多一分静静的聆听;当他提出质疑的时候,多一分真诚和谦逊;当他犯错的时候,多一分宽容和慈悲。学生也能从你平和的眼眸和漾着温柔的嘴角看到你坦诚的爱,并回馈给你更多的温柔。

任何一个孩子,都渴望被认可、被夸赞、被理解,尤其当对方是老师。"融通"的语文课堂里,老师更多地站在学生的角度思考问题,竭尽全力看到学生的发展和进步,并不遗余力地给予正面的、积极的反馈,同时引导学生之间相互"看见"。小组展示结束,我们会说"谁来夸夸这个小组吧";学生只有片言只语,我会马上表示,"这是智慧的闪光,我们要把你的金句记在笔记本上";某位同学有作品拿来分享,我们一定投影展示给同学,并奋力予以掌声……

"只有快乐能带来快乐,只有掌声能带来掌声",在信任和赞美之前,更可贵的是跨越年龄界限和认知阈限,给予学生全身心的理解。"融通"的语文课堂上,我们努力把自己变得纯粹,摒弃成人世界的功利和庸俗,给予敏感的学生最质朴的共情。那天,大组长举报浩栋看答案抄作业,浩栋忽地站起,眼里蓄满泪水,愤愤地推了大组长一把,

大颗大颗的眼泪往下落。看他的神情,我猜,他的心里有委屈。我没有揪着他"抄答案""推人"的问题不放,而是问他和大组长之间有什么故事,他一脸怨愤地告诉我,小组里讨论的时候都不喊他,他感觉自己很孤独,似乎离小组好远好远……从某种角度来说,他的"出格"和"反抗"是对自己小组发出的请求重视的暗语,也是少年渴求被关注、盼望被理解的呐喊。这只是课堂里一个小小的插曲,但是这样的理解应该是"融通"课堂的主旋律。所以,老师在设计教学活动的时候,首先思考的是,如果我是学生,我希望怎样去学习;需要考虑什么样的活动更能够引起学习者的共鸣;还需要思考如何去表达更易于学生接受,如何评价更能够激起学生的自信心。这种"理解",不仅仅局限于老师和学生的情感共融,也表现为学生和学生之间的相互理解、相互体谅,在合作中的相互包容、相互帮助。这种"理解",还在于老师引导学生不断认识自我,发现自我,达成与自我的和谐。

　　老师尊重、理解学生的前提是教师正确认识"师生"之间的关系,以发展的眼光看待师生之间的角色定位。老师不把自己作为高高在上的"主宰者""管束者",也不将自己作为"先导",而是用一种谦卑平和的心态,用"摆渡者"的姿势,以平和与自信、无私与真诚,与学生平等互助,相携共进。一方面,老师努力学习,以渊博的学识吸引学生,以横溢的才华征服学生,以无私的爱守护学生,在这里老师不是审阅者和评判者,而是引导者和奉献者;另一方面,老师以"空杯"心态,主动靠近学生,在"教与学"中不断发现问题、研究问题,在与学生的交往中实现"教学相长",教师是学习者、陪伴者和精神支柱者。

　　师生情感的"融通"是一个漫长的过程,是一个"永远在路上"的过程。老师需要随时保持这样的自觉,课堂上、课堂外的一言一笑、一举一动都在无限接近这个"融通"的目标,那么,老师和学生,就不会是对立的统一,而是融合的共生。

第三章
"融通"语文课堂教学的操作要点

第一节 目标融聚

"文""道"相融

"文以载道""文道合一",在中国的文化传统里,"文"自古就是与"道"融而为一的。"不义而富且贵,于我如浮云""己所不欲,勿施于人""见贤思齐焉,见不贤而内自省也",《论语》之言,掷地有声,"文""道"相融,显示仁厚慈爱的优雅从容。"融通"的语文教学,应以厚重的中华文化为底色,以"文"与"道"的融合为目标,课堂紧扣"立人"主旨,在文字的、文学的、文化的活动中实现"人"的成长与拔节。

一些语文老师可能有一种偏见,认为语文学习更需要"语文味",要重视语言的琢磨与品味,重视语言技巧的赏析与领悟,希望语文课堂有含英咀华之美,而"育人"是班主任的事,是思想政治老师的事。但事实上,"道之所存,师之所存","传道"是老师为师之本、从业之本,而且语言的"至美"与思想的"芳华"向来是联系在一起的,语言只是思想的建筑外壳,没有"道"的"宏阔",又何来"文"的高妙?

所以,"融通"的语文课堂不回避"道",而是要主动寻"道"求"道",关注学生"情感、态度、价值观"的生长。

我们需要紧密结合教材,发现并发掘教材蕴含的"道"。首先要从单元大主题出发，确立单元教学中"道"的传承的重点。以统编版八年级下册语文教材为例，第一单元要"感受到多样的生活方式和多彩的地域文化，更好地理解民俗的价值和意义"；第二单元要"体现求真、严谨的科学精神""激发科学探究的兴趣"；第三单元则要"了解古人的思想、情趣，感受他们的智慧，受到美的熏陶和感染"……

在单元育人目标的统帅之下，通过一课一课的教学，从不同的侧面一步步走近"道"，一点点渗透"道"，让学生在潜移默化中将核心价值化为主动追求。我们需要在问题设计和探究的过程中关注学生的情感价值取向，放大教材的育人价值，如学习《社戏》一文时，体味六一公公、阿发等焕发的淳朴善良的人情美；学习《回延安》时，关注"宝塔山""肩膀上的红旗""杨家岭""枣园"等意象的特殊内涵，感受革命的豪迈与激情；学习《安塞腰鼓》时，品味"厚重的黄土高原"与"安塞腰鼓"之间的关系，理解"消化着红豆角角老南瓜的躯体""可以释放出那么奇伟磅礴的能量"的深层原因……

我们也要紧贴时代特征，结合社会时事热点，融入课堂教学，让学生的"触角"伸出"象牙塔"，在现实中感受"道"，理解"道"，坚守"道"。如八年级下册第四单元进行演讲主题活动探究的时候，恰逢上海新冠疫情暴发，日感染数过万，而封控区出现居民食品奇缺、不法商贩高价倒卖物资等现象，引起社会广泛关注。此时，上海东方卫视拟播出抗疫特别节目——众多明星云集的抗疫主题晚会，遭到线上线下一片反对。以此社会事件为背景，我们在设计"活动探究·撰写演讲稿"的任务时，即以此为背景，请学生以某一职业代表人的角度，发表自己的观点看法。学生以广泛的视角，从医护人员、志愿者、新闻记者、政府发言人、隔离者等角度，表达自己对当下疫情的忧虑和考量，呈现冷静的观察和深邃的思考，表现出职业人的责任担当意识和社会公民意识，"安得广厦千万间，大庇天下寒士俱欢颜"的博大胸襟在字里行间闪耀。"风声雨声读书声，声声入耳；家事国事天下事，事事关心。""入耳"和"关心"的过程,也是学生的人格不断完善、责任担当不断凝聚的过程,"为中华之崛起而读书"的意识在这样的过程中扎根、生长。

我们还需要立足于"立德树人"这一中心,在语文教学设计和实施的过程中,更多考虑语文课程的"传道"价值,让同样的活动呈现厚重的意蕴,让学生获得更多的体悟,并将这一理念融入教育教学全过程。

这个学期的元宵节,班级组织"欢天喜地闹元宵"主题活动。

如何让体验活动发挥育人价值,让"参与性实践"变为"反思型实践",让学生在活动中在"有趣"之外感受"有味",将"人"的素养提升、节日文化的意义内涵、民俗传统的继承发扬融为一体?我们设计了活动流程,展开"我们今天如何过元宵节"调查、"古人的元宵节"经典回味、"元宵习俗"现场体验三组活动。运用

问卷星进行调查,了解各个家庭过元宵节的方式,梳理其中的"文化项目",了解节日生活现状;查找古人关于元宵节的诗词笔记、书画记录,整理制作,形成小视频,了解中华传统元宵节的风雅与意趣;通过做灯笼、写对联、做元宵等习俗体验,感受中华传统节日文化魅力,并懂得尊重和保护节日民俗文化,积极主动传承。在这个过程中,学生"民族文化继承人"的角色感被唤醒,在一般节日活动的基础上更加深了文化理解,产生更多的文化认同。这样的学生,当他面对外来文化的时候,会拥有更多从容面对的底气。

需要注意的是,课堂上体悟"道"、传承"道"是一个明确的目标,是通透的、明确的,但是,"传道"的过程却应该是融合的、潜润的。"当学生感觉到自己在接受教育的时候,教育就已经失败了","道"在课堂上

的传扬,不应该像牧师布道那样僵化、直观,而应该如盐化于清水,似花香弥漫春日,融于语言的品味咀嚼、问题的探讨交流之中,在学生朗读、讨论、争鸣之中不自觉领悟生命的价值,树立道德的标杆,明确人生的方向。

"文"与"道"相融相生,融为一体,不能厚此薄彼,更不能割裂对立,因为,"文"的生长和"人"的生长从来都是同一的。

"智""性"相通

我们常常说:不忘初心,方得始终。

"初心"是什么?《搜神记》中说:"既不契于初心,生死永诀。"初心,既是最初的心意,也是最终的愿望;既是出发的原因,也是归途的终点。于是,我常常想,我们学语文的初心是什么呢?

开蒙明智,独存性灵。

"智"是指运用智慧,客观、理性、科学地认识事物、观照生命,并在这一过程中有所体悟和感发,闪耀智慧的光芒。"性",是美好的天性,"人之初,性本善";是性灵,明袁宏道提出的"独抒性灵,不拘格套"。在生长过程中,要保留内心深处的纯真与美好、温暖与善良,保留个体的独特感受和体验。

我们渴望通过学习求"智",正如哲学家培根说:"读史使人明智,读诗使人灵秀,数学使人周密,科学使人深刻,伦理使人庄重,逻辑修辞之学使人善辩。"我们更希望通过学习存"性",找寻自己的内心,保留那一份独特的自由和纯真,因为知识上的富有可以享受心灵上的满足,"读书在某种意义上来说是养心"。

苏曼殊在《燕子龛随笔》中说:"泰西学子言:'西人以智性识物,东人以感情悟物。'"是说东西方人具有不同的识物方式,一则理性,一则感性,由此也往往衍生出不同的思维方式、人际交往模式、社会发展形

第三章 "融通"语文课堂教学的操作要点

式。但事实上,"智"的生成与"性"的濡养并不对立,而是相互依存、相互融合、相伴相生。

融通的语文课堂,是"智""性"共重、"智""性"共融、"智""性"共生的课堂。课堂上不仅关注知识的传授与获得,更重视思维的发展与提升,重视学生个体的情感体验与表达,重视独特的审美意识的唤醒与培育,并且将情与理、智与性、思与美融为一体。

引导学生崇尚理性思维,尊重事实,以实证意识和严谨的求知态度奠基语文学习。尤其是在自媒体蓬勃发展的今天,我们如何科学辨识各种信息,去伪存真,如何以科学理性的态度发表自己的言论,不为了哗众取宠而作脱离实际的表达,这种"求真"的态度,是科学精神的表现,也是志虑忠纯的表征,是融通的语文教学的重要目标之一。

我们主张课堂上"言而有据""真相为先",以"真实"为第一追求;我们学习竺可桢、钱学森严谨求实的科研精神,在融通的主题探究实践中讲求数据的真实、调查的严谨;我们重视语言表达的严谨准确,不作失真的夸张来哗众取宠、博取眼球。

严谨、真实,既是一种做学问的态度,也是一种生活的精神;既是科学的智慧,也是人性纯真美好的表现。"文学"是需要艺术化的,但是文学的生活必然是理性的、严谨的、真诚的。在融通的语文学习中,我们更重视在真实的情境中追求真实。读《大自然的语文》,学生连续三个月实地观测校园某一植物,在观察、测量、研究中分析综合,得出结论,培育科学精神;在上海疫情暴发时期,网络谣言四起,学生通过与在上海的亲人的电话联系,了解真实情况,对比网络传言,探究"事件与真相"的本质,培育"立足事实"辨明是非的能力……

有问题意识,具有独立思考、独立判断的能力,是"智"的重要表现;而在特殊时刻坚守自我,保持自我人格的独立,是人至情至性的表征。这种"独立"和"坚守"源自课堂细节的积淀。

融通的语文课堂,重视学生独立思维能力的培养,鼓励学生批判质疑并创造机会让学生实践。课堂之前,学生自主学习,提出问题,以自学质疑伴随学习整个过程。在学习、研讨的过程中,认真倾听、独立思考、主动质疑、批判建设是课堂的主旋律,学生在分析、判断、选择中逐步形成独立人格,建构起完整的世界观、人生观、价值观。在这个过程中,融通的语文课堂重视学生自学问题的统筹与梳理,重视学习过程中"有价值的质疑"的提出,重视分歧产生之后的有理有据的争论辩驳,不人云亦云,也不追求特立独行,而是尊重事实、依照科学作出独立判断,并坚守自己的信念。

例如,学习《陈涉世家》时,学生袁工整在线上提问:陈涉"诈称公子扶苏项燕",岂非奸诈之辈?司马迁为何还将之列为"世家"?

由此问题,学生在微信群展开激烈的辩论:

【正方】

陈涉是一个具有领导才能,敢于和当时至高无上的皇权对抗、不畏强权的有志青年。在那个黑暗的年代,民众被秦二世不断压榨,但是为什么黑暗与不公的社会没有立刻被推翻?那些受剥削的人虽然嘴上喊着苦,心中怨气十足,但是为什么他们不反抗?因为他们缺乏勇气,缺乏斗志,他们害怕反抗,害怕被杀害,所以甘愿被剥削。而在这个时候,一名开拓者,一名先驱者,便是最重要的,星星之火,可以燎原,而那个被赋予火种的人,就是陈涉,他拥有不屈服的灵魂,他敢于向不公平的人生发出挑战,向那个端庄华丽的秦王朝发起反叛,这种血性,弥足珍贵。

陈涉信念坚定,胸怀大志,在那些田垄之中,庸人之间,陈涉并没有被他们的平庸所感染,依然坚定着自身远大的理想与抱负。

陈涉还擅长组织、领导与取得人心,可见其智勇双全,面对手

第三章 "融通"语文课堂教学的操作要点

下900多号乡野村夫,陈涉灵巧地利用了他们的迷信,从而最快地取得他们的信任与支持,可谓之鬼才。

陈涉,他的勇气、信念与智谋,无一不是那个时代璀璨的光芒。(赵紫寰)

【反方】

陈涉是秦暴政之下起义的第一人,世人为此给予他很高的评价,自古乱世出英雄,陈涉地位低下,但仍不放弃自己远大的志向,这种精神值得肯定,但我想揭示陈涉的另一面。

天下苦秦久矣,陈涉与人佣耕,曰"苟富贵、勿相忘",如果富贵了,大家不要忘了彼此,这句话换个方式说:"等你飞黄腾达了,也让兄弟沾个光。"

而后,得到了别人的嘲笑,这种嘲笑在我看来,是一种屈于现实的表现,而陈涉霸气回应:"燕雀安知鸿鹄之志?"过于自负而轻视他人。

陈涉是个精明的利己主义者,在西方文学史上,有一个与之身世命运都极为相似的人,叫于连。

两个人同样具有能力,但他们所有行为的目的,都是为了走上食物链的顶端。于连是为了钻入上流社会,洗去木匠的头衔;而陈涉起义,不可否认是具有正义性的农民起义,但他的目的,我想并不是解救天下苍生,而是想成为剥削者,全文没有提到他惜天下,而是紧紧围绕"利"与"名"展开,无论是"死则成大名耳",还是"王侯将相宁有种乎",都是熙熙攘攘奔名利而去,都希望成为那个站在众人之上的人。

作为一个利己主义者,利用民众心理进行煽动,不可不谓虚伪,这种行为就是欺骗,因为即使成功,封侯成名的毕竟是少数。陈涉踏着属众的尸体行走,去实现自己的鸿鹄之志,"大楚兴陈胜王"也好,"诈称公子扶苏项燕"也罢,所有的欺骗都是为"利"——

有时候放弃真相的危险比稳定民心达到自己不可告人目的而得到的利,往往更加恐怖。陈涉如果达到目的,会不会成为第二个秦二世?不得而知,因为他失败了。是不是欺骗,该放在特定的环境下,从长远的角度考虑,看他的行为是否能够使整个社会进步或免遭灾难。

也许只有时间才能证明一切。

对于陈涉这一人物,我们向来是褒扬居多,然而在融通的语文课堂里,学生将之行为与"为人民服务"的政治理想相对比,与中外文学史中的人物相勾连,探究其行为的出发点,提出自己独立的判断。质疑、问询、表达的过程,也是学生的独立思维逐步形成的过程,将学生放到"融通"的世界中,在世界的矛盾和漩涡里找寻思想的出路,在与同学的交流辩驳中坚守自我的选择,获得的不仅有思维能力的提升,更有独立人格的坚定,理想信念的坚守。

开蒙明智,独存性灵,这是我们对于教育的理想追求。

激发智慧,深邃思考,呈现智慧之美;坚守天性,保持纯真,展现真善之情。"融通"的语文课堂生长的"人",有爱,有情,有智,有心。

"知""行"相协

"知是行之始,行是知之成",从"知"与"行"的角度来定义语文学习,语文应该是一门以知识学习推动行为变革、以行动素养展示知识涵养的过程。

语文学习始于"知",尽管孔子说"知之者不如好之者,好之者不如乐之者",但是,"知"是"好"与"乐"的前提。任何理念、任何思想的践行都以其深刻的理解为前提,没有"知",就没有"行"。融通的语文课堂注重以融合、融通的方式进行"知"的积累与沉淀,"博观"而后"约取";这种"知"的获取以真实情境下的实践、指向未来的实践、指导学生生活的"行"的方式进行。

融通的语文课堂,重视在"行"中求"知"。

创设真实情境,调取生活经验,在"当下"的"行"中获取新知。融通的语文课堂,需要学习主体全方位的行动参与,听、说、读、写、思全面融合,眼、耳、喉、鼻、意共同上阵,在真实情境中以真实行动提升语文素养。

老师积极创设情境,引导学生全身心沉浸于情境中,于情境中触摸体悟,提升素养。如写作植物,老师引导学生来到校园深处,观察墙角业已枯萎、残枝凌乱的爬山虎,抚、拉、品、思,引导学生感知其内外精神。在凛冽冬日里,学生几近瑟瑟发抖,而此刻冷风中爬山虎的模样,也留给他们精神的震撼,于是有了这样的文字:

> 偶然瞥见,校园周围墙上攀着一株藤,一株枯瘦的藤。
>
> 像是风烛残年的老人,他变得干瘪。枯枝黏附在墙上,周遭是片片深棕的斑驳。一段残枝凭着最后一点联系挂在墙上,被一阵微风吹得摇晃,枝上挂着残破的蛛网,不知何时就会落入尘土。
>
> 抬手拉拽一段长枝,出乎意料得顽强。业已干枯的触手忠贞不改,如野草的根系,稳固坚韧。

全身心的实践参与,带来丰富而深刻的体验,这是情境于学习的意义。真实情境的创设不限于实地的参观感受,音乐环境的渲染、视频真实的呈现、生活事件的切入,都可以带给学生真实的情感体验,由此进行的学习,更具震撼力。学习《壶口瀑布》,观看油画作品,进行视听体验,对于黄河"博大宽厚,柔中有刚;挟而不服,压而不弯;不平则鸣,遇强则抗;死地必生,勇往直前"的精神产生感官和心理的双重共鸣;学习《三顾茅庐》,进行情境演读,通过角色扮演,深刻体会张飞的

"躁"、刘备的"礼"、诸葛的"智";学习《茅屋为秋风所破歌》,以"安史之乱"动画背景,感受"归来倚杖自叹息""长夜沾湿何由彻"的悲痛和无奈……

课堂上,学生以小组为单位,围绕课堂问题,进行真实情境下的"小主题探究",在小组组织下,学生共同朗读、分析、思考、讨论、展示、质疑、点评,从被动接受变为主动参与,在真实的学习行动中,学生听、说、读、写的能力得到充分锻炼,语文学习的愉悦感和成功感大幅度提升。学习《蝉》,小组共同绘制蝉生长的思维导图,在阅读、绘制、争论、修改中,学生对于蝉的一生有了直观的了解,对于其"四年黑暗中的苦工,一个月阳光下的享乐"的顽强生命有了更多的理解和尊重;学习《一滴水经过丽江》,在品读语言、品味情感的基础上,学生结合文本凝练语言,合作创作小诗,在韵律修改、语言调整、配乐朗读、点赞评论中,对语言美、情思美、山河美有了更深的体悟。这样的学习行动,发生在每一个课堂里面、每一个学生身上,在真实融通的学习"行动"中,学生得到"知",丰富"知",并且不断创造"知"。

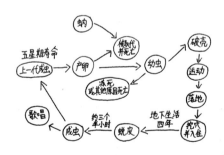

学生绘制的蝉生长的思维导图

《礼记·大学》中说:"物格而后知至,知至而后意诚……国治而后平天下。"以"格物"的方法获取"知",又以"知"指导行动,最终实现"天

第三章 "融通"语文课堂教学的操作要点

下大治"的理想。以"行"导"知",以"知"促"行",两者螺旋上升,实现问题的解决、生活的创造,是语文学习的理想境界。

语文是工具学科,语文学习的目的是"用",将"知"与"行"深度融合,在"知"的指导下,实现现实问题的解决、美好生活的创造,是语文学习的理想境界。

因此,融通的语文课堂具有更大的延展性,把视野和活动场域拉长、拓宽,把课堂延伸到广大的生活中,让学生运用"知"去解决真实问题。如开展八年级上册第一单元"新闻采访"活动探究时,恰逢"双减"政策落地,学校在延时服务、作业布置等方面做出重大调整,班级出现作业质量参差不齐、延时服务各科抢占用时、学生自主性不够等问题。在了解新闻采访的基本方法之后,我们决定就学校的"双减"工作进行主题活动探究。于是,学生全面调研了初二年级各个班级的作业布置情况、学生睡眠情况、手机使用情况,采访相关校长、老师、学生,通过全面分析调研采访材料,学生归纳整理班级"双减"落实要点,并提出十项措施,各课代表与老师协调沟通,优化了班级延时期间的作业安排,充分提升了延时服务的自主学习效率。

生活中不能仅仅等待和遵守自上而下的命令、训诫和规定,更应该有自下而上的自发的创造、优化和变革,通过语文学习创造生活,更好地享受生活,这是"融通"的语文课堂的出发点和归宿,也是面对未来生活的重要信念。

为了更好的生活,语文教学必须将"知"与"行"相融合,让其相互交织,相互影响,相互促进,让"知"在"行"中积淀、笃厚,让"行"在"知"的基础上更显睿智、更增妙趣。

第二节　课程融合

书内书外的丰富

"语文啊，书上教的都不考——"

这是很多老师和学生的"共识"。教科书内，是一个有限的闭环；教科书外，是一个无限的宇宙。我们是满足于书内世界，把这部分学深学透，还是迈出探索的步子，将书外的世界尽情张望呢？

有些老师执着于书内的世界，每天花大量的时间默写、过关，反复练习相关习题，因为书内是根本、是基础，如果连书内的问题都没有解决，又如何谈书外？也有的老师干脆放下了书本，恣意"游历"于书外的浩瀚，"反正不考，教了又有何用"？

其实，书内与书外，是相互融通、相互联系、相互支撑的共同体，任何隔绝、割裂书内书外的教学，都不免陷入固步自封的狭隘境地。如果只重视书内，那么学生的思维就会僵化，视野就会狭窄；如果只重视书外，那又少了一点聚焦的厚重，碎片和流萤终究不能筑起参天的大厦，无序的流动往往也会丧失思想的沉淀。

上个星期，去给初三的学生上课，讨论作文的主题。一个学生问我："老师，我要怎样才能从一个材料中提炼出主题来呢？我想不到那些主题。"

这个不能从材料中提炼主题的学生，可能没有思考过书内和书外知识的联系，我问他："六册语文书上的课文你都熟悉吗？如果把我们的作文材料和书上的主题世界相联系，你能想到什么？"

他恍然大悟。

第三章 "融通"语文课堂教学的操作要点

一套语文书,看似轻薄,所含知识却凝练厚重。从自然风光到民俗风情,从挚爱亲情到家国情怀,从璀璨文明到未来遐想,整体化、系统化的设计,开放融通的思维,为从"书内"走向"书外"开创了条件。

融通的语文课堂,要以"书内"为中心,深研深究,寻觅"书"与生活的联系,我们便能从"书内"看到"书外",用"书内"的所学指导"书外"的生活。

如阅读《一滴水经过丽江》,精读品味,联系书外的世界,你会发现想要"被写成东巴象形文的'水'",希望"来自全世界的人都看见我"的活泼里有传承古老文明的缱绻愿望;在"楼上的客人和楼下的主人大声交谈""客人问主人当地的掌故"里有和谐美好、热情淳朴的人情之美;"在那些地方,即使是寂静时分,他们的内心也很喧哗""在这里,尽情欢歌处,夜凉如水,他们的心像一滴水一样晶莹"里有人与自然的融合无间、悠然南山的纯净意境。从书内出发,主动走向书外,融合生活,融合生命科学、历史哲学,书内的世界也变得丰富醇厚,令人目眩神迷。

研读书本,我们会发现这是一个开放融通的世界。编者很注重书内作品与书外作品的联系比较,以此为通道,创设从"书内"扩散到"书外"的立体空间。如八年级上册《回忆我的母亲》"积累拓展"部分,编者提道:

很多作家都写过回忆母亲的文章,比如邹韬奋《我的母亲》、老舍《我的母亲》等。找来进行比较阅读,看看不同作者笔下的母亲形象、文章的写作手法、作品的语言风格等方面各有什么不同。

再比如八年级上册《散文二篇》课后阅读提示:

读了课文,你感受到两位作者怎样的胸怀和境界?你对自己的人生有哪些新的认识与思考?中外名家抒写生命哲思、人生感悟的文章很多,课余不妨读读冰心的《谈生命》、勃兰兑斯的《人生》等。

从书内作品延展到书外作品,为学生打开阅读之窗、思考之窗,有助于学生构建全面的、整体的阅读观、学习观,免于掉入"只见树木不见森林"的泥淖。将书内作品与书外作品进行联系比较,既有"看见",又生"洞见",补充和丰富阅读的同时,使思维得到锤炼;而与"自己的生命体验"相融合,使书内的阅读与书外的生活融为一体,"学""用"合一,"学""思"融通,学生的生命质量也得到提升。

融通的语文课堂,不仅仅要从"书内"走向"书外",同时要把"书外"引向"书内",使"外"与"内"融合成一个有机整体,形成融通育人的新格局。如学习《女娲造人》,我们把书外的《风俗通》与书内的课文进行比较。

教师:同学们在小学的必读书《中国神话故事》里就读过《女娲造人》的故事,这个故事有很多个不同的版本。我们一起来读汉代《风俗通》里面的记载。

教师:《风俗通》里的文言短文,只有63个字,可是袁珂写的这个故事,有近千个字,我们可以对照一下,课文主要增添了哪些内容?哪里最能表现出作者的想象力?你从中读到了什么?又做了怎样的删减,为何要这样处理?

PPT出示:

项　目	内容(情节)	我读到了……
课文增添的		
课文删减的		

学生:我们小组发现,课文中增添了许多对于女娲的神态、动作、心理的描写,把女娲写得很真实。"她从崖壁上拉下一条枯藤,向地面上这么一挥洒,泥点儿溅落的地方,就出现了许多小小的叫着跳着的人儿,和先前用黄泥捏成的小人儿一般无二。"这里作者想象了女娲洒小人儿的动作,"这么一挥洒"感觉很随意,而

第三章 "融通"语文课堂教学的操作要点

且洒出来的小人儿和先前捏的一般无二,写出了女娲的神通广大,想象力非常丰富。

学生:我们小组发现第9段的想象非常生动:女娲看着她亲手创造的这个聪明美丽的生物,又听见"妈妈"的叫声,不由得满心欢喜,眉开眼笑。这里,作者想象女娲的神态,写出了女娲创造了小泥人之后的喜悦。

学生:我们来看文中女娲对小人的称呼,"聪明的美丽的生物",称呼小人为"聪明的""美丽的",可见女娲对她创造的小人充满了喜爱。"她给她心爱的孩子取了一个名字",称呼小人为"心爱的孩子",可见女娲对于她创造出来的人,就像是一位母亲一样,对小人充满了宠溺。"这个泥捏的小家伙","小东西""小家伙"都是非常口语化的,和我们的生活非常接近,作者这样写,感觉这个女娲就生活在我们身边,尽管女娲是个神,可作者写出了她"人性化"的一面。

教师:刚才同学们说的都是课文增加的部分,哪位同学来说说课文删减的部分?

学生:我们发现《风俗通》里面的这句话在课文中没有体现,就是"故富贵者,黄土人也;贫贱凡庸者,絙人也"。古代的时候社会阶级非常分明,而现代社会是一个平等的社会,就像社会主义核心价值观里面写的"平等""自由",所以袁珂在写这个故事的时候就把这句话去掉了,这显示了不同时期的人对社会的不同看法。

学生:我有不同的看法,我觉得人类刚刚起源的时候,也是很平等的,当时的母系氏族里面,没有高低贵贱之分,所以课文去掉这句话恰恰和人类一开始的样子是相吻合的。

教师:你的想法很独特,联系人类的发展历史来看,非常好的视角。这让我产生了一个新的问题,在《风俗通》里面,为什么会有那一句呢?

学生:据我所知,《风俗通》是汉代的作品,而当时的汉代,可以说是社会阶级非常鲜明的,当时的门阀制度,导致"朱门酒肉臭,路有冻死骨",所以《风俗通》里这样写,一方面也是告诉当时的老百姓,富有和贫困是天生的,阶级分化是上天注定的,这样也就能让老百姓"认命"。

学生:我觉得还有一种可能,当时的老百姓对阶级分明很不满,他们想要知道为什么会有这样的阶级,所以他们就思考,但是他们找不到真正的原因,就只能寄希望于神话故事,来解决他们内心的疑惑。

教师:这样的神话故事恰恰反映人们对生命、对社会的种种探索,他们找不到科学的解释,就去进行想象,而这也恰恰迈出了我们人类认识生命、认识宇宙最坚实的步伐。

在这个教学环节,学生将书外的《风俗通》与书内的《女娲造人》进行对比,在增删内容的比较中发现了女娲形象的独特意义,发现了不同时期人类对于"阶级"看法的无意识流露,书外书内相融合,学生发现了不一样的风景,课堂开创了新的路径。

从"书外"走向"书内",重要的不是链接、对比等外在的形式,而是培育学生形成一种整合的思维,一种举一反三、融会贯通的思考习惯,自觉地看到"异"与"同"背后的原因,看到"表"与"里"贯通的文化内涵,主动探究和辨别,自觉吸收和扬弃,成长为有独立意识、有自主精神的生命个体。

课内课外的和谐

《学记》:"大学之教也,时教必有正业,退息必有居学。"课堂之内,

第三章 "融通"语文课堂教学的操作要点

不是学习的全部,关注课外的温习巩固、实践运用,重视课内与课外的统筹协调,学习才能到达"通"的境地。

当下学生课外的语文生活不可谓不"丰富",每日的课外阅读、背诵很是占据了学生的时间,不少"负责任"的家长在老师布置的作业之外还准备不少"加餐"——多是各种试卷练习,学生在课外投注了大量的时间和精力,却未必能感受学习的乐趣,反而为"语文"所束缚、所禁锢。

将课内与课外真正融合相通,让学生在课外的语文生活中"藏焉,修焉,息焉,游焉",是提升语文教学质态、帮助学生获得学习幸福感的重要途径。

课内外相融通的语文教学,首先应严格控制作业的数量,确保学生的休息时间,这是一位老师的仁心所在,也是真正"负责任"的表现。很多人有一种错觉,认为一位老师布置的作业多,便是他的责任感强,便是为学生负责,事实上,一位真正了解学生、懂得学生的老师,一位真正能在课堂上把知识要点讲清讲透、让学生心有所悟的老师,一位真正研究过作业、并倡导有效作业的老师,是不会布置超量作业的。相反,他会反复研磨作业、精选作业,让学生在作业中有所得、有所获。

课内外融通,其主要表现之一:课外的作业应是课堂教学的同步反馈与运用,课外与课内"同呼吸,共命题"。

我们可以将课内所"学"与课外所"用"相结合,让学生在课外的运用中巩固课堂所学。如学习《鱼我所欲也》,感受孟子逻辑严密的推理论证,品味思维之美,课后,我们便可以将"所学"变为"所用",让学生学习这种推理论证的方法,写一段话,也试着用类比说理的方法,将某一个抽象的道理变得浅显易懂。没有"用"的"学",是无根的浮萍,经不起时间的考验,再加上遗忘规律的作用,"所学"很快就会在头脑中被遗忘。老师在备课时充分考虑课内之"学"与课外之"用"的关系,精心设计课外作业,对知识的理解与掌握能起到事半功倍的效果。

我们也可以在课外举一反三，由课内所学拓展到广博的知识网络，进行深邃、细致的思考。如学习鲁迅的小说《孔乙己》之后，关注鲁迅笔下的"看客"形象，课外阅读《示众》《药》等小说，分析其中"看客"的共同特征，思考鲁迅通过"看客"所表达的东西，并由此撰写学习小论文。这样的课外阅读和写作，将课内学习的成果进一步深化，课内的"学"与课外的"读"与"思"进一步融合，思维的深刻性、灵活性、批判性、独创性都得到发展。

我们还可以融合课内所学，在课外以生动活泼的方式进行形式多样的语文实践，提升学生的综合素养。如学习《变色龙》之后，小组合作，根据课文内容编演一个小品，小组成员分别担任编剧、导演和演员，对警官奥楚蔑洛夫、巡警叶尔德林、首饰匠赫留金等三人的衣着、表情、语气、动作等进行设计和表演，以"剧"的方式展示学习成果。妙趣横生的表演作业，是对课堂学习的综合理解与表达，在细致揣摩人物表情、动作、对白的同时，对人物形象的认识更加深入，由课内出发，学生的语言表达、人际交往、交流沟通等能力都得到提升。

融合课内与课外，实现从课内向课外的拓展，并在课外的"作业"里实现课内学习的巩固、提升，"融通"的语文学习，不仅需要"一对一"的课内外链接，还需要结合单元学习任务群，构建课外作业体系，在"听""说""读""写"各方面融会贯通，通过一个单元、一个学期的课内外融合，实现学生核心素养的全面提升。

以九年级下册第一单元的学习为例，结合单元学习任务，本单元的教学重点有三个，一是"反复朗读、感受诗歌韵律"，二是"把握诗歌的意象"，三是通过"意象"，"体会诗人的情感，理解诗中蕴含的哲理"。结合各课教学重点和难点，我们的课外作业应紧紧围绕这三个中心任务，并形成有机的知识体系、能力体系，全方位提升学生素养。

以"意象"的把握这一教学重点为例，本单元几篇课文的学习有不同的目标任务。《祖国啊，我亲爱的祖国》课堂学习的重点是"结合每节诗中的意象,分析诗人的情感脉络",我们在课后可以请学生继续探究意象的选择和诗人情感之间的联系,可以让学生试着仿写诗歌,以适恰的意象表现情感;在《短诗五首》的课堂中,自主学习的重点是"体味《月夜》中'顶高的树'、《萧红墓畔口占》中的'红山茶'、《风雨吟》中的'风''雨''海''舟'等意象营造的不同氛围及其传达的诗意",那么课后可以让学生以此法再去解读其他诗歌;而《海燕》一文,课堂学习重点之一是"海燕"和"海鸥""海鸭"等不同意象之间的对比,那么课后我们可以围绕不同的意象,作一点个性化的想象,进行情境写作。每一次课后的作业都紧紧与课堂相融合,并且纳入整体知识体系,学生课后作业便时时感觉新鲜,天天迎接收获。相反,如果忽略了课后作业的体系意识,难免会陷入"重复劳动""无效劳动"的窠臼。

《学记》中提出,课内外相融相生,最理想的结果是"故安其学而亲其师,乐其友而信其道,是以虽离师辅而不反"。要实现这样的目标,便要让学生在课外真正学会学习,实现自主学习。课后作业的设计和实施,还需要结合学生的个性特点,充分发挥其主观能动性。

"融通"的语文课堂,老师对于学生的课外指导要融合学生的自主需求,真正实现"因材施教"。老师可以设计分层作业,让学生根据实际情况,选择适合自己的课后作业,如进行语段阅读的练习时,可以根据学生各自的阅读能力,找到薄弱点,进行分层分级的针对性训练。我们也可以进行作业分类,让学生寻找与自己的生涯规划相一致的作业形式,如九年级下册第二单元综合性学习"岁月如歌——我们的初中生活",课后学生分组编纂班史,学生分组后根据自己的兴趣点和特长,选择"文字编纂""信息搜集""设计制作""插画绘制"等项目,合作完成。我们还可以让学生参与课后作业的构设,自主选择作业,如阅读古诗后,让他们自主设计古诗题目,进行同桌互换练习、互为批阅……

课后作业的形式多种多样,实践的空间很是广阔。课外与课内相融合,与学生的终身发展相融合,定能创造语文学习新的风景。

校内校外的通达

学校老师之间流传着一条不知名的公式——"5+2=0"。

5天的校内学习,加上2天的校外休息,其学习结果为"0"。每每周一,检查学生的双休日作业,便不免有"凄凄切切"的感慨。很多时候,老师们抱怨学生离校后的散漫,吐槽家庭教育的不给力,将"校外"完全置于教学范围之外,将"校外"和"校内"看成了两个对立的阵营,造成的后果便是校内外不能相互融合,形成合力,反而相互推诿,相互指责。

让语文学习"融通"起来,语文老师要有这样的自觉:校外生活,也是语文学习的一部分,是校内学习的延伸和补充;校外丰富多彩的学习资源,更是语文学习的重要零部件,有助于学生从不同视角、用不同的方式了解语文、运用语文。

老师要以"融通"的智慧,鼓励学生以语文的眼光观察生活,使校外的生活"语文化"。生活无处不语文,如果用"语文的"眼光去感受校外的生活,语文触角处处相随,学生更能体味生活与语文相融的乐趣,触摸语文无处不在的魅力,在生活中提升语文素养。这就需要我们将校内学习与校外生活相链接,在学生精彩的校外体验之后,引导学生去品味和评析,并将"语文视角"融入生活。比如,电视剧《觉醒年代》热播,老师有意无意地引导学生休闲时观看这部精彩剧作,用"语文视角"去解构剧中的人物,并阅读相关历史和人物传记,在豆瓣发表评论,写剧评,形成自己独特的观剧感受。在校内外交融的影视观、感、评中,学生对百年前中华民族探寻救国救民道路的曲折过程有了更直观的印象,对中国近代文化的理解更为深刻,表达能力、沟通能力、独立思考能力都得到有效的提升。

第三章 "融通"语文课堂教学的操作要点

这样的"语文生活"不仅仅融合在观影观剧中,生活的每一个细节,都是语文的一部分,逛商场时,可以当一回"推普啄木鸟",发现商店招牌、广告中的文学现象;刷抖音时,可以关注主播的旁白,斟酌短视频的语言表达,探究媒体时代的语言特征;玩游戏时,可以发现游戏中的"文化元素",探究优秀游戏的表达特色,发现游戏与语文密不可分的关系;聚餐郊游时,可以主动与人交流,感受人际交往中的语言魅力……实现这样的"万物皆语文"的生活,在校外拥有"融通"的视野,需要老师在校内用足功夫,以"融通思维"感发学生。

同时,老师可以结合本地特色、时代特征,引导学生在校外开展语文化的生活实践。老师可能无法改变学生家庭的生活方式,但是老师可以引导学生参与生活创造,提升生活品质。节假日,引导学生走进图书馆、博物馆,感受博大精深的中华文化;组织学生参与各类公益组织和文学活动,如读书节主题活动、社区志愿者服务等,让学生在活动中感受语文的韵味;引导学生阅读和剖析当下的时事热点,如对乌克兰危机开展背景调查、资料搜索,引出学生的独特思考,可以在朋友圈表达自己的观点……

因为战争,所以分别;因为分别,所以无情。

不论乌克兰还是俄罗斯,有多少这样辞亲别乡,独自奔赴战场,接受死亡的父亲、儿女?战争之下,又有多少人无辜丧命?

月明风清,炮火响彻云霄。战争下平民们,留下的只是鲜血。落寞,是毁于一旦的家园,是无以弥补的痛苦。满目疮痍,白骨露野,战争给平民带来的,只有无尽的苦痛和绝望。(龚俐陈)

在每一发炮响中,几十几百人会负伤,几千几万人会无居无所。

战争是残酷的,在它的铁掌下没有人不战栗,被困在这个国度无处藏躲,亲友散离,这是生命的悲楚。高楼夷为平地,居舍化为灰烬,这是无数人劳动成果的悲凄。我们也许永远都不会想到,在如此的炮火下会有什么希冀,在这科技高速发展的年代,却又那么不幸。乌克兰已下达命令"18至60岁男子不得出境",等待着炮火的攻击,这是生命的渺小,这是乌克兰平民在炮火中的无助、可怜,这是用一条条鲜活的生命堆成的战争。(钱奕冉)

我们常常感叹当下的学生总是沉迷于电脑、游戏,但是,在批评和哀叹的同时,我们是不是可以去了解学生内心的孤独,去化解他们生活的单调?"除了电脑和手机,我还能玩什么?"这是一个学生跟我吐露的"心声",他们的生活里,没有劳动,没有同伴,但他们渴望成功,渴望尊重,渴望成长。语文老师的视线不能只投注于短短四十五分钟的课堂,不能只关注学生在校的时光。时间和空间是有限的,但心理的力量、兴趣的吸引是无限的,老师把眼光从校内发射到校外,激发学生的热情,让他们自觉创造语文的生活,才能使他们真正踏上"融通"的"台阶"。

每个人都有选择自己生活的权力,但是,不同的生活方式带给人的幸福感是不同的,倡导"融通"的语文生活方式,学生在"经历"之后更能获得"回味",幸福的感触一层又一层。倡导用"发现美"的态度去面对生活,在平凡生活中体验美、创造美;倡导以"文学化"的视角去浸染生活,生活也就会变得有滋有味。如有一阵,某小区"盛产"一种毛毛虫,坊间传言四起,我鼓励孩子们去抓来虫子,调查其"前世今生",观察其一动一行。绿身子、红斑毛的虫子煞是可爱,经过搜索询问,才知这是褐边绿刺蛾,俗称"洋辣子",会蜇人。于是,我们在日记上描摹这种艳丽无比的小生物,又学习鲁迅笔法,对之进行个性化的评点。那一阵,学生言必"洋辣子",这俨然成为学习生活中的某一"秘语"。原本很多孩子是很厌恶这个虫子的,为小区里这一"神奇来物"感到沮丧,但是这样"语文化"的生活方式,让学生在冰冷的"憎恨""厌恶"之外更多了一层了解和探究的兴趣,对这小小生物予以人性关照的温情,生活也变得绚烂和生动起来。

"世界上并不缺少美,只是缺少发现美的眼睛",融通的语文生活方式的倡导,让学生以艺术化、审美化的视角观察生活,体验生活,进而热爱生活,享受生活。

语文,是一种观察世界的方式,是人生态度和生活方式的载体。打通校内校外的界限,把"诗意生活"变为一种思想自觉、行为自觉,"生活无处不语文",带给学生的是更为广阔和融合的视野,更为明媚和盎然的生活。

第三节　形态融汇

教学相长,视角转换

"你不能用昨天的课程来教今天的孩子,却又期望他们为明天做好准备。"这个时代,正在发生颠覆性的变革——云计算、大数据、基因工程、智能材料、社交媒体、人工智能、虚拟现实,我们的生活方式、学习方式正在发生前所未有的变革,科技革命带来的职业代际更迭越来越快,今天培育的人才,如何适应并创造明天的生活?

将教学置于"未来发展"视域,以培育人的可持续发展力为着眼点,通过师生关系的重新建构,打造"融通"的初中语文课堂教学新形态。

"天地君亲师",曾经,教师是"天",是至高无上的知识权威,但在今天,教师或许并没有想象中那么"高大",学生也没有那么卑微。开放的社会格局、便捷的学习途径,让学生很早就在很多方面获得了超过老师的眼界、能力,在教室里,朗诵水平高于老师的、阅读量大于老师的、作文能力强于老师的比比皆是；在某一方面有特殊能力,超越老师的更是数不胜数。老师唯一长于所有学生的可能就是"多吃了几年盐",在这样的境况之下,老师不可能"镇得住""压得下"学生,倒不如大大方方让位,开诚布公赞美,留出机会给学生自主发展。

融通的语文课堂里,教师和学生平等相待,情感融合,角色可以即时转换。

课前预习时,师生需要转换角色视角,进行自主备课、自主学习。教师立足于"学"进行多轮备课,学生立足于"教"实施个性化学习。教师需要考虑的是"怎样学习更有效",由此勾画出课堂教学"施工图";学生需要考虑的是"我还有什么问题""如果这个问题我来教,用什么方法最便捷",由此假设课堂问题,并提出解决方案。"凡事预则立",师生视角的互换,让教师和学生能够站到对方的立场设身处地去考虑问题,教师、学生共同成为学习过程的构建者,以教学融通的姿态进入学习。

课堂上的教师和学生,更是融合互通的。以小组共同体为基本单位,学生提出问题,进行组内研讨。小组成员之间合作交流,轮流讲授,共同讨论,互为教学;而教师此刻的任务是观察课堂、发现问题,调整教学流程。

在这个过程中,课堂出现四种角色:问题设计者,讨论组织者,探究深化者,即时点评者。教师和学生没有关于角色的刻板模型,问题可以由教师提出,也可以由学生发现;讨论探究可以发生在组内,也可以发生在组间;参与者可以是学生与学生,也可以是学生与教师。即时点评伴随课堂始终,在多向、多元、多角度的反馈交流中,学生发现问题,并予以积极改进。

赫尔巴特在《普通教育学》中指出:"人通过经验从自然中获得认识,通过交际获得同情,故而经验与交往成为教学的重要凭借与补充。"融通的语文课堂里,所有活动都是基于师生的"学",师生共同遨

第三章 "融通"语文课堂教学的操作要点

游在知识的海洋之中,以或生疏、或熟练、或潇洒的方式,携手共往彼岸。教师与学生、学生与学生之间始终保持良好的交往与互动,这构筑起课堂情感交融和谐、知识交互传播、能力交相辉映的美好境界,学生在交往过程中获得更多的经验和体悟。

这种师生角色转换一直延续到课后。学习之后如何布置作业?学生如何复习,如何进一步掌握巩固?教师伸出"上帝之手"来"钦点"作业题,学生战战兢兢完成,然后上交、批改,这样固化的作业方式能激发学生的创造力吗?融通的语文课堂,必须摒弃机械性、单一化作业,以开放、活动、融通为主要特征,吸引师生共同参与作业设计,自主选择作业内容,个性展示作业成果。在这个过程中,"师"与"生"不是上下级关系,而是合作互助、共创共生的关系。教师设计分层作业,学生自主选择完成;运用智能化平台,结合学生实际实施一对一个性化作业;学生发挥主体作用,小组相互设计"定制作业题";以实践活动为主要形式,开创拓展性作业;学生结合自身发展规划,以"与世界相联系"的方式,展开专业发展性学习……

师生角色的转换,带给作业更多的可能。融通的语文教学这样认为,作业不是"学生"被动去完成"老师"布置的任务,而是"学生"根据自己的需要,在"老师"的帮助下找到适合自己的作业途径,实现自我的需求。在班级授课的大背景下,要实现这样的作业创造,教师需要付出更多的努力,对学生有更全面、更深入的了解,但我们并不能因为其"难"而止步,一点一滴的改变和创造,对学生来说,都是莫大的幸运。

在融通的语文课堂中,师生的角色并没有明确的界限,这并不意味着教师可以推卸"传道授业解惑"的责任,相反,教师需要创设路径、构建流程、精准分析、科学预判、助推发展,更需要把"传道"贯穿到语文教学的每一个过程,将"立人"融入教学日常,在无形的师生交往中实现育人目标。

著名的哈佛大学研究员,作家托尼·瓦格纳在《教育大未来》中列举了21世纪的七大生存技能,其中两条是:"跨界合作能力和以身作则的领导能力""有效的书面和口头沟通能力"。在融通的语文视域里,学习是丰富的、生动的、充满创造的愉悦的旅程,要为终身的学习奠定坚实的基础,为未来的发展浇筑核心素养。随着人与人之间关系的变革,师生关系的重新定位是社会发展的必然,但"融通"语文一直在思考的是,如何在师生的融通共学中,让学生从"自我"的状态中走出来,在课堂上锤炼出未来生活的必备技能,让学生在明天走出课堂后从容面对世界的变化。

参考文献

[1] 伊恩·朱克斯,瑞恩·L.沙夫.教育未来简史[M].钟希声,译.北京:教育科学出版社,2020.

[2] 赫尔巴特.普通教育学[M].李其龙,译.北京:人民教育出版社,2015.

[3] 托尼·瓦格纳.教育大未来[M]余燕,译.海南:南海出版社,2019.

学科融通,跨界整合

中共中央、国务院《关于深化教育教学改革全面提高义务教育质量的意见》指出,要"探索基于学科的课程综合化教学,开展研究型、项目化、合作式学习"。加强学科整合,培养融通式的创新人才,是教育的需要,也是社会发展的需要。融汇,融合,融聚,"融通"的语文课堂首要的特征便是"融"。

融通的语文课堂关注语文学科内部的融通。听说读写相融,语词句修相通,"文""道"相生之美,"理""趣"交融之乐,"技""艺"相通之雅,立足于人的全面发展、终身发展,在语文学习中实现德、智、体、美、劳五育融通,在学科内部实现生命个体的和谐发展。

第三章 "融通"语文课堂教学的操作要点

比如阅读与写作,从来就是不可分割的一个整体。从"读"中悟"写",从"写"中感"读",两者交融互通,才有阅读能力和写作能力的交融成长。如阅读《背影》时,请学生从写作的角度揣摩作者如何选材,如何描写,又如何将彼时的"我"与此时的"我"的情感两相交织,同时,为了让学生更细腻地品味挚爱亲情,可以联系生活中的父子之爱,会使学生感触颇深,课后练笔,款款深情如清泉淙淙流之笔尖。再如阅读《一滴水经过丽江》,学生品读精美的语言,畅谈自己的感受,情不能自已时,落笔写下诗歌《一滴水经过丽江》:

在玉龙雪山顶上,
阳光下的我四处张望。
那儿是森林田野、美丽村庄,
那儿有莺飞草长、鸟语花香。

从高山向下流淌,
我喧哗得极度嘹亮。
到了丽江坝,一个美丽的地方——
人们筹划着堆砖砌墙,
让它名垂青史,万世流芳。

我开始留有想象,
去那传说中的四方街一趟。
可那道落水洞绊我一个踉跄,
无情地毁灭我的希望。
不!我不愿被黑暗埋葬!
可终是睡去,含着无尽的惆怅……

千百年时光暗无天日的守望，
终于我醒了，仰头是满目星光。
从黑龙潭的泉眼中来到地上，
我目之所及与之前大不一样！

一架大水车将我向高处播扬，
古城依止成自然的信仰。
流过中河的小桥端庄，
去发现银器小店的叮叮当当，
翡翠玉器的溢彩流光，
古代音乐的乐章飞扬，
东巴象形文的森罗万象……

跳到一朵兰花上，
欢声笑语漫溢楼上回廊。
人性美在街上游荡，
借微风的彷徨，
我回到川流不息的如水夜凉。

头顶着满天星光，
江道宽广，水流潺潺。
终于来到金沙江旁，
我一跃而起，随风奔向海洋……

  当阅读与写作融为一体，我们看到的不仅仅是文字的生长，更看到在文字之中，情感的流淌，美的酝酿。在这短短诗行里，对梦想的寻觅，对光明的渴望，对人性美的触摸，对自然的热爱，都在学生心中盘

第三章 "融通"语文课堂教学的操作要点

旋数匝后喷涌。读写的交融,不只是技术的堆叠,更是情与智的交汇、善与美的通达。

任何学科都不是孤立的,但是在分科教学的背景下,学科与学科之间界线分明,知识与知识之间往往呈现孤立的、割裂的状态,学生的思维变得静止、僵化。在课程改革实施过程中,不乏"跨界整合"的声音。但是,由于种种原因,"拼盘现象""碎片化现象"层出不穷。要打造"融通"的语文课堂,加强学科间的整合联动,一体融通,不只是把语文和其他学科叠加在一起,而是要从学科知识的内在尺度、精神内涵、方法体系上找到一致性、融通点,在"融"的过程中实现"通"。

"融通"的语文课堂,重视语文与其他学科之间的跨联融通,共学共生。语文老师需要主动"出击",联合其他教研组、备课组,进行学科联通交流,整合教学项目,通过学科间共研共学,实现学科间触类旁通。每学期之初,联合各学科备课组长梳理语文学科与其他学科交叉互通的教学内容,召开"学科融通共学"交流会,确立本学期融合教学主题。相关科目教师共同参与,就学科匹配、内容契合、共学策略进行研讨,确立学科融通共学方案。

如与生物学科融通,共同研究法布尔的《昆虫记》和生物习性特点,制定两者相融的"生物的语言"共学课,以《昆虫记》的阅读为主调,探究生物的分类、习性,通过观察、研究、写作,品读小昆虫背后的大世界,体会昆虫的"虫性"与"人性",形成丰厚的学习成果。

再比如与音乐学科的融通,就《安塞腰鼓》进行融合共学交流,围绕"安塞腰鼓的节奏特征""安塞腰鼓的艺术表现与地域文化研究""音乐语言与写作语言的融通"等主题进行课堂学习,学生在语言的表达与运用、艺术的审美与感受等方面获得融通发展。

"融通"并非简单地"组合""组装"或"并列叠加",而是指不同事物或要素之间通过相互反应、渗透、融入而最终成为一个新的"有机整体"的过程。正如英国教育社会学家巴兹尔·伯恩斯坦的教学话语理论所指出的,教学"拼盘"现象的出现并非因为课程间整合程度不够,而是因为对整合实质的理解有误区。整合,并不是简单地将原本放在几个课本之中的知识放在一个课本中,而应该是有机的融合,通过改变科目之间的关系,降低科目之间的离隔强度或分类强度方可实现。

"融通"的语文课堂中,我们尽量弱化课程特征,强化融合特性,同时,我们建设校本化"融通共学"项目,让学生从"孤立"的单学科状态中走出来,换之以整体意识、整合思想、整全发展。如以学校精神为主题的"折桂精神探究"融通项目课程中,围绕"折桂中学"校名来源调查、"桂韵"词曲欣赏、"桂"之形态美与实用美研究、传统诗词中的"桂"意象寻访、"折桂"文化内涵探究、我心中的"折桂精神"等主题活动,学生在生物科学、文学艺术、习俗文化等各方面进行融通共学,在发现者、研究者、探索者的攀爬摸索中获得成就感。

如果"学校教育教学目标及教学内容被肢解成不同阶段、不同领域且缺乏内在联系的碎片化知识",那么,"我们无法看到个体发展的整全性目标,教育越来越多地成为一桩按部就班的工作",但是当我们把一个个零碎的程序融合为生动的、多样的、活生生的可视可见的完整过程,学生的创造能力就能得到发挥,统筹意识就能得到增强。

未来必将是统筹协作的时代,人类的分工日益精细化,人与人之间的关系益加疏远和冷漠,未来需要更多具有"交响能力"的人才,能统筹协调社会内外部之间的关系。人的"整合""创造"的意识愈佳,对未来社会的适应性愈强。

如此,学科的融通是当代教育的必然走向。

参考文献

[1] 联合国教科文组织国际教育发展委员会.学会生存:教育世界的今天和明天[M].北京:教育科学出版社,1996.

[2] 刘铁芳.追寻生命的整全:一种生命论的教育哲学如何可能[J].中国教育科学,2017(2):151—171.

［3］丹尼尔·平克.全新思维[M].高芳,译.浙江:浙江人民出版社,2013.

网络创构,虚实相生

因为疫情的原因,全球各地掀起线上学习、线上办公的热潮,在很多人看来,这是"不得已"的下策。但是,如果我们以未来视角去关注教学形态的变革,作为学校集中教学的有效补充,线上学习、个性化学习是未来学习的必然选择。

因为,随着社会经济的发展,人们对教育的需求不断提升,从数十年前的"有学上"到后来的"上好学",再到今天的"优质均衡",大众对教育的日益重视一方面凸显了国家综合实力的提升、人民对"知识竞争力"的充分认识,另一方面也是社会性焦虑在教育领域的反映,"鸡娃式教育"固然是这种焦虑情绪的过度表达,但不可否认的是,人们渴望更个性化的、适合自己的、实现未来发展的教育。

而网络教育的发展,极大地满足了大众这一教育诉求。

在"猿辅导""学而思""VIPKID"等线上教学飞速发展的间隙,我们看到民众对个性化教学的渴求,对此,学校教育当如何选择?是积极投身,主动融合,以"先行者"的姿态率先跳入变革的浪潮,还是慢慢观察,固守自我,最终搁浅沙滩?

线上线下同步推进、现实虚拟融通共生,这是未来教育发展的必然趋势。

一方面,"融通"的语文课堂,是主动走近各种媒介,将"线上"融入"线下"的过程。老师和学生一起,学习和研究各类教学APP,将之运用于日常教学管理,助力学生个性化成长。"线上"融入"线下",可以是课前预习时的了解与欣赏,如"问卷星"的课前调查,"乐乐课堂"的"知人论世","空中课堂"的微视频学习,让学生在线上的自主学习中突破预习难点;也可以是课堂上的融合点染,如希沃软件的全方位运用,《背影》的朗读音频、《清明上河图》的动图欣赏、《在长江源头各拉丹冬》的意境营造,在线上资源的点、染、激、融中实现主动性的发挥、认识的深化、审美的提升;还可以是课后的自主探究,如《三顾茅庐》的影视语言与文学语言对比,《回延安》的"信天游"艺术形式探究;等等。

"线上"融入"线下"的过程,不是为课堂服务,而是为课堂中的"人"服务,为学生选择最适合他们的学习方式,以及选择最适宜个体的学习内容。"融通"的语文课堂,鼓励和激发学生从课堂出发,"同世界相联系",以"人生 30 年发展"的视角选择自己的学习——包括内容、方式、策略。所以,我们鼓励学生结合自己的人生规划,选择课堂以外的内容,融合线上资源进行主动学习。如准备从事金融工作的张宇同学,时常浏览的便是相关大学的公开课,阅读的是《资本论》《国富论》之类的书籍;如立志成为美术工作者的麟芸,便是以艺术的视听、书画的鉴赏作为课后的休闲学习,国内外的艺术网站是她经常驻足之处。"知之""好之""乐之"需要一条最好的路径,"融通"的语文学习,便是为了创设这条路径,并鼓励学生循着梦想向风而行。

另一方面,"融通"的语文课堂,也是老师和学生一起"创造"生活,将现实与虚拟相链接,将"线下"融入"线上"的过程。

一是,创设班级的,或者学生个体的线上展示平台,将线下学习的过程凝聚成线上的成果。从"线下"通往"线上",不仅仅是改变了课堂时空结构,更丰富了学习的途径,优化了评价的方式。比如学习《诫子书》之后,学生观察父亲,仿写作品,形成《诫父书》系列作品,并在微信公众号进行展示。同时,请父亲对孩子的作品在后台进行点评,亲子间形成良性互动。

例:

第三章 "融通"语文课堂教学的操作要点

夫好父之形,未曾吸烟,未尝饮酒。

父之所爱唯烟草矣,一则为世事艰难,事务益繁,而心有郁结,故寄情于烟草,以求一时之解脱;再则,早年不知其害,然烟草之用有限,而贻害无穷尽也,比之蛟龙猛虎更甚矣。今知其害,然欲罢不能,故以此习存焉。父今为家呕心沥血,诚可感。愿勿复碌劳,多待于家息,少用烟草,戒此坏病。(姚佳颖)

孩子以这样的方式表达拳拳爱父之心;父亲看到这样的文字,甚感小女爱己之深、体己之切;其他家长和学生阅读后,相互激发,则又有新的感触和领悟。从"线下"走到"线上",语文学习的空间得到进一步拓展,学习不再是蜷缩于一室之内、一纸之上的固定的点,而是流动的、开放的、延伸的交往与互动。这种"改变",让学生的过程体验更丰富,自我实现的需要得到进一步满足。

二是,打通时空界限,将学习过程从"线下"拓展到"线上"。由于时间、地点、设备、人员等限制,线上线下课堂都存在某些局限性,比如线下课堂学生的反馈很难做到"全面""即时",线上课堂学生注意力难以集中等。充分运用线上线下学习本身的优势和特点,开创"上""下"融通的课堂,则可以产生不一样的效果。如"雨课堂"教学软件的使用,可以在课堂"上线",实现全员即时反馈,增加课堂的互动性;如希沃的投屏技术,可以直接将学生作品展示到全班每一个同学面前,可视化程度大幅提升。寒暑假、双休日,选择恰当时机,与学生展开线上阅读交流,既丰富了假期生活,也让"作业"更有趣更有味。比如建党百年之时,组织学生阅读金一南教授的《为什么是中国》,暑假开展线上阅读交流,将学生交流情况录制成音频进行成果展示,阅读的形态更为丰富。

三是,建设线上线下共融的生活方式。很多同学热衷于网上冲浪,结交网友,刷论坛,搜微博,虚拟生活过得有滋有味,却忽略了现实生活的质态。未来社会不能离开网络，现实生活和虚拟生活将同时成为生活的重要部分，在这样的背景下，引导学生以语文的方式，将现实与虚拟相融合，创生活之美，享生活之趣，引导学生"学会生活"，是有意义的事情。其间，教师需要用一双"慧眼"，寻觅每一次契机，让"生活"成为"更好的生活"。

某日寒假，大雪，便组织学生一起赏雪，并在线上共吟共享。

"融通"的语文课堂之赏雪活动方案

大雪三日，全校放假。集三五好友，同赏雪景，共吟雅诗，齐创美文。

一、活动主题

赏雪，吟雪，诵雪

二、活动方式

自主赏雪，线上交流

三、活动过程

1. 隔"线"共赏雪景，上传赏雪美照。

2. 微信群吟诵咏雪诗。

3. 自主创作咏雪片段，线上交流并讨论修改。

四、活动成果

制作活动相册。

线上线下融通共生的活动，让学生在平凡中发现生活之美，激发对生活、对生命充分的热爱，更让学生在实践中深刻地感知和理解线上生活，知道线上不是只有八卦消息，有键盘侠，也不是只有虚幻的无聊，还有很有益的信息等，我们更可以通过网络创造更美好的生活。

这个时代，科技发展如此迅猛，现在的学习者，已经无法通过青年时期的一次受教育经历，就获得一生所需的知识和技能了，要想在知识富人和知识贫民的边缘地带求得生存,就必须坚持终身学习。将"线上"与"线下"相融合的重要意义之一,即是帮助学生激发持续学习的动力,获得终身学习的能力。

《科学教育哲学》一书中引用多尔的话,指出随着教育改革深入推进,课程"不再被视为固定的、先验的'跑道',而成为达成个人转变的通道",同样的,在世界发生颠覆性变革的今天,教学形态的呈现也将更为丰富、更为多元。以"融"为主要特征,"通"向未来的教学样态,构建全新的课堂文化,并希望以这样的课堂,培育一个个"大写的"、在未来努力闪耀的"人"。

第四节 方法融创

你说,我听;你听,我说

"请认真听课——"

在初中语文课堂,很久以来,我们似乎已经约定俗成地产生了这样的思维惯性:对于学生来说,"上课"就是"听课",听课听课,只要"听"便可以。

但是,"听",真的是学习语文知识的最佳途径吗?

美国学者埃德加·戴尔(Edgar Dale)1946年提出了"学习金字塔"(Cone of Learning)的理论。该理论认为,在初次学习两个星期后,"阅读"能够记住学习内容的10%,"视听"能够记

住学习内容的20％,参与讨论能够记住50％,实践能记住75％,教授给他人能够记住90％,而我们一直以来最常用的听讲的方式能让我们记住的只有5％!

或许,最好的语文学习方式不是静止的、被动的听课,而是主动的参与、积极的实践,是多种学习方式的融合,是"听"和"说"的互动互通,是输入与输出的和谐一致。

融通的语文课堂需要"听",尽管在学习金字塔中,它的表现并不突出,但不可否认,"听"是一种非常有效的学习方法。老师的讲授,是经过淬炼的"精华",是结构化的条理清晰的知识系列,可以使学生快速把握知识重点,获得间接的学习经验,形成自己的思维方式。"听"的深流静潜,可以让人于懵懂闭塞处幡然醒悟,于混沌迷惘时醍醐灌顶,是极为经济有效的学习方式。

老师们可能都有切身的体验:教室里认真听老师讲课、能纠正老师错误的学生,往往都是注意力集中、善于思考的学生,其学习的效率也往往数倍于其他不认真"听"的学生。

会听,是学生的重要素养。

会听,意味着学生进入一种"宁静"的学习状态,接受对方输入的信息,不浮躁,不喧腾,乐于接纳对方的观点,这种"空杯"的心态是学习的基础;会听,意味着学生会对接收的信息进行分析和重组,伴以观察、思考,辨析信息的真伪优劣;会听,还意味着学生在接收信息的同时形成良好的信息建构机制,把新信息纳入自己的知识系统,形成新的认知图式,实现知识的更迭、思维的拓展。

融通的语文课堂,需要学生学会"听",不是被动的、纯粹把自己作为"摆设"的"听",而是积极主动投入、有目的、有意识的"听";听的过程也是思考的过程、顺应的过程、质疑的过程、辩驳的过程。融通的语文课堂,重视学生"听"的结果的呈现,以此来促进学生投入"听"的过程,确保"听"时诸多感官的全面沉浸。

第三章 "融通"语文课堂教学的操作要点

"听"是学习的有机组成部分,"听"的过程,应该融合"说""读""写"等多种学习方式并轨进行。如果说,"听"是输入,那么在输入的同时,我们更应该重视学习、思考之后的输出。输入,只是学习的起点,标志了个体能获得的学习容量;而输出的则是学习的成果,表示个体在学习之后能融汇于自身经验的所得,能更有目地去"听"。

融通的语文课堂,必须重视输入与输出的交互,重视"听"和"说"的融合共进,从而通往学习的胜境。

所以,融通的语文课堂重视"听"与"说"的角色互融。课堂上,不仅仅是老师在"说",学生在"听";还有学生"说"、老师"听",学生"说"、学生"听"。"听"和"说"的对象不断转换,课堂的"聚光灯"也不断变换,融通的语文课堂里没有主角,但又人人都是主角。融通的语文课堂重视讨论和交流,要求每一个学生既会听,又会说,在师生、生生之间形成双向的、多向的信息交换模式,在"听""说"实践中提升学生语言运用的能力。

融通的语文课堂重视"听"与"说"的及时转换。在接收信息之后,学会梳理和重组,把别人的言语变成自己的语言,这个过程是内化吸收的过程,也是知识积累的过程。费曼教学法认为,教别人学习是最好的自我学习方法。在小组学习的过程中,我们重视质疑、辩驳和展示——在质疑时,讲述自己的理解,让别人理解自己的观点;在辩驳时,充分表达自我,让他人接受自己的思想;小组在讨论交流后快速整合所有成员的认识,进行展示,这样的"说"包含了对他人观点的理解和吸收……

融通的语文课堂重视"听"与"说"的机制构建。"听"和"说"是如此重要,那么,该如何"听"、如何"说"?语文课堂需要一套行之有效的听说机制,规范每一位学生的听说行为,帮助学生形成自然、自尊、自信的表达习惯。比如,"说"的时候要身姿挺拔、语言响亮,尽量做到条理清晰、语音清亮;"听"的时候不插话、不起哄,谦逊有礼,及时记录,认真思考；再比如有不同意见时，有理有节、自信友善地表述自己的观点……有规则的制约和引领，学生在"听""说"时能更自觉地以高标准要求自己，在表达和交流中展现礼仪素养、个性修养，彰显人格魅力。

"听"和"说"在人的一生中占据特别重要的地位，是人的核心素养的直接外在显示；语文课，是培养学生听说能力的不二途径。作为一个有融通视野的语文老师，我们需要考虑的不仅仅是如何培养学生"听""说"的能力，还要培养学生"听""说"融通转换的能力，培养其一生认真倾听、自信表达的能力。

参考文献

[1] 学习金字塔[EB/OL]. 360 百科. https://baike.so.com/doc/6219886-6433176.html.

在读中写，在写中读

"一个人的阅读史就是一个人的精神成长史"，阅读，是语文学习的枝干，也是个体发展的重要基石。语文学习的大半时间，都是在阅读——精读，略读，跳读，泛读；课堂教学的重中之重，也是阅读——朗读，默读，思读，比读；随着媒体时代的到来，阅读更是无时不在、无处不在——除了传统的纸质阅读，人们还读朋友圈，读各种头条热点，读各类广告新闻，还读图、读视频……

但是，那么多那么杂的阅读，在我们读过之后，大多却成为脑子里"一团无序的乱麻"，"天空中不留下一点痕迹"，我们甚至不记得昨天晚上读的公众号"10 万+"的爆文到底讲了什么，也常常会把这一本小说和那一本小说的情节误串起来。孤立的"为了读"而进行的"读"能带给人的只是模糊的、粗略的一个"读过了"的结果，真正有意义的读，不是单一的眼睛扫视文字的行为，而应该是融合写、说、辨、疑、思等多

第三章 "融通"语文课堂教学的操作要点

种学习形式的立体的"读"。

这里涉及的主要问题便是,初中阶段,学生该"读"什么?该怎么"读"?

首先自然是读教科书,课堂的精读讲析、质疑交流让我们把这薄薄的六本书读深读透。这个"读"的过程,不只是"听老师讲"的过程,更需要学生主动地思考、交流、质疑、并且把"读"与"写"紧密结合,呈现课堂学习的成果。比如学习《卖炭翁》之后,让学生发挥想象,生动描写其中的一个片段。在学生的描绘中,我们能看到他们课堂阅读的成果,当我们读到"那个瘦弱的身体蜷缩成一团,蹲在墙根下,他的双手笼在袖子里,风呼呼地刮着,灌进他单薄的破烂的衣服里,他缩得更紧了,肩膀也瑟瑟地抖动着"时,我们能感受到他读懂了"可怜身上衣正单""市南门外泥中歇"的悲苦无奈以及作者的无限同情。

统编教材中"名著导读"所推荐的经典作品,是我们每个学期阅读的重点,结合书本所推荐的阅读方法——精读和略读、选择性阅读、摘抄和做笔记等,将读与思、写紧密融合,促进学生思维能力和审美素养的提升。对于名著阅读,我们尤其要注意,不能把阅读降格为"记住故事情节""背出人物形象"——那样的阅读是不能培养出一个会思考能发展的"人"的——而要把阅读引向思维的淬炼,关注书内书外的融合,重视以阅读促进"人"的发展与成长。

比如,阅读《钢铁是怎样炼成的》,我们把阅读和思考、写作相互融合,在每个章节的阅读之后,学生围绕主题进行讨论和写作。在"读—议—写—评"的过程中,学生由名著的阅读拓展到生活的观察,将"阅读"与"生活"紧密结合,展示了冷静的观察与融通的思维。如一位同学评价拉兹瓦利欣时这样写道:

这种人,只有一个词形容:小人。

小人标配一:油嘴滑舌。在企图强暴莉达未果后,他生怕莉达告诉保尔,于是百般哄骗,估计央求威胁全都用上,才使得莉达勉强同意不告诉保尔,瞧瞧,这张嘴,正事不干,光用来与小姑娘周旋,除了小人,也没有谁会这样子了。此外,他还在进城时告保尔的黑状,谗言进了一套又一套,"莫须有""意欲"的锅一个一个往保尔头上扣。为了当个书记,真是什么手段都使,连自己的良心都给扔了。

  小人标配二:极度虚荣。入团四个月,怎么看都是个新同志,谁知他竟以"老布尔什维克"自称,将自己吹捧得天下无二。拉兹瓦利欣入团怕不是为了学习与革命,只是为了一个名号好日后吹嘘吧。同时,在进城日,他也不闲着,不仅要盘问路人以彰显权势,连鸟兽也不放过,路过森林时,更要鸣枪以示心中喜悦。权势炫耀完了,遇上真正的党员怂到极致,步枪一藏,手枪一放,就差夹着尾巴做人了。这就是小人,面对弱者耀武扬威,面对强者点头哈腰。

  这种人,是怎么混进共青团的呀!

  从"拉兹瓦利欣"到"小人",伴随着思考和写作的阅读过程,会让人不自觉地将"眼下的阅读"和"身后的生活"相联系,将文学世界和真实环境相融合,由此及彼,以审阅的视角观察人物,思考现实,从而更睿智、更积极地观察生活、理解生活。

  在各章的主题阅读、研讨之后,我们结合整本书,进行纵向、横向多重比较,进行整本书或几本书相融合的探究。如阅读《钢铁是怎样炼成的》后,我们以整本书为依据,请学生探究保尔·柯察金的成长史,学生经过梳理和盘点,以思维导图的方式,呈现保尔的成长轨迹;我们又将此书与《红星照耀中国》相比较,探究保尔和毛泽东、朱德、贺龙等人成长路径的异同,感受革命者面对重重磨砺无所畏惧的毅力和钢铁般顽强的意志,学生从中汲取无限的精神力量,对生命成长产生

第三章 "融通"语文课堂教学的操作要点

积极意义。

在课堂阅读之后,我们结合课内文本推荐课外阅读,鼓励学生自选材料、自主阅读。需要注意的是,不管是什么材料的阅读,"融通"的语文学习都倡导将"读"与"思"、"读"与"写"相融合。毕竟,"有灵魂的读",才是阅读正确的打开方式。如阅读汪曾祺的《昆明的雨》,感受汪老平淡自然、饶有

趣味的语言之后,推荐学生阅读《故乡的食物》《翠湖心影》《我的家乡》等篇目,细细品读,感受汪老散文的独特韵味,并学习汪老的语言风格,仿写一段"独具韵味"的文字,学生锤炼语言、运用语言的能力得到显著提升。如一个学生阅读后作《父亲》片段,意蕴悠长。

> 他蹲在地上,用砖块垒作一方勉强可称之为"灶"的玩意儿,在灶口斜支了一口锅,倾半瓢水,下鸡蛋二三。膛里斜堆着木材、泡沫。他向袋中掏出一个打火机,引燃。因是在风地里,他用砖头挡住了灶口。
>
> 他做这些事时,眸光映着炉火,火光将他周身的线条烤得柔和,鬓角零星的白发映成浅金色,显得暖意融融。那天,他不是医院里看尽人间百态的主治医师,而只是一个在风地里放野火的顽童。

基于学生核心素养发展,我们每月推荐一本书,倡导同学利用课余时间自主阅读,并撰写读书笔记,进行每月一次的读书交流。如八年级下半学期,经学生推荐评选,我们把如下书籍推荐给全班同学:

三月份推荐书目《围城》

推荐人：胡勋洁

一个一波三折的爱情故事十分引人注意，一本辛辣的讽刺小说让人读起来津津有味，对现实的剖析与思考更是令人深思。

若将其融合呢？

《围城》就是这么一本书，初读来不由得心生好笑，细细品读却生出一股悲凉。它的魅力就在这里，每读一遍都有不同感受。

四月份推荐书目《基督山伯爵》

推荐人：张宇

本书以基督山扬善惩恶、报恩复仇为故事发展的中心线索，主要情节跌宕起伏，迂回曲折，从中又演化出若干次要情节，小插曲紧凑精彩，却不喧宾夺主，情节离奇却不违反生活真实。全书出色地运用了"悬念""突转"等手法。这一切使这部小说充满了叙述的张力，洋溢着叙述本身所产生的美。因此，《基督山伯爵》被公认为通俗小说的典范。小说讽刺了没有正义的黑暗社会，呼唤了疾恶如仇的公理正义。

它是在漫漫长夜中的呐喊，是对黎明曙光的呼唤。

五月份推荐书目《悲惨世界》

推荐人：姚佳颖

在巴黎的武人街7号，一位先生去世了。

他是杀人犯冉·阿让，是市长马德兰，是园丁尔迪姆·割风，是珂赛特的父亲……

他是善良与慈悲的化身，又是丑恶与憎恨的代表，他在这个悲惨的世界中悲惨地苟且着，最终悲惨地死去。

他，到底是谁？他的身份，究竟是什么？

一切答案,皆在书中。

六月份推荐书目《生活是很好玩的》
推荐人:盛敏桉
这本书出自中国最后一个士大夫——汪曾祺。
美食,娇花,奇人,逸事……他笔下的一切都带着馨暖的人情味,展开一个令我们熟悉而陌生的世界。他以淳朴古旧的心境,追忆着一个个"遂成广陵散"的故人旧物。
他说,与人谈起这些事,恍如《东京梦华录》中所记。
他遂成孟元老。

广泛而丰富的阅读,让学生的视野得到拓展。在阅读纸质书的基础上,我们也推荐学生阅读优秀的网络资料、线上资源,在"实战"中提升学生理解和运用文字的能力。读新闻时事并进行综合评述,读微信推文进行积极评论,读微博热点进行主题研讨,读产品说明进行"商业交流",这些与"阅读"相关的学习,仅仅"读"是不够的,"读"与"思"、"读"与"写"、"读"与"评"融合,才能使学生从"读"走向"用",从"模糊"走向"通透",从"已知"走向"未知"。

学而思则智,思而学则敏

班上有个叫好的女孩,有一次音乐测验竟然只得了 2 分(总分是 10 分)。音乐老师告诉我,她课上看起来很认真啊,从来不讲话,安安静静的。联系她的妈妈了解情况,妈妈告诉我:"孩子学得很认真,每天晚上回家都要背书复习,一直到很晚,让她睡觉她也不愿意。"回想她在课堂上安静的身影,默写本上连续不断的错字,我不禁陷入了沉思……

孔子说："学而不思则罔，思而不学则殆。"只学习而不思考，就会感到迷茫而无所适从；只思考而不学习，就会疑惑而无所得。有人觉得"学"与"思"，是可以分开的两件事，但是想到好的学习经历，不免产生新的想法，"学"与"思"可以分离吗？

思考，本来就是学习的一部分，是学习的一种重要方法，并且伴随学习的全过程。就语文学习而言，不管是听、说还是读、写，哪一样可以脱离"思"而独自进行呢？不会"思"，便如机器一般，纵使听了读了，也只是浮光掠影，没有办法内化为个体的素养。

像好一样的学生，并非不爱学习，只是因为种种原因，没有形成思考的习惯，只会用蛮力、费时间去死记硬背，结果当然是事倍功半，容易遗忘，不能体会学习的乐趣，久而久之，呆坐课堂，浑浑噩噩，造成"草盛豆苗稀"的结果，于是怀疑自我，否定自己，便用"笨""智商低"来给自己下定义，最终一蹶不振，自我放弃，认为自己"不是学习的料"，从此再也不爱学习。

学习的第一要义，便是要让学生学会思考。就如爱因斯坦所说，"学习知识要善于思考，思考，再思考"，语文教学，是教学生运用语言这一思维工具进行思考的过程。这就意味着，老师在课堂上的主要功能不是"讲授"，不是"说给学生听"，而是要启发学生思考，让学生带着问题去阅读、去交流、去辩论，使"语文学习"成为"情境思考"，化"学"为"思"，融"思"于"学"，让学生养成思考的习惯，就像陶行知所说，"万不可填鸭"，而要让学生自己去"找食物"。所以，融通的语文课堂需要优化教学过程，尽量减少学生不动脑的"听"，增加思考的频度和力度。我们可以通过创设情境、设计问题、质疑交流"引导"学生去思考；也可以建构学生思考问答的课堂评价机制，通过小组评价等方式"迫使"学生去思考；还可以进行思维方法的训练，让学生"深谙"思考之法，对待问题能够抽丝剥茧，选择主动思考。

融通的语文课堂，教学着眼点在训练学生的思维能力，不管是字词的积累还是文本的解读,不管是语言的风格还是写作的技巧,我们立足"思维能力的培养"这一维度进行教学设计,学生的语文学习兴趣便能充分调动,课堂更显得摇曳多姿。比如词语的积累,反复抄默只是机械的运作,从"思维"出发,可以尝试让学生运用这些词语进行写话训练、口语交际训练,在"运用"的过程中"思考",在"思考"的过程中实现语言的积累和巩固。

我们来看下面这个案例:

学习方法一:

学习生字词,给加点的字注音,同时用正楷写下你认为难写的或不会写的字,多写几遍。

鉴( )赏　　咳嗽( )　　深恶( )痛绝

阖( )眼　　搭讪( )　　筵( )席

解剖( )　　紊( )乱

学习方法二:

自学生字词,做好"字词PK"夺冠赛的准备。(老师借助希沃白板5教学软件中的"字词游戏",把相关生字词设置成PK游戏)

学习方法三:

请借助工具书,理解文中字词,并把你认为最有价值的词语讲给同学听。

学习方法四:

以文中生字词为素材,设计一道生词填空题。要求:形式类同中考第一题,语言流畅,富有诗意,所填词语不少于4个。

这四种方法都可以帮助学生进行字词的理解和掌握,但是如果我们比较一下,这几种方法对学生产生的影响是不一样的。用第一二种方法来学习,学生可能会以"死记硬背"为主要方式,这种方法记得快,但是在头脑中的留痕较浅,忘得也快,其中第二种比较容易激发学生的学习兴趣,能调动学生的积极性;第三种方法引导学生使用工具实现对词语的理解,以"讲"的方式推动学生吸收和内化,激发学生思考;第四种方式则是在理解字词的基础上,创设情境,以"出考题"的方式展示学生对词语的掌握程度,同时训练学生运用语言、锤炼语言的能力,对学生的思维水平要求较高。可以想见,我们用不同的方法来学习,思维训练的深度和强度是完全不同的,对学生的影响也迥然不同。

事实上,只有立足"思"的教学设计还远远不够,如何让"每一个"学生投入课堂的思考,可能是教师面临的最大的难题。像好那样的孩子,几乎每个教室都会存在,甚至为数还不少,我们要如何调动他们的积极性和主动性,让他们在学习中善于思考,以"思"融入"学"的全过程?一方面,我们需要建构课堂的"鼓励思考"相关机制,形成小组过程性考核,关注学生在课堂上思考的状态和成果。比如,我们可以以小组合作、人人参与、个个展示的方式,由小组统筹,吸引每一个学生投入课堂的思考;我们还可以运用"质疑加分"机制,鼓励学生提出问题,为主动思考的小组加分,以此调动学生思考积极性。另一方面,我们需要更多地关注课堂上思考不够积极不够主动的学生,了解他们在学习中不善思考的原因,激发他们主动思考的自信,进行有效的训练,提升其思维水平。

"融通"的语文教学,同时要注重教给学生思考的方法。我们常常对学生说,"好好想一想",可是,要怎么想呢?想的方法是什么呢?这恰恰是需要我们在课堂上点拨和指导学生的。我们要提供给学生思维的支架,帮助学生获得和运用基本的思维方法。这些方法,可以是语文的,也可以是非语文的,将各种"思"的方法融通汇合,学生才能达到"思无界"的境地。

我们要关注一般思维方法在语文课堂上的运用。比如抽象与概括,分析与综合,归纳与演绎,对比与联系,这些"思"的方法与语文学

第三章 "融通"语文课堂教学的操作要点

习的全过程紧密融合,让学生面对问题时有"法"可依,有"理"可循。比如指导学生背诵时,我们可以通过分析和概括,引导学生梳理文章的思维脉络,了解其间的逻辑层次,把握作者的情感起伏,在理解文意和整体结构的基础上进行记忆。

我们更要重视"语文的"思维方法在课堂上的全景式呈现,让学生学会以"语文的"思维进行语言学习,在语言的品嚼中感受微妙之思,在韵律的变化中体悟言辞之美,在文本的比较中触摸情感之味,感受语言文化的魅力。比如八年级下册学习《卖炭翁》和《卜算子·咏梅》两首诗词,常常把"晓驾炭车辗冰辙"与"零落成泥碾作尘"中的"辗""碾"两字相混合。此时,请学生运用对比联系的方法,思考"辗""碾"两字的区别。从意义上来讲,"辗"通"碾",同有碾压、磙压之意,但从字形和字源上去思考,"辗"是车字旁,更形象地展现笨重的炭车在冰路上驶过,留下冰痕,凸显炭车之重、天气之寒、环境之冷;而"碾作尘"以"石"为偏旁,让人联想到石碾,凸显梅花凋零于地面,被脚步或车轮轧碎,乃至化作泥尘,再也无法见其形,却依然保持其异香的气节,让人顿生敬佩之意。辨字形,解字意,通文脉,以语文的方式融通"学"与"思",是语文课堂区别于其他课堂的重要标志。

我们还要把语文的和非语文的思维方法融合,充分打通学生的思维,让语文课堂呈现包容并蓄的恢弘气象。物理的实验,数学的推理,历史的辩证,美术的观察,可以从不同角度锻炼思维的逻辑性、广阔性、深刻性、灵活性,使学生勇于探索创新,养成积极思考的习惯。

巴尔扎克曾经说:"一个能思考的人,才真是一个力量无边的人。"对于学生来说,将学习与思考融为一体,成长为一个不断思考、不断学习的人,能够受益终身。

会问会答,走向"真学"

"你们班真好,我一走进教室就出不来了——孩子们一个个拉着我不停地问问题。"这是期末复习时一位老师的感慨。

其实,我们都喜欢会提问的孩子,有问题,说明他会思考,会琢磨,并且愿意在学习上花时间研究。孔子说:"敏而好学,不耻下问。"一个会学习的人,定然是善于质疑、善于提问的,并且不以"不知"为耻。可惜的是,通常所见,语文课堂上最会学习的人似乎只是老师——只有老师在不断提问,学生则只做回答问题的准备。这样的课堂,很难培养有主见、有创意的人,语文课上,我们不妨多说说这几句话——

第一句话,常常用在学生预习时:"请同学们认真预习后,提出1~2个有质量的问题,并进行思考。"疑为学之始,在学习之初,让学生主动去发现问题,并围绕问题进行深入思考,相当于找到了一条通往幽境的小径,能帮助学生更好地领略学习的风景。如预习《三顾茅庐》时,施涵晨提出这样一个问题:

> 为什么《三国演义》中要将这么多细节刻绘出来,而不是一笔带过,写"刘备三顾,求得圣贤"呢?

课堂上,我们就这个问题展开思考和讨论,学生对比《三国志》的叙述"由是先主遂诣亮,凡三往,乃见",精读细节描绘的部分,发现在生动的描写之下,刘备、诸葛亮、张飞等人的形象变得鲜明而立体,故事更为丰满而动人,学生在问题引领下进行辨读思考、交流表达,语文素养得以积累和提升。

课前预习时的提问,帮助学生快速理清文章的要点,养成主动思考的习惯;摸索和解答的过程,让他们的自主学习意识不断增强,自我

第三章 "融通"语文课堂教学的操作要点

实现的需要得到满足。老师梳理和整合学生的预习提问,进一步了解学生对课文的理解程度,有助于课堂教学的精准实施。

第二句话,在课堂上要常用:你还有什么问题吗?

初中学生的思维灵敏,善于创造,常常会有各种奇思妙想,如果老师关注并发掘,云蒸霞蔚的壮观气象便能在课堂展现;但如果忽略,那些妙趣横生的灵光便只乍现一瞬,转而无息无痕。当我们在讨论一个问题时,发现学生流露出不解的眼光,我们一定要抓住他们这思维的滞涩处、理解的疑惑处,多问一句:"你还有什么问题吗?"将他们的"问"融入课堂,才能打通思维与语言的隔阂,达到"通"的境地。

如学习《你是人间的四月天》一诗时,介绍背景资料,说这是林徽因写给新生儿子的一首诗时,有学生跃跃欲试,提出不同的问题:"我看到网上有观点说,这首诗是林徽因写给因飞机失事而遇难的徐志摩的,是赞美爱情的诗。这首诗到底是写给谁的?"教室里哗然一片,围绕这个问题,我请学生用自己的头脑来思考,品析诗中的意象,感受作者的情绪。学生抓住"雪化后那片鹅黄""初放芽的绿"等意象,结合"是希望""人间的四月天"等展现作者心绪的词进行深入研读,想象两种不同的写作心境,让学生带着不同的情绪进行朗读和比较,学生都"义正词严""有理有据"地提出了自己的观点。

"诗到底是写给谁的"这个问题的结论并不重要,重要的是,在学生提出这样有意味的问题之后,一起抽丝剥茧,品味朗读,细细揣摩,发现意象中蕴藏的深厚的爱和希望,感受纯澈的语言之美,并在其中感受语文学习的乐趣,这是问题的价值所在。

第三句话,可以用在学生讨论阐述之时:"哪位同学有不同的观点或疑问?"在学生发言时,请其他同学认真倾听和思考,提出质疑或者补充。初中学生的思维能力正不断提升,但由于见识浅显,生活经验不足,容易冲动和偏激,不能客观地分析问题,此时,老师提醒学生从多角度思考问题,进行质疑,从反面或侧面提出问题,对于培养学生思维的全面性、客观性是很重要的。在长期有意识的指点引领下,学生往往善于发现问题,进而分析问题,解决问题。

如《钢铁是怎样炼成的》阅读课上,有同学认为,阿尔焦姆是"坚定的共产主义者",是"勇敢的战士",不少同学点头称是,此时,老师提问引导学生:"你同意这个观点吗?有没有不同的想法?"有学生指出:"阿尔焦姆在和'丑女'斯捷莎结婚后,不再关注保尔参与的革命活动,而是将全部精力花费在了庄稼活上,他沦为彻底的农民,成了小资产阶级自发势力,走上了庸俗化的道路,怎么能算'坚定'呢?"从学生的这个质疑入手,老师组织学生探讨阿尔焦姆"变化"的过程,了解其所经历的"事件"与"环境"对个人成长的影响,并结合现实生活进行例证,学生各抒己见,条分缕析,对作品的理解、对生活的感受进一步增强。

"君子之学必好问,问与学,相辅而行者也。""非学无以致疑;非问无以广识。"质疑设问,是学习的重要法宝,鼓励学生于无疑处生疑,在有理处质问,这样的"提问",帮助学生打开思维阈限,是要在课堂上大力推广的。

第四句话,是老师要经常问自己的:"我有鼓励学生提问,引导学生自主找到答案吗?"

学生"善问"习惯的养成、质疑品质的获取来自老师日复一日地引导和鼓励,一个具有融通视野、开阔胸怀的老师,不会禁止和扼杀学生的"问",更不会害怕学生把自己"问倒",因为在今天这个时代,没有任何一个人可以站在知识的制高点,老师唯有和学生一起,报以"知而好问"的心态,营造善问乐问的课堂环境,鼓励自主寻求答案,勇于承认自身的浅短,乐于与学生共同钻研,才能建构起一个"学""问"融合、智趣无限的语文课堂,真正的学习才能发生。

第三章 "融通"语文课堂教学的操作要点

为"素养"而考,为"未来"而评

"考考考,老师的法宝;分分分,学生的命根。"数千年科举心理的投射、当下日益激烈的竞争、中高考过关斩将的现实,让很多人对教育的认识变得短视而功利,似乎教学便是为了"考试"。社会对学校的评价,家长对老师的认可,甚至学校对班级的考核,都落在了"考试"上,于是,"以分数论英雄"几乎成为"共识",教育者与受教育者都日益焦虑,疲惫不堪。

任何一个教育者,都不能忽略评价——不重视"考试"是对学生的今天不负责任;但是,只重视"考试"是对学生的明天玩忽职守。站在"融通"的视角,我们既要学生在今天"考得好",更要学生在明天"考得棒"。重视学生在"期末考""中考""高考"这样的终结性评价中的表现,与重视学生语文素养的提升、培养学生的融通才能、发展学生的终身学习能力并不矛盾。如果我们仔细去研究学生语文素养和考试成绩之间的关系,我们很容易发现,两者保持非常明显的正相关。一个语言表达能力强、思维水平高、审美素养好的学生,无论在哪一次考试中,都能获得优异的成绩。如果我们仔细研究各地的语文试卷,我们更能发现"素养立意"在试卷中的具体体现。近年来各地的语文中考卷,越来越重视真实情境中学生的能力展现,对于机械识记的内容考得越来越少,却相当重视语文在生活实践中的运用,重视学生思辨能力、审美素养的展示,这正表现了各级教育者对于语文教学的内涵思考。或许,我们可以这样去理解教学、素养、考试之间的关系:教学服务于素养的提升,而考试只是素养提升的直接外在表现;教学从来不是为考试而存在,相反,考试是教学的一部分,起到评估、监测、调控、修整、激励的作用。

作为一个语文老师,首先要去研究课程标准,研究试卷,从"起点"

和"终点"双向思考日常教学的方向。"聚焦中国学生发展核心素养""培养学生适应未来发展的正确价值观、必备品格和关键能力",是终结性评价的要点,日常教学就要紧抓评价核心要点,展开"五育共融"的语文教学。

例如,八年级下册第四单元是"演讲主题"单元,在以往的印象里,很多老师都会认为"这个不会考,马马虎虎讲讲就好了",但是从学生"未来发展"的角度去思考,"演讲"是必不可少的关键能力,也必然会成为其人生大考的重要内容。那么,在教学过程中,引导学生研究演讲技巧,撰写演讲稿,进行演讲实践,是教学的重点。当孩子们经历过几场演讲,并从中"厮杀"过来的时候,他一定能顺利通过眼下的"考试",未来在他推荐自己的产品、表述自己的观点、激发听众的共鸣的时候,也将顺利通过生活的"考试"。

很多时候,语文老师都把自己当成了一个"陪考人",认为自己是带着学生去穿越一次次的"考试",而事实上,老师更是一个"出卷人",我们把每一节课都看成一张试卷,把"考"与"评"贯穿到日常教学中,我们才能清楚地发现,学生需要怎样的发展、获得了怎样的发展。

"考"与"评"无处不在,相对于一个学期一次、三年才一次的终结性评价,过程性的考评更能够激发学生的学习欲望,调整其学习状态,实现全面发展。

这样的"考"与"评"发生在课堂的每时每刻,学生的课堂状态往往呈现了他的学习成效,精准的评价对学生的发展产生重要作用。当学生独立阅读批注时,老师巡视指导,一句"这个句子圈得好""这句话都被你找到了"的惊叹就能激发学生学习的自信,也能引导其他学生更精准地品味语言的魅力;当学生交流发言时,老师由衷的评点"你这句话说到作者心坎里了""这样深邃的思考我们都要记下来"引导学生深入研读文本、多角度辩证思考;当学生为一个问题争执不休,并提出独树一帜的观点时,老师真诚的语言"我欣赏你这种从不同角度思考问

第三章 "融通"语文课堂教学的操作要点

题的品质,慢慢说"引导学生冷静地思考、有序地表达……课堂的评价,也未必就是老师的语言,一个恰当的微笑,一个询问的眼神,一个不经意的动作,都传达老师对学生的理解、认可与尊重,激励或影响学生后续的学习行为。

作业的"考""评"则能全面地看到全班每一个学生的发展状况,有利于老师对教学效果做出评估,对下一节课的教学进行调整。作业的形式是多样的,阅读,写作,朗读,实践,都是语文作业的一部分,但是作业的考评不应该是随意散乱的,而是和课堂教学融为一体,成为课堂教学的有效延伸;这一次作业和下一次作业之间也应该形成螺旋上升的知识体系,利于学生的全面发展。

作业评价,可以侧重于学生对课堂所学知识的理解和掌握程度,以此反馈课堂效率,调整教学策略;作业评价可以以某一时段为周期,在一个周期内全面考查学生听说读写的能力,发现每个孩子的优势和薄弱点,并进行针对性的课后指导;作业评价还可以因人而异,对某一学生进行持续性的难点训练,及时跟踪反馈,实现爆发式成长……作业评价的重点和要点在"评"不在"练",教师在了解学生作业情况后,进行及时评价,这种评价不应当只是一个冷冰冰的分数,而是有情感、有温度的点评。一句有趣的评语,几笔生动的漫画,一段温暖的文字,留在纸上的评价同样能击中学生柔软的心灵;拿着作业与学生面对面地交流,言简意赅的几句话,往往能让学生发现自己的问题所在,激发起他们无限的学习热情;把有同样问题的学生集中起来,进行"群团式"的点评,学生各抒己见,老师信手点评,在交融互动之间,师生都得到润泽和生长。

事实上,语文的评价在生活中无处不在,重视真实情境下"非语文"的"语文学习",关注交往对象自然流露的真实评价,往往是我们容易忽视的——语文学习的"考"与"评",最终不在考试场上,而是融在生活中。

与人交谈时，别人是否容易接受你的观点；微信群发言时，你是否能准确而生动地表达你的思想；有人问路时，你是否精准而简洁地告诉他最短路线；外出旅行时，你是否在和煦的交往中解决生活难题……这些生活中的枝枝叶叶才是语文素养的最终体现，引导学生关注生活中的朋友、同学、家人、陌生人对你的即时性评价，才能发现自己所学的语文是否真实有效。

不管是怎样的"考"与"评"，都不是为了"评价"本身，而是为了更好的发展。所以，评价不应该是判断和打击，而应该是描述和激发；不应该是扼制和禁锢，而应该是发现和延展；不仅从评价中发现问题，更要立足于解决问题；不仅基于学生的当下，更要烛照生命的未来。

第五节　资源融通

融合开发：让"无形"变为"有形"

宋朝时，赵普有"半部论语治天下"的美誉，牛顿说自己是"站在巨人的肩膀上"，一个人的成功，与他所占有的资源以及对资源的运用大有关系，语文学习，同样离不开教学资源的积累、整理、运用。

各种语文学习资源形态各异，种类丰富，除了我们通常所关注的书籍报纸、杂志讲义这些文字资源，还有书画器皿、工艺物件等实物资源，有花鸟虫鱼、山水木石等自然资源，更有视频音频、微课博客、空中课堂等数字资源。

其实，在这样一个信息泛滥的社会，对于语文学习来说，最大的问题不是学习资源的贫乏，而是学习资源过于繁杂和多元，真假难辨的消息、翻滚膨胀的视频、眼花缭乱的平台，让人在资源的海洋里沉浮，

第三章 "融通"语文课堂教学的操作要点

一不小心就有被淹没的危险。在这种时候,如何筛选和摘取资源,如何研究和运用资源,则显得尤为重要。

语文课堂上,我们对资源的占有和运用应秉持"少而精"的原则。过多的信息非但不能填补教学的空白,反而使课堂变得拥挤和仓促,让人更加焦虑和迷惘。希沃平台上有许多可供选用的教学课件,也有不少老师会直接选用,但是,当我们看到一个课件有30多页,一个视频就要五六分钟的时候,我们是不是应该考虑一下,课堂短短的45分钟里面,究竟能容纳多少内容?课堂应该如何留白才能将学生的思维引向纵深?语文课堂里,如果学生和老师忙着从这页课件翻到那页课件,这种让人疲于奔命的资源究竟是不是语文课堂的精髓?

汲取资源、开发资源、聚焦资源、拓展资源,是为了让语文课堂具有更大的包容性和开拓性,引发学习主体更多的思维体验和审美愉悦,激发更自主、更积极、更热情的学习态度,让语文课堂融景融情、融理融美,从而通透灵秀,浑然天成。那么,当我们运用那些教学资源的时候,我们需要"无形"地运用这些"有形"的资源,将教学的智慧融入其间,让教学资源发挥最佳的作用。

一是,有效开发。教学资源的开发和利用要立足于课堂教学目标的实现,或是为了激起共鸣、实现"立人"原则,或是为了突破难点、解决教学症结,或是为了加强理解、开掘课堂深度,总之,不能"为了用资源"而去"用资源",更不能浮光掠影,浪费资源。如学习《你是人间的四月天》,一位老师引入林徽因风花雪月的人生经历,大谈特谈其婚恋轶事,这样的资源对于学生来说,无异于"八卦",对于咀嚼意象、品味情感并无多少意义,对于语言的理解、运用恐怕也没有多少益处,倒不如不要的好。

实现资源的有效融合运用,讲究一个"准"字——与课堂教学目标融合一致,充分体现"学用"思想。如八年级上册《与朱元思书》一文,引入《与施从事书》《与顾章书》两文,三者并称"吴均三书",在学习课文后,让学生体味另外两"书",进一步体会吴均写景文章的特点。这样的资源运用，让学生进一步掌握和巩固课堂所学习的写景手法，更深一层了解吴均的人格精神，在知识维度、情感维度实现课堂的深化。

"有效"的前提一方面在于资源的选择——与课文高度相关，并能从中引发共鸣；另一方面则在于运用得法，找到与课堂的契合点、融通点，让教学资源产生育人效果。

二是，有度开发。这里所说的"度"，是课堂的深度、广度、厚度，教学资源本身是对课堂教学的拓展与延伸，是让学生通过教学文本与资源的交汇融合，使课堂更圆融、更丰厚、更宏大，由此产生思维的跨越、审美的逾越。我们需要摒弃浅表的、笼统的、大而化之的资源，如学习《蝉》一课，老师引入蝉蜕壳的视频，如果只是把这个视频给学生看一看，学生除了当时感叹一二外，别无所获；但是，如果老师让学生在观看并直观感受蝉蜕壳的"不容易"之后，再去寻找和品读文中体现蝉生长的"不容易"的词句，品味"大概是四年""只有五星期""来之不易的刹那欢愉"等词句，便读懂蝉艰难蜕壳背后的顽强与坚韧，感受作者对生命的悲悯与咏叹，学习的"度"便实现了多重开掘。

让有形的教学资源充分发挥其效用，关键在于老师对资源无形的运用方式，同样的资源，在不同的老师手里能展现不一样的光彩。学习《女娲造人》，引入其他民族关于人类起源的神话，可以拓展学生的知识容量，扩大视野；有智慧的老师还会让学生思考，不同民族的不同神话展示了怎样不同的民族文化。女娲的母性温柔，展示了汉先民对女性的尊崇和赞美，对"母亲"别样情感的蓄积；埃及人全能的神"努"呼唤"苏比"，体现其对"神"不知其源的力量的崇拜；普罗米修斯从动物的灵魂中摄取了善与恶两种性格封进人的胸膛里，表现古希腊对"善""恶"人性的思考和探索；而不少民族不约而同以"土"为造人的原材料，则又可见人类对"土地"的特殊情结……

链接，对比，顺应，探究，在运用资源时，多思考一下其作用，多推衍一层其影响，资源能幻化出更绚烂的色彩，学生能获得更丰富的生长,语文课堂能呈现更深沉的意蕴。

三是,有味开发。如果把教学资源的引入和运用理解为不同资料的堆叠、走马观花式的浏览,那是对"资源"的浪费和亵渎。语文课堂的教学资源运用,尤其值得揣摩的,是"语文味"的保留、酝酿和发酵,让课堂因为资源而更具语文味,更显文化品质。

如学习《关雎》一诗,引入关于诗歌第一章的现代翻译:

雎鸠鸟关关合唱,在河心小小洲上。
好姑娘苗苗条条,哥儿想和她成双。

让学生比较,感受两种语言形式的不同表达效果,并试着让学生翻译其他章节。在原诗歌与译文的比较中,学生对《诗经》四言的质朴刚健、清新蕴藉有了更真切的体验,自主翻译又让学生在语言的揣摩、音韵的琢磨中加强对语言的敏感。从语文视角发现教学资源,以语文方法运用教学资源,教学资源才能更好地与语文相融相生。

不管是哪一种资源,在语文课堂能展现怎样的光彩,关键不在于资源本身的形态,而在于老师无形的智慧思考、效度运用。不管是文本互文关联、挖掘生活素材,还是多媒体资源互动、情境真实体验,从"效""度""味"三个角度多斟酌、多盘亘、多酝酿,学习的过程会有更多的惊喜。

举一"融"三:从"有限"走向"无限"

我看一阵向晚的春风
悄悄揉过丰润的青草,
我看它们低首又低首,
也许远水荡起了一片绿潮……

我看见的，不只是青草。那春日温暖的气息，那抚过的馨香的和煦的风，那使青草丰润的盈盈水塘，那缠绵的青草背后涌动的大片宽阔的原野，那双痴迷的、温柔的、饱含着爱意的星眸……

有限的看见和听见，无限的联想和想象；有限的空间和时间，无限的文化和历史；有限的实践和展示，无限的阅读和体验。"融通"的语文课堂，所引入的教学资源是有限的，但又是无限的：课堂的呈现是有限的，课后的深潜是无限的；资源的形态是有限的，蕴藏的文化是无限的；资源的认识是有限的，"人"的成长是无限的。

处理好教学资源"有限"与"无限"的关系，融"无限"于"有限"，由"有限"达"无限"，是我们对于"资源"的美好向往。

统编教材八年级上册《回忆我的母亲》一课中，有两幅插图，一是朱德出生地的屋舍，一是朱德买给母亲的眼镜。一幢青瓦灰墙的二层小屋，与邻居以一堵墙隔开，屋前的木柱子细而歪，摇摇欲坠的样子。一副黑框的圆形眼镜，和普通老人戴的最廉价的眼镜并没有什么不同。两张最简单的图片，蕴藏着一代伟人朴素的生活和对母亲的真挚情感。这样的资源，是了解朱德母亲的生活背景、感受其伟大人格重要的佐证材料。

朱德出生地

朱德买给母亲的眼镜

但是，如果仅限于此，学生对于"资源"的理解和挖掘还是浅显的。对教学资源，我们可以举一反三，由此及彼，让学生从"这一个"联想到"那一个"。比如，我们可以由此引导学生：我们在参观名人故居、博物馆的时候,总是会看到很多"文物",每一件文物,都在诉说一个无声的故事,请在旅行时关注这些"文物",并探索他们背后的故事。有了这样的铺垫,学生在生活中也能关注到这些以往忽略的资源,生活变得更加意味无穷。如有一位同学在之后参观博物馆时就关注了这样的物件:

——没错了,这便是四羊青铜方尊。

方尊肩饰高浮雕,蛇身而有爪的龙纹,其四面正中各有一双角自龙首探出,那龙目微眯,似乎放射平和的光芒。

以细雷纹为地,夔龙纹饰颈,蕉叶纹与饕餮纹参差,长冠鸟纹饰以羊首,那些复杂而精细的纹路细节,似在诉说千年前的鼎盛。

一寸寸,我的目光抚过这些细纹,先秦的文明在这些细节里熠熠生辉……

如果说,教学资源是一个"点",那么我们的生活就是一个"面"。从课堂的教学资源出发,激荡,生发,我们能发掘出生活中无限的资源,并由这些生活资源收获更多的惊喜。读《〈孟子〉二章》,请学生选择课文或课文以外篇目中的一句经典作为自己的座右铭,在交流讨论中,"仁义礼智信"得到理解,这样的教学资源在生活中也对学生产生积极影响,激励他们向上向善。学习《背影》,引入名家对于"聪明过分"的解读,深入体味作者的多重视角,感受时光折叠后人的情感的沉淀与过滤,并且引导学生思考生活中"聪明过分"的表现,资源便不只有理解文本的作用,更指导学生的生活……课堂的资源是有限的,但是把这些资源融入生活,就能产生"一生二,二生三,三生无穷"的效果。

资源可能是物态、具象的,但是在资源背后,是流动的、变化的、抽象的"文化",在运用资源的同时,透过"具体而微"的资源感受"宏盛而大"的文化,把眼光从一节课、一个文本延伸到一段历史、一种艺术、一个时代,资源的运用便可谓"尽期"矣。

  如学习《回延安》,引入阅读资源莫耶《延安颂》、祁念曾《延安,我把你追寻》、曹靖华《小米的回忆》、吴伯箫《记一辆纺车》,请学生阅读材料,融合相关历史知识,思考"延安精神"的内涵。在这样的资源融合之后,学生对于这段独特的历史、对于红色精神有了更多的思考和感悟,革命传统文化在无声之间融入他们的内心。再比如九年级上册第一单元的活动•探究,在"诗歌朗诵"任务中,我们引入董卿的《朗读者》片段,感受音节中的抑扬顿挫,音律中的婉转多情,由此出发,请学生关注各类朗诵节目,聆听名家的朗诵,在揣摩、模仿的基础上展开朗诵活动,学生对诗歌情感的把握进一步加深,朗诵水平不断提升,更感受朗诵这一语言艺术的无限魅力。再比如学习八年级下册《桃花源记》,书上有一则插图,是《桃花源记》山水画,引导学生读文读图,寻找其"同一的表达",在观察、阅读、对比、交流之后,学生从图中"缥缈的云的线条"中读到"遂迷,不复得路"的怅惘,从"参差的田野""青绿的渲染""简洁的线条"中体悟"阡陌交通,鸡犬相闻"的和谐宁静,在领悟文本内涵的同时,对山水画的意境、格调、气韵和色调都有了初步的了解,对其山水德性的内在修为意识、咫尺天涯的视错觉意识有了初步的感知,艺术文化的魅力初见端倪。

  不管是阅读文本,还是音频视频,也不管是生活物件,还是书画工艺,资源从来都不只是资源本身,融通的语文课堂运用资源的最大意义,不是读懂资源,而是读懂"资源"背后的文化和历史,并以其厚重、毓秀,充盈锻造学生的文化品格。

  从某种意义来说,教学资源是一种"聚焦",一种知识的聚焦、文化的聚焦,我们在运用这些资源的时候,则需要"发散",打开这些资源,让它与课堂、与文本相融合,与学生的生命成长相贯通,润泽其精神生长,这是资源运用的一大原则。

第三章 "融通"语文课堂教学的操作要点

八年级下册第四单元是关于演讲的活动探究,在"举办演讲比赛"这一活动之前,我们运用相关演讲视频资料,帮助学生了解幽默风趣、亲切交流、慷慨激昂等各种演讲风格,其中一段,是清华才子梁植演讲的《我的偶像》。"61岁,作为中国第一颗原子弹和第一颗氢弹的理论设计的总负责人,他一共获得了国家奖金、特别奖20元。其中原子弹10元,氢弹10元。"铿锵有力的语言,带给学生的不仅仅有演讲的技巧和方法,邓老的渊博学识、大爱情怀和奉献精神深深感染和震撼每一个人的内心,激励少年前行。

语言是思想的凝结,精神的汇聚,语文教学资源本身就蕴含着丰富的育人功能,有意识地发掘,有限的材料就能成为无限的财富,唤醒、激发"人"的价值和意义。学习《愚公移山》,引入《列子》中"歧路亡羊""造父学御""九方皋相马"等寓言故事,召开《列子》寓言故事会,学生从中感悟人生哲理;学习《大雁归来》,阅读《沙乡年鉴》,了解各种生物的生存状况,重新思考人与自然的关系;读《桃花源记》,阅《桃花源诗》,感受作者的社会理想,联想中华数千年对"大同社会"的追求,激发实现"中国梦"的理想……

语文学习的资源处于丰富而广阔的世界之中,其内在意蕴更是无限丰盈。用融通的视野,从"资源"往外画圆,我们能看见更远更远……

融"芳"聚"胜":使"隐性"归于"显性"

我们所能见到的语文教学资源可谓丰富、丰盈、丰丽,但是,这些所能见到的就是全部吗?

海明威曾经提出文学创作的"冰山理论",他说,冰山运动之所以雄伟壮观,是因为它只有八分之一在水面上。在海明威看来,文学作品中,文字和形象是所谓的"八分之一",情感与思想是隐藏在水面下的"八分之七"。如果从这个视角去看语文学习资源,我们所能见的显性资源,恐怕也只占"八分之一",还有更多、更重要、更丰富的资源,隐藏在冰山之下。如果不去理解、关注和发掘这些资源,显露的"八分之一"也很难展示出瑰丽宏伟的景象。

这隐藏的语文教学资源,首先便来自学生。学生是课堂的学习者,是课堂的主体,但同时,学生也是行走的、生长的学习资源。在学习过程中,学生的个人成长经历、生活经验让每个学生都带上了属于个体的独特的"符码",个性化的思考和见解丰富了语文课堂,成为语文学习资源的一部分,给予课堂中的其他个体丰富的营养。

学习蒲松龄的《狼》,请学生介绍作者,勋洁说她去过聊斋街,于是她向同学介绍了她在聊斋街的所见:

> 我去聊斋街时,正在下雨,聊斋街的雨,是我见过的最古怪、最奇异的雨。雨中,牛头马面的塑像庄严地矗立着,阁楼上眺望远方的"聂小倩"悠悠一笑,撑起一把嵌满珠子的红色油纸伞,妩媚的背影渐渐远去。许多打扮得像神女、巫婆、厉鬼的人匆匆走过,隐没在雨中。我还看到从雨幕里走出牛头马面,护着个黄轿子,轿子里端坐着一位黄袍道士,道士合着双眼,惬意地摇晃着,不时挥挥拂尘,捋捋长须。突然,他睁开了眼:"天降——洪福——!普施——甘霖——!"街的尽头是蒲松龄像。蒲老正手握书卷,远眺天边,仿佛要蜕去一切尘世的苦难与悲伤,脱离世俗。聊斋街雾蒙蒙的细雨,无声诉说着那个时代的颠倒诡异,也留下一段段风流韵事。"写鬼写妖高人一等,刺贪刺虐入骨三分",这才是《聊斋》的真相吧!

听了勋洁的介绍,学生对《聊斋》有了更为直观的感受,结合"狼亦黠矣,而顷刻两毙,禽兽之变诈几何哉"的感慨,进一步感受其"刺贪刺

第三章 "融通"语文课堂教学的操作要点

虐"的言外之深意。

重视和发掘学生个性化的体验资源,关键在于老师了解学生的经历,给予学生表达的机会,在适当的时候让他们进行适当的展示。如班上的俊辉同学来自外地,在学习"民俗风情"单元的时候,我便让他介绍家乡的风俗特色,与启东本地迥然不同的人情习俗,带给学生全新的体验和感受,拓宽视野的同时更丰富了课堂的内涵;班上有学生来自吕四古镇,在"文化遗产交流"主题实践活动中,她主动介绍吕四传统美食"缸爿饼",并且把饼带来给同学品尝,饼香四溢的课堂,妙趣横生的传说,精到繁复的制作工艺,让学生感受"食文化"的魅力,对"文化遗产"的认识更加全面和丰富……

"水尝无华,相荡乃成涟漪;石本无火,相击而发灵光",师生间、生生间的相互激荡,学生与文本的交互作用,让学生不断生成新的思考,这些智慧的闪光在课堂涌现,促进语文学习的深度发生。

学习诗歌《乡愁》,探讨诗歌意象,有学生指出,"邮票""船票""坟墓""海峡"这几个意象的特征是"小小""窄窄""矮矮""浅浅",都是轻巧的感觉,但作者的情感却是深的。这时,旁边的同学心有所动,马上补充:"恰恰是这些意象的'小'和'轻',衬托了情感的'深'与'重',这些意象,让人感觉无法承载诗人的亲情之爱、情人之恋、生死之别、家国之痛,有'只恐双溪舴艋舟,载不动许多愁'的美感……"

语文学习的"曲径通幽""寻芳览胜"恰恰就在这样相互激发、相互交流的过程中。老师在课堂上善于组织学生讨论和交流,引导学生在疑难处、矛盾处、冲突处徘徊叩问,学习资源如涟漪般蔓延开来,惊喜便如烟花绚烂绽放。在这里,老师要善于把握难点,乐于耐心等待,巧于质疑问询,勾动学生思维,激发学生灵感。或许,学生交流之后,会忘了自己刚刚说了什么,但是这样思维的成果不会是昙花一现,而是会内化为学生语言体系的一部分,构成他们一生受益不尽的能力和素养。

如果说课堂上显性的语文学习资源是一座山,那么,如盐溶于水一样融合在生活中的语文学习资源便是不为人重视的广袤的原野,那里,有取之不尽用之不竭的语文学习资源,老师善于调取,启发学生用智慧采撷,语文,会向我们打开一个全新的世界。

不管是大街上的广告牌,还是我们每天必刷的微信朋友圈,也不管是方言俗语,还是时事新闻,只要足够有心,都可以成为我们的学习资源。

重视"此地""此时""此境",那些平时隐藏的语文元素都可以变得生动、鲜明。比如,我们所在的学校是"折桂中学",校园里有不少桂树,每到秋天,一片绚烂芳华。我们融合《白杨礼赞》的学习,进行课内外贯通的"桂文化"主题项目学习。学生惊喜地发现,隐匿于我们生活中的桂花酒酿、桂花糕都内有乾坤,从美食到生活,从花语到诗词,从栽种到神话,小小桂枝蕴藏着丰厚的校园文化、中华传统文化。在项目学习中,我们打通了生活与学习资源的关系,在生活中找寻诗意,在诗意中感受生活,连空气中都熏染了桂花的优雅气息。

这只是一个小小的例子,我们生活的这个地域,就有无数的语文学习资源,立足地方文化资源展开语文学习,可以打开语文学习的另一层空间。如启东方言有许多形象直白的比喻,"白像画在白壁上""冬瓜藤牵在茄子地里",搜集整理这些生动的俚俗之语,品味其表达效果,语言的滋味一层又一层,学生的表达也变得更为绚丽多姿;再如启东本地有一些博物馆、纪念馆,当我们把这些建筑、景点和课内的学习相融合,走进这些固态资源库进行语文学习时,很多隐藏的历史、文化就会浮现,学生的思维、表达都会有不一样的呈现;启东本地的动物植物、地域特色、物候特征都是隐蔽的语文学习资源,当我们把这些资源和《大自然的语言》《大雁归来》等文本融合的时候,我们会看到,书本上的所谓"知识""理念"就不只是一个空洞的概念,而是成为我们生活的一部分,并与语文相生相映,让生活也沾染更多的诗意。

这样隐形的语文学习资源还有很多,大到国际新闻、大型庆典,小到电视电影、微博头条,"语文学习中并不缺少资源,只是缺少发现的

第三章 "融通"语文课堂教学的操作要点

眼睛",只要我们善于融通,乐于融通,便可见繁花绚烂,天地清明。

第六节 场域融贯

小学、初中、高中:从学段衔接走向学段融合

从小学到初中,再到高中,12年的语文学习,是一条怎样的轨迹?又该通往何方?很多时候,小学、初中、高中的语文学习各成体系、各自为政,但其实这12年的语文学习应该是一个有机的整体,尤其是站在小学和高中之间的初中语文教学,不是孤立地存在,而是承上启下的连接点,继往开来的交叉口。

当学生刚刚离开小学,来到初中的时候,我们要怎样进行初中语文的入学指导,让学生从熟悉的小学语文学习方式渐渐过渡到初中语文的天地?我们又该如何培养学生的可持续学习力,让他们在走出初中、走进高中的时候能够坦然从容,毫不焦灼?

这就需要我们以融通的视野,看待小学、初中、高中的语文教学,了解初中语文学习的来向与去向,在学段变迁的关键时刻进行顺应融合,以发展的、变化的眼光来看待语文教学,实现学习过程中的策略更迭,认识优化。

不同学段的语文学习同中有异,异中有同——同样需要重视听、说、读、写能力的全面提升,同样关注学生的语文素养发展,同样推崇在实践中学习语文,在语文运用中提升思维能力、审美素养;但是,各学段在语文内容认识上、在学习方法养成上、在学习心理培育上各有其特点。

小学、初中、高中的学习内容是有很大区别的,随着年龄的增长、

年级的升高，学习的内容不断深化，对文学作品的认识逐渐深刻和全面，阅读、交流和写作的能力也不断增强，仅以"写字"为例，从小学低年级的"喜欢学习汉字""有主动识字、写字的愿望"到高年级的"感受汉字的构字、组词特点""体会汉字蕴含的智慧"，从初中的"加深对语言文字及其文化内涵的认识和理解"到高中"归纳梳理""验证汉字、汉语的理论规律"，在12年的时光里，学生展开由浅入深、由表及里的探索，对汉字的理解和运用不断加强，感情不断加深，凝聚起对汉语挚诚的热爱。因此，在教学过程中，不同学段有不同的重点，在小学学习汉字，可以用生动有趣的方法解读汉字的构造法，让学生感受汉字之"趣"；初中时，汉字单字的教学不再是重点，而应把汉字放在整体的语言环境中，"体味和推敲重要语词句在语言环境中的意义和作用"；高中则将此作为主题任务，引导学生进行初步的理论探究。

将汉字的学习放到小学、初中、高中整体的语文学习体系中，以融通的视角进行教学，初中的汉字学习应基于汉字的构造特点，引向汉字结构规律的思考，体验汉字独特的美感。比如在《女娲造人》一文中，学生发现了一个词语"莽莽榛榛"，不能理解其意义，我们可以引导学生思考，"莽"，草字头，草莽，是密生的草；"榛"，木字旁，是落叶灌木或小乔木；"莽"与"榛"叠用，让人想象草之密、树之茂，以生动的形象让人感受词语的内涵，充分可见汉语想象之丰富、形象之生动。

基于小学、初中、高中融通的语文教学，目标定位更加精准，教学内容更加适恰。比如学习杜甫的诗歌，从小学到初中再到高中，每个学段对杜甫的理解应达到不同的层次，从小学的"诗圣""忧国忧民"到初中的"兼济天下""推己及人"再到高中的"沉郁顿挫""笔底波澜"，对杜甫的认识有一个螺旋上升、层层推进的过程，这样，学生在学习中才能不断产生新的期待，收获新的惊喜。

在新课改不断推进的过程中，语文学习的方式也在发生持续的变革，尽管小学、初中、高中都注重以单元任务群学习为主要模块，倡导

第三章 "融通"语文课堂教学的操作要点

自主、合作、探究等学习方式,但是在不同的学段,我们需要运用不同的学习策略,提供差异化的学习支架,同时注重小学、初中、高中之间的学段衔接,让学生在"跨段"时消除惶惑和无助,保持语文学习的兴趣。

比如"跨学科学习"任务群的学习,小学时,学生经历的可能是参与学校各类文化社团,参与社区等举办的各类活动,通过小组研讨、集体决策、方案设计、成果分享等方式进行跨学科的实践。但是在初中,我们需要组建文学艺术社团、开展相关文化活动、撰写实验研究报告、记录活动过程、运用多种媒体发布学习成果,如果老师不考虑学生的学习经历和现有能力,一下子对学生提出过高的要求,学生则会感到难度过大、无所适从。所以,我们首先需要考虑学生的基础和动态发展特点,初一时,可以从学生熟悉的选题开始,如"新冠疫情"主题研究、"我的文学生活"主题活动等,老师需要完整地参与学习活动全过程,从方案的制定、过程的实施到成果的展示,都要进行细致的指导,让学生有"法"可依,有"理"可循,并逐步锻炼学生独立组织活动的能力。待到初三时,老师需要更多地考虑高中阶段学生将面临的跨学科学习任务,适当阅读跨文化研究的文章和专业杂志,组织和参与跨文化的交流活动,利用网络进行跨文化课题研讨,实现学习活动的深化,并为其进入高中后的学习做好充分的准备,更为学生的终身发展奠定坚实的基础。

"融通"的语文教学,不管是从小学到高中,还是从初一到初三,始终坚持动态的、发展的学生观,在"变化"之中,遵循语文学习层递式发展的要求,注重语文学习"元认知"元素的渗透与融合,才能培养学生扎实的语文素养,促进他们"愉悦"地生长。而在这个过程中,顺应学生不同学段的心理特点、思维发展特征,并努力促进其身心发展,是教学"融通"的关键。

初入初中的学生,尚保留一分稚气,更有一分对初中的敬畏和向往,很多老师喜欢在他们初入学时立一个"下马威",考一张难之又难的试卷,让学生尝一点"颜色",希望由此让学生重视语文的学习。从学段融通发展的角度来看,我以为非常不可取,这样的"威吓",带来的是恐惧和害怕,是学生对尚未开始的初中语文学习的畏惧和忐忑,而非期待和欣喜。暂时的"重视"是有了,但对于未来语文学习的兴趣和信心呢?对于初入学的学生,老师还是要以"半中学生"的角色来对待,需要更多地呵护与理解,平复他们由时空变换而生的心理波动,让他们从心理上接受初中,并享受"初中学生"这个身份带来的成长快乐。同样的,当我们的学生临近毕业的时候,语文老师也需要为他们做好心理建设,让他们有勇气、有自信面对即将来临的新高中生活。

要做好这样的学段"融通",需要我们初中的老师同时去研究小学、高中的语文教材,去了解小学生、高中生的普遍心理,并在实践中不断转化,这是一个具有充分挑战性的课题,但对于学生的成长来说,具有长久而深远的意义。

学校、家庭、社会:从"单向合作"走向"协同融通"

联合国教科文组织报告《学会学习》中指出:小学教育(中学教育也有这种情况)的基本趋势是必须把理论、技巧和实践结合起来,把脑力劳动和体力劳动结合起来,学校不能和生活脱节,儿童的人格不能分裂为两个互不接触的世界——在一个世界里,儿童像一个脱离现实的傀儡一样从事学习;而在另一个世界里,他通过某种违背教育的活动来获得自我满足。

语文学习,同样需要把课堂的学习和现实的生活融通起来,让学生在完整的、协同的、共同的语文环境中获得语言的积累、文化的渲染。在新的时代背景下,仅凭教师一己之力已经远远不能实现教育给我们提出的目标,学校、家庭、社会多者合一,融合教育资源,重视协同

第三章 "融通"语文课堂教学的操作要点

育人,加强教育合力,是"融通"语文的不二追求。

一、观察:语文学习中家、校、社割裂的现状

《学会学习》中所指的这种状况,在今天依然存在,甚至可以说:今天我们很多学校的家校之间,仍然只是分裂的两个互不接触的世界:我们的"家校合作",仍然只是"家""校"之间并不平等的捆绑或并不对称的单向信息流动。

一方面,语文老师想要费尽全力去指导、督促甚至管理家庭教育,但在这个过程中,家长们并不接受、并不认可,或者只是被动地接受。家长会议上的成绩公布,微信群里的作业布置,学生犯错时的电话告知,学生问题严重时的"请家长",都是为了预防学生在语文学习上发生"问题"或者学生发生了"问题"之后,让家长接受教师的"指导"和"帮助",以达到共同管理和督促的目的。家长担任的只是一个"场外救火员"的角色,家长无缘参与、也无缘体验学生语文学习的过程,却要承担和调控学校教育的后果。这样的"合作"无疑使家校走向对立,导致学校和家庭的互不理解,互相推诿。

另一方面,家庭自有其内在的运行逻辑,家风的传承各有其特征,学生的性格培养、亲子关系等,教师没有渠道、也没有机会加以影响,当儿童在语文学习中表现出家庭教育的缺失之时,教师无从下手;对于因家庭情况而导致的留守学生、单亲儿童等教育问题,教师势单力薄,难以改变;对于因家庭教育问题导致的问题学生,教师也难以对家庭施以有实际效果的影响,只能无奈感叹。

基于上述种种原因,学校和家庭之间往往存在着诸多矛盾:学校抱怨和不满于家庭的"假合作",并为此而苦恼;而家庭,也抱怨和不满于学校的"伪合作",甚至采取种种非常态措施倒逼学校就范。家校合作,就处在这样的尴尬与矛盾中磕磕绊绊。

二、发掘:"协同育人"对语文融通学习的启示

协同育人,是协同创新概念体系中的核心概念之一,是指在政府主导作用下,学校、企业、行业、科研机构之间的协同创新。通过协同育人,达到两个方面的目的,一是人才培养和使用,二是科技研发和知识增值。

根据《中国学生发展核心素养》,引导和培养学生处理好自我与社会的关系,养成现代公民所必须遵守和履行的道德准则和行为规范,增强社会责任感,提升创新精神和实践能力,促进个人价值实现,推动社会发展进步,发展成为有理想信念、敢于担当的人,是现代教育的重要目标之一。

不管是高等教育还是基础教育,人才培养都必须是开放型的。学生的责任担当、实践创新等社会参与素养,只有通过相应的教育实践活动才能实现,如果把育人局限于校园内的教育教学活动,就不可能培养出社会所需要的人才,也不能满足现代教育的发展需要。

人类社会有三大教育系统,即家庭教育系统、学校教育系统和社会教育系统。三大教育系统是相对独立的,但受教育者——子女、学生、社会成员——这一要素是共同的。面对学校、家庭、社会的相互联系相互支持不够顺畅、不够充分的现状,充分发掘和利用各方面的教育资源,加强学校、家庭、社会之间的相互联系、相互协作、相互支持,实现"1+1+1>3"的协同融通效应,无疑是值得探索的路径。

家校融通,协同育人,应该是充分发挥学校教育资源的有效途径,与社区、企业进行合作交流,在育人过程中引导和影响家庭教育。家校融通的协同育人,应该是家庭积极主动参与教育过程,并在这个过程中理解、认同教育,家、校实现教育目标和教育行为的一致,正如苏霍姆林斯基所说:"只有学校教育而无家庭教育,或只有家庭教育而无学校教育,都不能完成培养人这一极其细致、复杂的任务。"家校融通

的协同育人,更应该是在家庭、学校的协同组织下,让儿童参与社会生活,扩展与社会的联系,提高教育质量、扩大教育范围、奠基终身教育,为教育改革与发展提供新的视野。

三、探索:融通语文,让家校协同育人真正发生

家、校、社融通的语文学习,重在协调各方面教育力量,将有序和无序统一起来,强调教育各要素之间都存在"协同作用",即合作、同步、协调、互补,使学校、家庭、企业、社会、政府之间,企业人员、教师、学生、家长之间以及信息系统之间等各种力量汇集起来,形成一股潜在的合力,化零为整,实现语言学习效果最大化。

(一)无边光景一时新:融通理念的协同渗透

每一个人都在不同人生阶段受到来自家庭、学校和社会的教育,或同时接受这三方面的教育,这三方面教育产生的总效果才是真正的教育效果。家校社融通的语文学习发生的前提是,教师在设计实施融通学习的方案时,必须考虑和加强家庭教育与社会教育的影响与配合,这样才能提高整体教育的质量与效果。

改变传统的"布置作业""成绩告知""向家长告状"等单向信息传输模式,通过新媒体工具,着力于双向互动,使家长由被动接受者变为主动参与者。

在家长面前,语文老师不仅仅充当语文学习评判者的角色,而是和家长一起,成为家、校、社融通育人的组织者、实施者。分享家庭语文氛围建设的方法,推荐家庭阅读书籍,就学生存在的问题和家长积极讨论,有目的、有针对性地进行语文学习指导。

如班上大部分学生能够在课堂上消化吸收背诵内容,但是有三五个孩子存在背诵困难的问题,家庭生活期间,多次因为背书问题导致亲子间怒目相向。语文老师组织"孩子背书难,家长怎么办?"主题沙龙,邀请这几对亲子共同参与,帮助孩子寻找自己的记忆特点,指导家

长结合孩子特征进行强化训练,激发孩子学习信心,鼓励孩子积极向上。这样融通的学习方法指导,让家长不再盲目地训斥孩子,孩子也不再痛苦地排斥背诵,老师、家长、学生融通合作,激发学生主体作用,教学的效果远比简单的指责、怨怼好。

融通的家校社合作不是单向的过程,而是双向的互动;家校合作不仅仅是一方的奉献和另一方的接受,更是生成与发展。

(二)时有幽花一树明:融通校本课程的协同开发

教育是一项培养人的社会活动,儿童是教育的出发点和归宿。教育的使命就在于唤醒、发掘个体的个性潜能,校本课程的开发和实施则是发展儿童个性、激发儿童创造的重要途径。

不同文化背景的家庭往往蕴含着不同的课程资源,在语文学习过程中要有意识地吸收和放大这种资源,充分发挥家长的专业优势,融入语文课堂学习,为融通课程建设提供有力的支持。

对家长的情况进行全面统计,会发现学生家长所从事的行业几乎涵盖了财政、卫生、交通、餐饮、教育等各个领域。在语文实践活动中,把家长请进课堂,讲授专业知识,老师则以语文视角进行融通的丰富的课程教学。《围棋中的人生智慧》《生活中的"二次元"——物联网》《创意,让生活更雅致》,家长的参与给孩子们展示丰富多彩的社会生活,也让语文呈现出更为多元、更为丰盈的状态。

家校融通的校本课程的开发,可以改善学生的知识结构,培养学生的个性,更加灵活、有效地促进学生的全面发展,必将催生出"时有幽花一树明"的美好画面。

(三)草绿裙腰一道斜:融通实践活动的协同组织

如果把人的一生接受各种教育的时期分为几个阶段,那么学校教育阶段一定是最重要的阶段。但学校教育不是"仅仅在学校内"的教育,融通语文认为,语文课堂要扩展学生的生活广度,把社会资源请进来,将学生带到社会中去,实现语文与社会生活的全面融通。

第三章 "融通"语文课堂教学的操作要点

结合教材上的语文综合实践活动,充分发挥家长资源,组织各类家、校、社融通的实践活动。在"欢天喜地闹元宵"民俗活动中,巧手妈妈传授汤圆制作技巧;"书画的艺术"活动中,艺术爸爸、艺术妈妈现场指导、认真评分;端午节,厨师妈妈带着孩子包粽子、慰问武警官兵;中秋节,烘焙妈妈则带着孩子们制作月饼,看望孤寡老人;新闻学习时,在记者爸爸的带领下进行采访,在编辑妈妈的指导下出版刊物《青藤浅语》《时光微语》……

融通的语文课堂,充分协调学校、家庭、社会教育资源,构筑各类平台,带着孩子们下农村、进车间、走田野,体验成长的喜悦。

爱因斯坦说:"学校的目标应当是培养有独立行动和独立思考的个人,不过他们要把为社会服务看作是自己人生的最高目标。"培养这样的青年,需要我们以"融通"的思维,尊重、接纳和激发家长参与学校教育的强烈意愿;需要我们打开校门来办学,以丰富的教育资源充实学校教育的内涵;更需要我们以协同育人的眼光和气魄,建构整体、融通的语文教育生态,把期待变为可能,把理想变为现实!

参考文献

[1] 李运林.协同教育是未来教育的主流[J].理论探讨,2007(9):5.

[2] 李耀麟,等.基于协同教育理论的数字化校园构建研究[J].中国电化教育,2012(1).

[3] 刘魁元,等.高校社会主义核心价值观协同教育机制探析[J].思想理论教育导刊,2015(10).

[4] 中国学生发展核心素养[EB/OL].360百科.https//baike.so.com.

过去、现在、未来：从"功利境界"走向"天地境界"

"人而不仁，如礼何？人而不仁，如乐何？"

两千多年前，孔子从"仁"的角度对"育人"提出了深刻而独到的见解，为人而"仁"，是生命意义所在。这是孔子的育人观。

两千年后的今天，我们站在教室中间，也要这样问自己：我们为什么而教？我们希望孩子走向何方？一方小小教室，对于学生来说，链接了过去，穿透了当下，烛照了未来。

语文课堂，任重而道远。

冯友兰先生说，人生有四种境界：自然境界、功利境界、道德境界、天地境界。在我看来，这也是语文教学所要抵达和超越的四重境界。

融通的语文课堂是立足于自然境界的。作为一个自然人，每个学生都有个体最基本的需求，都有他的本能选择。语文学习不能违背学生的自然需求而存在，遵从并适应，源于自然而超越自然，是融通语文的自觉选择。基于自然性的选择，融通的语文课堂首先应该是愉悦的课堂，是给学生带来幸福感的课堂。在这个课堂里，他感觉自己没有被束缚、被禁锢的痛苦，而是充满了自在自觉的欢愉。

基于这样的自然选择，融通的语文课堂应以"自在""愉悦"为基本属性，以能激发学生兴趣的话题导入，以学生的兴奋点、感发点为枢纽，让学生获得审美的幸福。这就启示我们，不能一味追求课堂的"深刻"，而要以学生的心理特征、年龄特点为依托，以学生"过去"的生活经验为参考，带给学生舒适感、满足感。比如，课堂教学目标的设计要落在学生的"最近发展区"，让他们在课堂上得到自我实现的满足；比如，教学方法的选择要贴近学生的兴趣点，游戏、实践、讨论等初中学生喜闻乐见的形式可以多元运用……

我们常常对教学的功利倾向嗤之以鼻，但是，作为一个负责任的

第三章 "融通"语文课堂教学的操作要点

语文老师,不能不重视语文教学的功利现实——帮助学生提升素养,并且将素养体现于语文考试中,让学生在功利世界中获得语文学习的成功和胜利,这也是判断语文老师教学能力的重要标准之一。融通的语文教学,从不摒弃"考试"的现实意义,不忽略学生的当下发展——关键的是,我们要以科学的态度和方法,以"融通"为径,在提升学生核心素养的同时增强其考试表现。

这就涉及"融通"过程中"聚焦"的问题,不管是课内外的衔接,还是线上线下的融合,都需要聚焦到语文问题,进行语言运用,实现语文素养提升。

首先,融通的语文老师需要进行深入的考试研究,研读课程标准,探索试题与生活、与课堂教学的关系。当我们对考试的了解越多,我们越能发现,新课标指引下的评价体系更为注重"过程性评价",而在终结性评价中,也重视"以情境为载体,依据学生在真实情境下解决问题的过程和结果评定其素养水平",而命题选材则"具有时代性、典型性和多样性",这意味着我们在教学过程中如果仅以"考试"为目的进行教学反而是无效的,以"素养"为终点而进行的教学才是走向考试成功的重要途径。

其次,我们要反复研磨和洗涤我们的课堂,让每一节课都充分沉浸在"语文的"融通里面。融通的语文老师应以科学的精神和态度对待每一节课,解决每一节课"学什么""如何学"的关键问题,提升每一节课的质量。融通的语文老师要处理好几个关系,一是学生学习兴趣的激发与学习能力的提升之间的关系,二是课堂教学的融通度和精准度之间的关系,三是学生整体的学习呈现和个体的学习状态之间的关系。着眼每一个学生,以聚焦的课堂教学提升效率,"融通"的语文教学才能获得高品质的发展。

同时,我们要注重与学生之间的情感融合,以融通的育人为先,用"爱""尊重""理解""信任"激发学生学习的自信和热情,让他们在"自由""愉悦"的课堂生活中靠近语文学习的"成功",并获取更多的学习信心。

但是,语文学习不能仅仅局限于"功利"追求,教育,是为了更好地生活。冯友兰先生说:"这个社会是一个整体,他是这个整体的一部分。有这种觉解,他就为社会的利益做各种事,他所做的各种事都有道德的意义。所以他的人生境界,是我所说的道德境界。"语文学习是为了"立德树人",而"立德树人"是为了建设富强、民主、文明的现代化国家,是为了构建更为和谐、友善的社会生态,让每一个人都生活在幸福和自由的状态。

语文课堂,需要有这样的"道德境界"。

我们的语文学习,需要融通人生理想与社会理想,融合个体成长与社会发展,让每一个学习个体站在高远的境界看世界。所以,在"融通"的语文学习中,我们在坚守"语文味"的同时,要融入"梦想味""文化味""生活味""家国味",要为学生的终身发展考虑,更为社会的长远发展负责——因为我们培育的,是未来社会的公民,他们是什么样,我们的国家将来便是什么样。

如果我们站在地球之外,在苍茫宇宙,看到一颗蓝色的星球在我们头顶缓缓划过,我们会有怎样的觉解?人,不仅是人类社会的一员,也是自然的一部分,是宇宙的一员。站在地球46亿年的历史面前,看到各种文明的兴盛与陨落、各种生命的沉浮与起落,作为自然的一员的小小人类,渺茫如一粒微尘。但是,作为天地间的一员,与这个自然相和谐,与万物相应和,让人类生命、地球生命在这个辽阔无际的宇宙发出自己的声音,敬天爱人,天人合一,这样的"天地境界"更是融通的语文教学追求的至境。

站在何处,就能看到何方。"融通"的语文学习,让我们看到更远。

第七节　修养融生

"爱"与"德"

"大学之道,在明明德,在新民,在止于至善。"教育的最高境界,是彰显光明的品德,成就未来人至善的才德,让整个社会都达到完美的道德之境,并长久地保持、发扬。作为与学生的道德成长息息相关的教师,需要有更高的大爱追求、更切实的向德之举,才能以自身的榜样力量引领和助力学生向上向善,才能建构起一个团结温暖的班级、一个和谐美好的校园,为社会主义的未来奠定坚实的基础。

一、大爱向德,是一种高品质的师德修养

"大爱"是爱,但超越"爱"。如果说,"爱"是一种出于本能的情感状态,那么,"大爱"则是超越本能的高尚的师德修养。

教师的"大爱",是一种无差别的爱。消除态度的差别,摒弃细微的偏见,用平等和博爱的心对待教室里的甲乙丙丁,用爱倾听每一个孩子心底的声音,这是实现教育公平的"最后一厘米",而这"一厘米"对每一位学生的生命意义却是直接的、永恒的。

教师的"大爱",是一种无私无我的爱。苏霍姆林斯基说:"爱,首先意味着奉献,意味着把自己心灵的力量献给所爱的人,为所爱的人创造幸福。"对于学生、对于教育的大爱,意味着作为芸芸众生之一的教师舍弃自我的得失,放下名利的桎梏,追求高远之境。爱学生,不是爱他们考出来的成绩,而是爱他们身为"人"的鲜活与生动;爱学生,不是爱班级的评比数据、考核名次,而是爱他们成长过程中的真与美;爱

学生,不是爱学生给自己带来的"名师"之誉,而是爱自己在教育过程中散发的点点荧光为学生带去的光明和温暖,爱自己创造的教育价值和芬芳。

教师的"大爱",是一种基于当下、着眼未来的爱。"父母之爱子,则为之计深远",教师的大爱,更是基于学生的终身发展、可持续成长的爱。不管是和风细雨还是雷厉风行,也不管是循循善诱还是谆谆教诲,都立足于学生明天的成长。

教师的"大爱",聚焦于"向德"。国无德不兴,人无德不立。"向德"首先指向自我师德的培育,有理想信念,有道德情操,有扎实学识、有仁爱之心,是"向德"之师的自我追求;向德,指向学生品德的孕育,"立德树人"是教师工作的使命和责任,教室里不能走出"精致的利己主义者",而应该走出"明礼节、知荣辱、爱家国、有大义"的时代新人;向德,指向民族道德的养育,"培育什么人""为谁培养人"是教师始终坚守的自我叩问,传承民族文化、弘扬民族精神是教师矢志不渝的教育追求。

二、大爱向德,是一种极迫切的现实需求

从党的十八大报告首次提出"把立德树人作为教育的根本任务"到今天,已经整整走过了近十个年头,各地、各学校以"立德"为中心,开展了全方位、多层次、多角度的德育实践活动,在思政育德、学科融德的大背景下,教师"大爱向德"的自觉性被唤醒,责任感在增强,但"教育走得太快,要等一等落下的灵魂"的呼唤依然存在。

孙彩平老师团队从2016年开始做了三次中国儿童的道德发展、心理品质的全国大样本调查。从调查情况来看,中国儿童(从10岁到18岁)整体上是有爱国家、守规则、尚正义、重勤奋的品质的。但是,其中有一个问题,中国儿童在道德发展中表现出年龄上的差别。比如在关怀他人方面,初中三年级以后,学生的关心态度与行为表现有一个明显的变化,"同情他们,希望有好心人能帮他们"成为大多数儿童的

心态和反应方式。"寄希望于好心人,而不是自己去做",高尚的道德认知和落后的道德行为之间的不匹配,成为当下德育教育面临的困境。在这样一个信息技术飞速发展的融媒体时代,我们需要的不是"坐而论之"的"发言人"和义愤填膺的"键盘侠",而是实实在在的"大爱"之行,"向德"之行!

三、大爱向德,是一种向未来的行动路径

(一)立心铸魂:化空洞的"理"为濡染的"文"

斯普朗格说:教育是一种文化过程。"大爱向德"不是口号,不是空洞的理论说教,而应该是一种文化濡染的过程。作为教师,要善于将立心铸魂的"理"变为具体而微的文化渗透。

彼得·圣吉在《第五项修炼》一书中提到"共同愿景"。共同愿景是组织中个体所共同持有的意向,它凝练出群体共同的价值观,并遍布到组织全面的活动中。作为教师,要善于激励和引导学生,善于凝练集体的"共同愿景",使"大爱向德"成为群体的共同追求。文化又是一个价值和规范的结构、过程和气氛,作为教师,在集体建设过程中,和学生共同组织"大爱"的主题活动、制定"向德"的活动机制,在一次又一次的班级活动中濡染和洗礼,"从灵魂深处"树立"德"的意识和追求。

"校园文化来自一代又一代师生对学校生活的感悟和发现、对学校现状和教育规律不懈的研究和探索,对教育问题永不停止的思考和追问","大爱向德"的文化孕育于师生不断的对话和交流之中。在班级生活中,教师不断引导学生反思、探究、提升,以教师的"大爱"格局、班级文化的"大爱"格局,去涵养学生的"大爱"格局,对"德"的向往在潜移默化中孕育于学生内心,成为其自觉追求。

(二)笃志润德:化高远的"知"为具体的"行"

"君子如欲化民成俗,其必由学乎","学"的最好方式,是让学生去

做。在"做"中"学",在"学"中"做",把"大爱向德"的认知化为实实在在的行动。

这种行动,可以是日常的生活。"大爱"之行未必轰轰烈烈,更多的是融汇于日常的点点滴滴,"随手关门""餐餐光盘""行走有序""遇人有礼",这样的点滴日常,都是"向德"的具体表现。生活中,关注"向德"之细节,落实"向德"之行动,日复一日,"大爱"自生。

这种行动,可以是教师有意识设计的融通的语文活动。结合时代背景,针对班级呈现的问题,教师和学生组织系列活动,致力于学生的道德成长。如设计"情暖夕阳——关爱老人"系列活动,弘扬崇德敬老的优良传统;组织"走进农村"主题研学活动,开展农事劳动,激发学生热爱劳动、热爱生活的情感……

这种行动,可以是指向未来的创生性行动。我们培育的少年,是生活于未来的少年,"大爱向德"同样不会止于今天。在成长指导的过程中,引导学生构想未来的可能,在设想与估量、构建与选择中,进行"向德"的语文实践,如"少年法庭"模拟、"我的未来职业道德"辨析等,对于提升学生的道德水平、促进学生的未来成长,具有重要意义。

(三)固本培元:化虚浮的"要"为落地的"评"

哈钦斯说,教育的目的在于能让青年人毕生进行自我教育。把"大爱向德"的道德情操变为学生的自觉行动,需要在其内部和外部构筑起科学的道德评价机制,引其言,导其行。

教师作为学生道德评价的重要主体之一,是学生道德评价的策划者、组织者和践行者,是青少年品德行为的"设计师和建筑师"。一方面,作为道德评价主体之一,教师要注意发挥品德评价的发展性效能,评价的目的不是对学生进行终结性评价,而是为了学生更好的发展。尤其需要注意的是,教师对学生的显性评价和隐性评价都直接影响学生的品德发展。因此,作为教师,对学生的评价需要慎重,要给予充分的信任,要留给学生的成长饱满的希望。另一方面,教师要制定科学有效的班级学生道德评价机制,与学生的素质发展评价相融合,发挥道德评价的引领作用。要注意评价的可操作性,生生评价的过程要加强平等对话,相互尊重,相互信任,进行双向沟通,建设道德评价的生态环境,使道德评价过程成为"大爱向德"教育的重要组成部分。

"大爱向德"是一种高尚的人道精神,是一种智慧的处世哲学,是一种纯朴的美德品质,是一种人生的道德修养;"大爱向德"是新时代教师的师道底色,是教师生命价值实现的基础;"大爱向德"是教师工作的境界追求,是实现"立德树人"事业的必由之途。有"大爱",勇"向德",是这个时代对教师的热切召唤!

参考文献

[1] 孙彩平.上好小学道德与法治课的三个前提性问题[J].中国德育,2020(10):48—56.

[2] 邱利见 赵文政.初中教师在品德评价中的内隐态度研究[J].中国德育,2019(21):15—19.

"道"与"术"

"敬业"之说,由来已久,从《礼记》的"敬业乐群"到朱熹的"敬业者,专心致志事其业也",从《中庸》"君子素其位而行,不愿乎其外"到"爱国敬业诚信友善"的社会主义核心价值观,"敬业"一直被视为一种高品质的价值追求,影响了一代又一代中国人。

"敬业"是为学之道,是从业之道,更是育人之道。"敬业"应该成为融通的语文教师在日常工作中呈现的自觉行为状态,濡染每一个教育细节,润泽每一个青春生命,是有智慧、有选择、有品质的"术"。教师的敬业精神,是精神意义上的"敬"与行为意义上的"敬"的有机融合,是自我道德修养和育人品质的高度一致,是"道"与"术"的相谐相生。

一、敬业：高水准的职业素养与主动追求

《说文》："敬，肃也。"敬业，是从业者基于对职业的敬畏和热爱而产生的一种全身心投入的认认真真、尽职尽责的职业精神状态。教师的敬业，首先基于对"教师"这一职业的敬畏。孔子说，人的一生要"执事敬""事思敬"，这里的"敬"，不仅指兢兢业业、忠于职守，更包括对事业无比的尊崇和敬仰，对所从事职业价值的高度认同和理解。教师，是青少年成长的"重要他人"，是学生的生活关怀者和精神引领者，教师的一言一行、一举一动都会对学生产生持续而深远的影响，甚至从某种程度上决定了国家和民族的未来。充分认识教师工作对于个体生命成长和国家民族发展的意义，理解教师工作的无上荣耀和无比重要，以"敬肃之心"统"敬肃之行"，是"敬业"之根本。

教师的敬业，是一种全身心的投入和热爱。"道之所存，师之所存"，师者敬业之"道"，关键在于"爱"。韩愈所谓："博爱之谓仁。"教师要平等、无私地关爱班级中的每一个个体，关注他们细微的变化，体察他们的内心，耐心陪伴，真诚相拥，从一颦一笑中感受他们的快乐、欣喜、愉悦和幸福，从片言只语间发现他们的困惑、苦恼、忧虑和无奈，从而给予支持、鼓励和指引。在此基础上，教师要热爱教师这一事业本身，将之作为科学加以探究、作为艺术加以琢磨，在实践中发现育人的魅力，在创造中感受教育的活力。

教师的敬业，需要奉献时间、心血、精力，以"陪伴"这一"最长情的告白"共享孩子生命的重要时光，影响他们一生的成长。但是，教师的敬业需要的不只是纯粹的"量性敬业"，而是充满智慧之美的"质性敬业"。正如泰戈尔所言："不是锤的打击，而是水的载歌载舞，使鹅卵石臻于完美。"教师的敬业是一种专业能力。教师需要"懂得"学生，理解学生，尊重学生，需要站在学生视角思考敬业的内涵与特质，着眼学生的终身发展和全面发展——这样的"敬业"才有品质可言，才能真正拨

第三章　"融通"语文课堂教学的操作要点

动学生的心弦。而蛮横无理、自以为是、以提升所谓"分数"为目的的"敬业"往往会损伤和泯灭孩子的天性,带来压抑和伤痛,这种功利性的"敬业"恰恰是不敬业的表现。

二、敬业:高品质的人格修养与自我修为

"敬,德之聚也,能敬必有德。"教师的"敬业",是高品质人格修养的直接表现,是教师自我修为的外在显示。一个德行高远的教育者,必然以"敬业"为本心,以学生发展为主动追求。时代楷模张桂梅老师,创办华坪女子高中,投身山区教育事业,她的"敬业"正显示了她坚韧执着的奋斗精神、无私奉献的大爱情怀。南通的李吉林老师,躬耕讲坛六十载,致力于"情境教育"研究,直至生命最后一刻,她的"敬业"正是"知礼以立"的终身修行。孔子说,"修己以敬""修己以安人","修己"是"敬业"的根本途径、不二法门。

"修己"之为,首先在于充分认识教师修养对学生的重要示范作用。"学高为师,身正为范",一个敬业的教师,不会放松对自我的要求,而是以自身躬耕不懈、努力奋进行"不言之教",为学生树立道德标杆、学术标杆、生命标杆。学以修己,行以修己,言以修己,达到"桃李不言,下自成蹊"的效果。

"修己"之为,在于教师有反躬自省的意识,有"吾日三省吾身"的自觉,既乐于自我总结,又敢于自我否定,以发生的教育为省察对象,复盘育人细节,多维推演多种可能,探寻"最优化"的教育自觉。乐于"修己"的教师一定是善于借鉴、善于学习的,"见贤思齐焉,见不贤而内自省也",向教育专家学、向同事老师学,也向学生和家长学,在比较、思考中提升育人能力,形成教育艺术。

"修己"之为,更要创造"享受敬业"的生命状态。孔子说:"发愤忘食,乐以忘忧,不知老之将至云尔。"将教育作为终身事业,以敬业为人生圆满之境界,在教育工作中满足自我实现的需求,从中获得愉悦的

乃至陶醉的积极情感体验,以满腔的热情、激情投入其中,这是教师敬业的至高境界。

三、敬业:高自觉的责任涵养与时代担当

教师敬业与其他职业"敬业"的最大不同在于,教师"敬业"的终极成果不仅是个体自我的价值实现,更要培育出一代又一代未来的敬业者,传扬"爱岗敬业"的核心价值观,继承"敬业乐业"的文化传统,实现中华民族的伟大复兴。教师的"敬业"不仅是教育者个体的自我选择,更是国家和民族赋予他们的神圣而伟大的责任和担当!

教师需要明确"敬业"的目标是立德树人,是为党育人、为国育才,是培育社会主义建设者和接班人。教师的"敬业",需要回答好"为谁培养人""培养什么人""怎样培养人"的根本性问题。这就需要教师在日常工作中以红色文化教育为本源,坚定不移地进行社会主义核心价值观教育、中华优秀传统文化教育,传承红色基因,培育时代新人。

教师要把"敬业"精神作为民族文化的重要符码传递给学生,引导学生成为新时代的敬业典范。全面建设社会主义现代化国家的新征程,需要更多高素质、高品质的人才,唯有将"敬业"作为基础,才有专注,才有精准,才有创新,才有新时代"大国工匠"的产生,才有科技的不断超越,才有"中国梦"的伟大实现。

《论语》上说,"敬事而信""居敬而行简"。作为社会主义核心价值观的"敬业"不是一个口号,而是植根于中华民族文化土壤的优良传统,是一种信念和信仰,更是一种朴质无华的自觉行动。明"敬业"之"道",行"敬业"之"术",以奉献为底色,以热爱为根本,以专业为基石,提升育人品质,以"化民易俗",正是教师的修炼之途、高远之境。

参考文献

[1]张志泉,熊川武.论教师的"质性"敬业[J].当代教育科学,

2006(22):49—51.

[2] 王应麟.论语[M].长春:时代文艺出版社.2004.

"读"与"思"

从教二十多年,在茫茫书海中漫溯,所阅读的,不过沧海一粟。庄子说:"吾生也有涯,而知也无涯。以有涯随无涯,殆已。"但回眸凝视,在短短的教育生涯中,影响我的课堂教学,修正我的教育理念,打开我的教育视野的,恰恰是这有限的阅读。

一、教育类书籍:点亮教育心灯

若干年前,邂逅克里希那穆提的《最好的教育是爱》。

初见其书,暗青色的封面有羊皮卷般的典雅,封面上一行小字深深打动了我:"教育的目的不是告诉我们/如何功成名就/而是怎样成为完整的人。"

那一本书,打开了我关于教育的一些思考。

"教育的功能是什么？仅仅是给你提供信息,还是要培养你的智慧？"

"关于竞争的教育以及学生在这种过程中的成长是非常具有毁灭性的。"

"社会政治通过各种手段令人产生恐惧——设立标准、引导宗教理念、制造阶级差异、定义成功、给人以优越感和卑微感等。社会正在竭尽全力地在我们的头脑中植入扭曲的价值观。"

伴随细致的阅读产生的,是对于当时自己所处教育的反省与恐惧。习惯了月考时比平均分、中考时比录取率,随着竞争的"漩涡不停旋转"的我第一次清晰地反问我自己:教育,究竟是为了什么？为了考试？为了竞争？为了所谓的"成功"？

"恐惧和爱不可能共存。"

教育的最终目的，是造就"人"，造就丰富而完整的人。教育不是捧上一张张鲜红的录取通知书，而是捧出一个个具有鲜明个性的人；教育不是评比时的数据、汇报时的总结，而是生命在潜滋暗长中的充实和丰盈。

教育应该融合于生活。学校不是一个封闭的象牙塔，教育也并非高高凌驾于生活之上，或退守于生活之外，教育应该是生活的一部分，而语文教学，应以最大的努力帮助学生认识生活、贴近生活、理解生活、改变生活。

教育应该通达于智慧。在教学中，知识的传授是"形"，智慧的获得才是"神"。作为教育者，需要培养学生清晰、客观、理智、健康思考的能力，让每一个人离开校园的时候能够在生活中运用智慧，去敏锐地感知，去冷静地思想，去清晰地辨别，去愉悦地应对，而不是满怀怨气充满仇恨，冷漠无情急功近利。

教育应该通融于"爱"。"教育是人与人心灵的最微妙的相互接触。"语文课堂里的这种"最微妙的接触"就是师生情感的融合共振。教师用自己的责任心和爱心去叩击学生的心灵大门，走进学生的精神生活和心灵世界，去感动、去推动、去唤醒，从而让学生拥有爱的能力，让他们变得通透、明慧、豁达。

二、哲学类书籍：点醒教学智慧

不知从什么时候开始，迷上了冯友兰。于是，读《中国哲学小史》《中国哲学简史》，后来又读牟宗三教授的《中国哲学十九讲》，读《论语》……

从孔孟儒学到阴阳八卦，从兼爱非攻到陆王心学，博大精深的中国哲学史，浩瀚无垠，气象万千。然究其根源，终不离"融通"二字。就像佛学，从印度来，又融合了儒学、道学的思想；道学更是复杂，包含老

第三章 "融通"语文课堂教学的操作要点

庄、阴阳等众多学说。要成一家之言,须知百家之辩;要酿一桶甜酒,须备一眼清泉。通识各类学说,方能在诸种学说之间触类旁通,在有限的时间里做出尽可能多的创造。

那么语文教学呢?单纯的、单一的、单调的语文课堂终不能实现立体的人的发展,语文课堂也应该是"融通"的,融合学习与生活、现实与历史、审美与文化等多种要素,重建课堂文化,达到美美与共、融会贯通的状态。

语文课堂的"融通"意味着它有规律,这规律便可谓之"常"。首先表现为语言文字、语言文学与语言文化的融合通达。任何一种语言学习都不能离开文化而独自存在,融通的语文课堂,更注重在语言学习中挖掘传统文化的内涵,植根于地域文化、民族文化的土壤。其次,是语文与其他学科的融通。跳出一门一派的藩篱,跳出语文学科的界限,纵横交错,跨界融合,融工具性与人文性于一体,在融合与交流之中,探索"语文"的内涵。再次,是语言学习过程中各种方式的融合通达,不论是阅读还是写作,也不论是口语交际还是综合实践,始终交融并同存于语文课堂。融合教师与学生、学生与学生的情感,打破教师固定的角色定位,打造语文学习共同体,通过师生间、生生间的交流、合作、展示、争论,实现语言的交流、思想的碰撞、价值的交融。

同时,这通则之"常",又时时变化——"道可道,非常道",道可以说,但这道不是普遍永久的道。儒学由孔子发端,但在孟子、荀子那里,各呈其鲜明特色。看佛学来到中华,已经不是印度土生土长的纯粹的佛学,而只能说是适合华夏文明的一种佛学。融通的语文课堂,并不是固守一端不知变通,而是以学情为本,以现实为本,时时变化,时时创新。

三、语言类书籍:点明课堂方向

当我第一次提出"融通"语文这一教学主张时,导师们的点评鞭辟入里,字字珠玑,如夏日新雨,让我浮躁的心变得沉静、安宁。

正如当时导师们说的,教学主张不是简单的几个词语的阐述,而是需要在长期的教学实践中不断探索、不断积累、不断确认,又不断否定、不断更正、不断延伸。但是,我愿意在实践中去思考、去尝试,去深化自己的认知。于是,我在怀疑自我的同时展开新的阅读、新的思考。

严清老师推荐我读王尚文教授的《语感论》、潘新和教授的《语文:表现与存在》。我第一时间买了书,并开始翻阅,虽然到今天还没有读完,但是对于语文的"融通",却有了新的发现。

人的言语活动不仅仅是消极被动地"应付生活""应实际生活之需",人不仅仅是作为自然人、社会人、物质人"生存着""活着",还需要积极能动地"表达自我、实现自我、完善自我"。作为心灵丰盈、思想自由的言语人、精神人,要诗意地创造着,自由地有意识地"存在着"。从这个意义上说,语文有超越生活的功能,它的一个很大的意义便是构筑人的"精神家园"。

正如萨丕尔所言:"语言的流动不只和意识的内在内容相平行,并且是在不同的水平面上和它平行的……语言只有外在的形式是不变的,它的内在意义、它的心灵价值或强度,随着注意或心灵选择的方向而自由变化,不消说还随着心灵的一般发展而自由变化。"而语文融通的基点,是学生心灵的成长和发展。

融通语文与传统的"大语文教学"的最大区别就在于,它不是仅仅把语文学习与各种学生活动相结合,将读写听说有机结合,对学生进行全方位的训练,而是更注重智慧的、文化的融通,在各种学习活动中,更加注重培养学生观察、思考问题的能力,培养科学素养、人文素养和专业素养相统一的健全人格的"人"。语文教学中组织语言实践活动,是为了与学生一同走进文本深处,实现言与意的转换,进而让语言与文化融合共生;是为了将各种文化资源融会贯通,使语文课堂成为流动的文化场,让学生在各种文化的融合中无痕成长。

第三章 "融通"语文课堂教学的操作要点

鲁巴金说:"读书是在别人思想的帮助下,建立起自己的思想。"从这个意义上来说,融通的语文老师需要更多的阅读,来帮助自己成长。

知识无涯,而生命有限。阅读有限,而思考无限。

"遇"与"见"

有人说,遇见不是偶然,而是无数次选择和努力的结果。

作为一名语文老师,我很庆幸,在成长的每一个路口,都有美好的遇见、默默的关注、无私的引领,20多年的光阴淬炼成今日努力、昂扬和自信的我。

2000年,我从海门师范毕业,来到兴垦小学,成为一名小学一年级的包班老师。一个星期30节课,我上28节,包括语文、数学、音乐、美术、体育、劳技等课程,白天上课,晚上备课,年轻而稚嫩的我几近被淹没,但每个中午,慈眉善目的老校长总会和蔼地喊我们去他家里吃饭。席间,校长微笑着,静静听我们的满腹牢骚,虽然是风轻云淡的点评,却让人有醍醐灌顶的醒悟。

两年后,我来到了一所乡村中学任教。那天,学生给我一张小纸条:"老师,你能不能不要像蚊子一样叮(盯)着我们!"

瞬间,挫败感深深席卷了我,面对学生的误解和责难,简直有万念俱灰之感。

一个偶然的机会,在班主任之友论坛上,我看到了王晓春老师的专题帖。"让学生写检讨、下保证,与其说是一种教育方法,不如说是一种教师的自我安慰方法,我把它称之为'心理止痛片'。"

浏览案例,翻看点评,背上不由得冷汗涔涔,"做专业的老师",需要从孩子心理出发去思考、去揣摩、去研究。于是,我开始关注各类教育网站,阅读各类教育书籍。

阅读真是一个奇妙的显微镜,它带着我,把原本粗糙、简陋的教育世界幻化得清晰而神奇,它把我的视野拉宽、拉长,带着我"向青草更青处漫溯"。于是,我发现教室里每天都有新的东西在生长。我渐渐发现孩子们内心深处最柔软的那个角落,渐渐看到以前忽略的神奇与美好。

2013年,南通市举办首届班主任基本功大赛。记得大市比赛结束那天,我们在学校门口等车,评委姚侃老师正好走到门口,看见我,便指着我问:"这个小丫头是哪个学校的?讲得不错。"他粗黑的眉毛从眼角垂下,随着他的话语微微抖动,"要多看一些哲学书。"

于是,我开始读孔子、读王阳明、读培根。

很多时候,一个人、一句话,便足以改变人的一生。而我,遇见的是一群人。一簇簇跳动的火焰汇聚成奋斗和努力的箴言,警醒着我,激励着我,锻造着我。三个月后,从长三角比赛回来,我似乎经历了一次涅槃。

赫尔巴特说:"你的意志准备好了,你的脚步也就轻了。"而事实上,在成长的路上,遇见那一个个独特又无私的灵魂,才让我一步一个脚印,到达我不曾望见的远方;也才明白了,教育是"拨动心弦的艺术",教育可以有那样的厚度和灵性。

而真正体验到语文教学的魅力,从遇见李凤老师开始。2017年,我参加江苏省青年教师基本功大赛,李老师成为我们的带队老师。她全程陪伴,从吃穿住行到功课温习,从行程安排到心理疏导,事无巨细,都一一照顾妥帖。

记得比赛结束那天,我发了一个朋友圈:历时8个月,526 000字《史记》,1 105首唐诗,2 342页宋词鉴赏,200多页笔记,每天1小时粉笔字……蓦然回首,自己都觉得不可思议,但因为有李老师,这穿枝拂叶的长径便不觉艰苦,李老师温和的声音、温婉的笑容、温柔的气息,让人平静、安宁。

心下总有一种巨大的幸福感在积蓄、在升腾。于是,我也想到了我的学生。

萨特说,存在的意义就是要创造自己的生命。而身为师者,有另一种存在的意义,那就是创造一群少年的生命价值。用短短三年的相遇,给予他三十年的温暖,发展和成就他们长长的一生。

叶落无声,雁过无痕。

每一滴水流入海洋后,就成为海洋。2018年,我遇见了一片新的"海"——我成了一梯队的增补队员。

从去年暑期参加面试到现在,短短半年多时间,遇见的人和事太多,太多。一个学员N个导师的VIP式的培训待遇,让我在战战兢兢的同时更感到被关注的幸福。那次,我把自己的成长规划发给我的导师曹老师看,我本以为那只是一个"形式",可是,曹老师字字斟酌、句句推敲,给予我真切的鼓励和中肯的建议;那次,王局长、郭局长和严老师听我的课,就"学生主体""完美课堂"进行深入点评,重构了我对语文课堂的认知;那次,严清老师赠言"让语文成为我们精神家园的一方阳台",让我感受到阳光普照的桃源诗意;那次,唐老师听我执教的《蝉》,热情鼓励,并直指我的课堂败笔,让我豁然开朗,惊奇不已;那次,祝杭斌老师帮我修改"融通"语文主题汇报,字斟句酌,让我感受学者的严谨与无私……

"一个人遇到好老师是人生的幸运",一个人不断遇到好老师则是上天的恩赐。我想,我一定是上天最宠爱的那个孩子。在一次次遇见中,我感受到了质朴无华的学术气息,感受到了醇厚温和的君子气度,感受到了无私奉献的赤子情怀!

纪伯伦在《先知》中说:"在弟子群中散步的教师,他不是在传授他的智慧,而是在传授他的忠信与仁慈,假如他真是大智,他就不命令你进入他的智慧之堂,却要引导你到你自己心灵的门口。"在成长的路上,有那么多美丽的遇见,那些真切的声音,那些慈祥的笑脸,那些坦荡的胸怀,引领我蹒跚着深入自己的心灵,向着成为更好的教育者之路前行。

第四章
"融通"语文课堂教学案例评析

第一节 融通,看见学生的需求

"融通"的语文课堂,从学生的需求开始。

马斯洛提出,每个人都有生理需求(Physiological needs)、安全需求(Safety needs)、爱和归属感(Love and belonging)、尊重(Esteem)和自我实现(Self-actualization)五个层次的需求。当学习能够为学生带来需求的满足,让他们感受理解、幸福和爱,并觉知自身的价值时,学习的意义就超越了学科本身,成为生命的一部分。在"融通"的语文课堂,我们看见学生的需求——关注学生的每一个细微动作、细小表情,听懂学生的每一个细微语气、细小语调,在观察、理解、体谅之下,探知他们的情感需求,并且将之融合于课堂,让学生在语文学习中实现生命的通透与完整。

马斯洛需求层次理论

参考文献

[1] 马斯洛需要层次论[EB/OL]. 360百科. https://baike.so.com.

课前演讲的"尴尬"

又是一个阳光明媚的早晨,春日的微风暖暖地吹着,清新的空气洒入教室,窗外,成片的油菜花开得烂漫而恣意。

伴着清脆的铃音,晨会时间到了。今天的课前三分钟演讲,轮到小艳主持,这个文静的小女生会给大家带来什么样的故事呢?

我有点期盼,又有点好奇。

她小心翼翼地走到讲台上,头垂得老低老低。我看不到她的表情,只见她的脸早已绯红。过了几秒钟,她开始说话,声音很小,是一个关于母亲的故事,可讲了不到一分钟,她停住了,低下了头,两只手不由自主地绞在一起。

教室里沉默了好一会儿。

"能接下去说吗?"我轻轻地问,想化解她的尴尬。她不说话,抽出一只手,用手背擦了一下额头,又擦了一下鼻子;接着,又去擦额头,擦鼻子……同学们面面相觑,而她,仍在继续擦额头、擦鼻子,而且速度越来越快,我赶紧说:"小艳被这个故事深深感动,故事的结局如何,我想并不重要,关键是我们都拥有这样一份母爱,让我们为小艳的真情而鼓掌。"

在掌声中,小艳回座位去了,可她擦额头、擦鼻子的样子却深深刻在了我的心上。一个孩子会在演讲时如此紧张、如此惶惑、如此失控,这是我始料未及的。如此内向的女孩一定有一颗敏感而脆弱的心,那么,今天的尴尬会不会成为她精神上的又一个十字架,成为她沉重的负担呢?

还没有等到我去家访，意外便猝不及防地来临。

那天上午，我们正在办公室备课，突然，楼下门卫处传来了一片喧闹，只听得一个女人尖锐的声音："我们家小艳呢……谁人看得我们家小艳……"

小艳？我一惊，奔出办公室，一个扎着绿色头巾、穿着红色缎子夹袄的中年女人正在楼下和保安纠缠。

"你不知道吧？这个就是你们班那个小艳的妈妈……患有'菜花痴的病'……"同事好心地凑在我的耳边说。我赶紧奔到教室，孩子们正在上课，但显然被外面的声音吸引，都竖着耳朵向外张望，小艳却静静地，缩在座位上，嘴角抿得紧紧的。

安抚了教室里的学生，送回小艳的妈妈，来到她们家门口，我惊呆了：狭窄的小路，低矮的平房，凌乱的屋子，简直难以想象，这就是她的家！而看到站在我面前的头发凌乱、语无伦次的小艳母亲时，我的心揪得紧紧的……

残疾的父亲，患有菜花痴的母亲，这就是这个沉默寡言的小女生的家，我猛然理解了那天早读课上，她那惶惑的动作、不安的表情的由来，也明白了她平日沉默寡言、独来独往的缘由，更理解她渴求尊严而小心翼翼地隐藏自己的秘密的挣扎。

作为一个十四岁的女孩，她需要的不是同情和怜悯，而是来自心灵深处的尊重。

回到学校后，我悄悄调整了那一个月的读书计划，把《林肯传》《假如给我三天光明》作为阅读书目，并把读书笔记的主题确立为"环境对人成长的影响"。我给小艳写了一封信，我告诉她："木匠的儿子能成为总统，是因为林肯始终坚信并坚持着自己的信念；假如我是海伦，也许我会沉沦，但海伦没有，因为她坚信，任何人生的苦难都是他们自己的一笔财富，决定人生的，并不是环境，而是你的想法，你的心态，你的努力……"

读书讨论会之后,小艳在日记中写道:"我知道,有些话,老师是为了我才说的,确实,我不能改变我的家庭,但我可以改变我自己,做一个乐观自信的女孩……"

融通语文课堂,着眼的不仅仅是语言和文化、知识和技能、态度和方法,更有情与爱,有人格的完整、生命的幸福。从学生的需求出发,才能收获生命的馨香。

"作业"告诉我们……

小璐已经连续三个周末没有完成家庭作业了。

和她进行过深入的交谈,联系过她的母亲,竭力沟通,但收效甚微。奇怪的是,小璐在课堂上的作业一直完成得非常准时,偏偏回家后的作业不尽如人意,究竟是为什么?

我决定到她家里去看看。

周五的傍晚,淅淅沥沥下着小雨,我和小璐说:"今天下雨,我送你回家。"小璐一脸紧张的表情,扭扭捏捏上了我的车,半晌,涨红着脸对我说:"老师,您到我们家,能不能不要提我的外公?"我爽快地答应了。原来,她的外公在半年前过世了,每次想到外公,外婆都会伤心流泪,她不希望外婆难过。我的心底一软,多么善良的孩子,老师家访,她首先担心的不是自己会不会被批评,而是外婆会不会难过,是怎样的家庭环境,才培养出这么善良的孩子?

没想到的是,行程过半,她又红着脸对我说:"老师,如果您到我们家,看到我的舅舅,请您不要感到奇怪……"舅舅?奇怪?我微笑着问她,她支吾了半天,才告诉我,舅舅小时候生了一场病,后来就有点问题,生活不能自理,一直和他们一家人生活在一起。舅舅整天坐在轮椅上,呜呜哇哇地喊,有时候发脾气,会撕纸、大叫——她惶惑地望着我,眼里写满了不安和焦虑。"我一定会保密。"我郑重地承诺,她如释重负地舒了一口气,又不说话了。许久,她抬起眼,目光闪闪烁烁,几近哀求般呢喃:"老师,那,你到我家,在我外婆面前,也不要提起我的爸爸,好吗?"

我心头一怔,小璐家不是很正常的三口之家吗?只不过爸爸在外地上班,难道有什么隐情?脸上却不敢表现出惊讶,只笑着拍拍她的手:"好的,爸爸经常回家吗?妈妈说,爸爸很关心你啊。"她吸了吸鼻子,低下头:"爸爸周末回家,可是,外婆不喜欢他。每次回家,爸爸总要和外婆吵架,妈妈也没有办法,只能在旁边哭……"

望着她凝重的眼神,我突然明白了,她的家庭作业——尤其是双休日作业为什么不能完成。一个十三四岁的女孩,一般还是躲在妈妈怀里撒娇的年龄,可小璐的心里,却压着这么多的忧虑和烦恼!她在学校里是极其文静和内向的,她很少和老师交流,也很少和同学玩闹。我一直以为她是懂事,可也许,在她"懂事"的背后,是因为她害怕。她怕同学知道她生病的舅舅,怕因此成为别人的笑柄;她怕爸爸和外婆吵架,怕这样无情的争吵会伤害家庭的完整;她怕家人伤心难过,怕外婆和妈妈的啜泣让生活变得晦暗……

或许"作业"只是她在家庭里无法获得安全感、时刻处在忐忑中的心理的外在表征,她需要的,不是关于作业的指导和要求,而是一个安全、有序、温暖、有爱的环境。家庭是孩子成长的摇篮。马克思认为环境创造了人。在学校、在班级,我们努力创设和谐、温暖的环境,增加教室的包容性,给予孩子正面、积极的感染,可是,面对这样对孩子产生极大影响却又无法改变的家庭环境,我该怎么办呢?

走进小璐的家,我看到了墙壁上外公微笑的照片,看到了呆呆坐在椅子上的舅舅,看到了简单的晚餐、老旧的屋子、木讷的妈妈、哀伤的外婆,我没有看到小璐的爸爸,据说,他要到周六才回家……

家访结束了,可应对小璐所处环境的问题,才刚刚开始。

一个星期后,我专程找到小璐的妈妈,和她交流小璐内心的焦虑和不安。她惊诧地望着我,一脸的愧疚:"我从来没有想过,孩子会想那么多,平时,我也比较忙,双休日也管不到她,我总觉得她不自觉、不听话,所以不能完成作业,没想到——"

我告诉小璐妈妈,外公的过世、舅舅的痴呆并不是小璐最大的伤痛,她最在意、最害怕的,是家里人的争吵,以及由此带来的不安全感,那会让一个女孩失去内心的平衡。"给孩子安全感,留一张安静的书桌。"我对小璐妈妈说,"良好的环境,可以助力孩子更好成长。"她妈妈沉思良久,说要和她爸爸、和她外婆好好商量。

也许,一个家庭的环境很难在短期内改变,但任何一个爱孩子的父母,都会愿意去改善。小璐的家庭环境并不完美,但是家庭环境的复杂也帮助她养成了善良平和、懂得感恩的品性,很多时候,"环境"是"育人"的外因,个体对环境的看法,才是更为重要的促使人成长的内因。我决定在小璐身上好好下功夫。

那次家访以后,小璐看我的眼神比以前温和了许多,也愿意和我交流,我便常常拉着她和她聊天,聊家庭,聊人际关系,聊烦恼,聊快乐。一天,她告诉我,外婆和爸爸又吵架了。我教她换一种眼光看他们的相处:"也许,吵架就是他们表达关心和爱护的方式呢——"她看着我,终于笑了:"老师,你说得也对,如果有一天他们不吵架了,我都会觉得不是他们了,随他们去吧……"

"任尔东西南北风,我自岿然不动——"我和她相视而笑。

看到小璐的坦然,我终于放心了。但是,家人的相处方式、家庭的争吵环境会不会潜移默化地影响她的人际交往方式,成为她未来家庭生活的障碍呢?我不知道,我只是想,在可能的范围之内,我应该尽量去帮助她。

我帮她借了本《有效沟通技巧》,我告诉她,你看了这本书之后,可以指导爸爸如何与外婆相处。她认真读完,与我分析爸爸和外婆之间存在的问题,又指出哪些技巧可以说服爸爸使用。"那你在家里可以做些什么呢?"我问她,她眨眨眼睛,有点兴奋的表情出现在她的脸上:"有些事,我和妈妈都可以试着去改变。"对一个孩子来说,能客观地分析家庭环境存在的问题,找到改善家庭环境的方法,那也意味着,家庭环境对她的负面影响将是微乎其微的,对她将来生活的负面影响可能就会相对减少,即使遇上类似的问题,她也可以用自己的方法尝试去改善。

读懂孩子内心的需求,以融通的视野,关注对孩子产生重大影响的家庭环境、社区环境甚至社会环境。对于那些生长在并不十分和睦的家庭中的孩子,我们需要给予更多的尊重、理解和关爱。我们并不能改变他们的家庭,但是我们可以尽量弥补家庭环境的遗憾,尽量满足他们对归属感和爱的需求。

当孩子面对无法改变的生存环境,作为一个老师,想去干涉、改变他的家庭环境,是不切实际的,但放任不管更是不负责任的行为。我们无法改变客观现实,但我们可以帮助孩子改变主观的看法。情绪ABC 理论告诉我们,如果孩子能以积极的心态看待环境,能从环境中找到积极的因素,就能发掘出战胜环境的潜能,从而超越环境,将"沼泽"变成"池塘",感受生命的馨香。

指导孩子感受环境、理解环境、超越环境,应该站在他们终身发展的角度,以"用短短三年的时光影响他三十年"的态度和热情,构建起他们科学的世界观、人生观、价值观,帮助孩子改造环境、创造环境。卡西尔认为,"人只有在创造文化的活动中,才成为真正意义上的人",也"才能获得真正的自由"。班主任所仰望的,不仅仅是"今天",还有学生的"明天"——学生全面发展的"明天"!

134 个字的作文

小宇是我接手这个班级以后认识的第一个学生。

因为,第一次入学考试,满分 65 分的作文他只得了 5 分。我拿起

第四章 "融通"语文课堂教学案例评析

他的试卷,数了又数,看了又看,134个字,加上标点符号,一个不多一个不少。

我到教室门口喊他出来,看到他很明显地瑟缩了一下,瘦瘦小小的个子,显得格外可怜。

"你的字很工整,我猜,你很想把这份试卷做好,所以写得很认真。"我笑着说。

他迷惑地看着我,一声不吭。

"我数了一下,一共134个字,这就是我们的起点,下次,我们写135个字行吗?"

他的眼睛亮了一下,松了口气,咧了咧嘴。

小宇很羞涩。小宇不善言辞。小宇课堂上不喜欢发言。小宇常常答不上问题。小宇很害怕老师找他。小宇是个认真的好孩子。

这是我观察一周后对小宇的初步看法。但是,小宇最大的需要是什么呢?

有一天,我在小宇的抽屉里看到了一本书——《爆笑漫画》。当我把他的书从抽屉里拿出来的时候,我看到他的脸都绿了。"这本书挺好玩的,能把书上的漫画讲给我听听吗?"

他疑惑地望着我。我随手指着一幅图:"来,说说,这小人身后的一道道光是什么?"

他羞涩地笑笑,随即打开了话匣子。或许因为这是他喜欢的、熟悉的漫画书的缘故,他的语言很生动,也不见了课堂上的紧张和无措。

"讲得真好玩,果然是好看的漫画。"我拍拍他的肩,让他以后每天把这本书上的漫画故事讲一个给我听。于是,每天的课间我便去听小宇讲漫画故事。渐渐地,我让他去想象漫画上人的语言、神态、动作,他的语言也渐渐鲜活起来。

等这一本漫画上的故事讲完,已经是两个月之后了,小宇的漫画故事讲得越来越流畅了。于是,我们换了一个话题,让他用漫画的语言来讲班级里发生的故事。

从融通写作的观点来看,说与写是相互融通的,写作便是用笔来说话,写心中话、写真话便是最好的作文。当一个孩子能说的时候,必然也是能写的。我告诉小宇,你的故事讲得很棒,把这些故事写下来,便是最好的作文。他迟疑地看看我,继而又点点头。

班级里趣事多多,小宇讲得绘声绘色,常常把我们逗得哈哈大笑,他的语言表达能力也越来越强,作文也远远超过了134个字。有一天,我们写一篇以爸爸为主题的作文,读到他的作文,我顿时大喜:

> 星期天,我没写作业,爸爸发现了,一把把我拎起来,推进了卫生间。我很害怕,拼命往里躲,可爸爸恶狠狠的,他的镜片上闪着蓝光……

多么细致的观察,多么生动的描写!我在课堂上朗读了小宇的作文,我跟同学们说,"镜片上闪着蓝光",那简直是神来之笔,爸爸的严厉跃然纸上,简直有《哈利·波特》中伏地魔的味道了。孩子们都欢快地笑了,小宇更是高兴。

后来,对小宇来说,写作文便不是难题了。

每个孩子在语文学习中遇到的问题都各有其缘由,每个孩子都有不同的需求。但是,基于一般的普遍的儿童心理,渴望被尊重,希望被认可,期待价值的实现,是共性的状态。如何以更开放、更高效的方式让学生展示自我,感受成功的喜悦?

于是,我们注册并开通了"微语塘"微信公众号,用于展示学生的优秀作品。每次作文课后,选出三分之一的优秀作品,放到公众号,每日一文,让所有学生共同阅读、点评。为了让每一个学生都有展示的机会,我们设立了"不重复、共风采"的展示规则,以三期作文为一轮,确保每一轮展示中,每一个学生都有机会展现风采。

在一个学期的作文展示之后,由学生组成编辑团队,进行作文集的编辑。从文集题目设计到前言撰写,从版面设计到文稿校订,全部由学生自主完成,再由家委会协助印刷。每个学期的散学典礼上,把这本记载着学生成长印迹、凝聚着学生智慧的书册放到学生手上,他们静静翻阅自己的学习成果,看着自己的文字变成凝固的书页,每个学生自我实现的需求都在一定程度上得到了满足。而在这个过程中,学生对于文字的理解和运用不断加强,团结协作、沟通磨合、人际交往的能力也不断得到锻炼。尤其是"请校长写序言""把书册送给任课老师"等延伸活动,更让学生在充满挑战和趣味的生活事件中体验语文之乐,融聚生命力量。

学生需要什么?他们需要的不是死板板、冷冰冰的语文课堂,他们需要的是有温度、有趣味、有发展的语文生活,关注他们的热爱,回应他们的呼唤,语文学习才能真正发生。

这是小宇给我的启示,也是语文走向融通的基石。

"多味"的《水浒传》阅读

"一个人的成长史就是他的阅读史。"美好的阅读,可以开茅塞,除鄙见,得新知,增学问,广识见,养性灵,而对正处于人生"裂变期"的初中生来说,阅读更是他们走向精神成熟的起点。

读史使人明智,读诗使人灵秀,读文使人生动,读哲使人深刻。中华古典名著《水浒传》,集文史哲理于一身,以丰厚深刻的内涵、生动细腻的情节、富有个性的人物、洗练明快的语言给人以美的享受,数百年来受到无数学者的追捧与喜爱。可是,很多初中生却对其嗤之以鼻,不屑一顾。尽管《水浒传》是统编教材的必读书目,但是经抽样调查显示,我校初三毕业生完整读过《水浒传》原著的仅占42%,而部分学生则是以片段阅读、知识点背诵的方式来"应付"考试,甚至有的老师以让学生看电视剧来替代原著的阅读!

作为一名语文教师,如何从学生的内心需求出发,以融通的方式引导学生走进水浒世界,尽情享用经典名著的醇香?如何跳出"少不读水浒"的樊笼,让学生从水浒中汲取营养,建构科学的价值体系,为生命的成长"画出流畅的音符"?如何激发学生深入浅出,用屏息凝神的咀嚼鉴赏替代随心所欲的走马观花,进行高效阅读,行之有效地提升核心素养?

以写作推动阅读,以活动促进阅读,以思辨深化阅读,以品悟提升阅读,将"读"与"论""思""写""行"相融通,满足学生最初的阅读需求,是让阅读真正发生的关键。

一、融"说",在故事中点燃阅读激情

《水浒传》中有许多极富传奇的故事,一波未平,一波又起,起伏跌宕,变化莫测,极具可读性。但对习惯于阅读卡通漫画短视频的初中生来说,翻阅如此大部头的书,仍是一个不小的挑战。况且,《水浒传》虽是白话文写作,但和今日的语言还是有不少差距,对于文学造诣尚浅的初中生来说,自然是存在不少难度。对于初中学生来说,"有趣"能激发他们的阅读动机,我们便组织系列活动,拨动学生心弦,点燃他们的热情。

(一)讲故事,吊胃口

《水浒传》中有许多脍炙人口的传奇故事,每一个故事的高潮都紧紧扣住读者的心弦,引人入胜。首先,在阅读活动开始之前,特邀几位表现能力强的学生,举行讲故事比赛,激发全班学生的阅读兴趣。"拳打镇关西""智取生辰纲""宋江杀惜""武松打虎""血溅鸳鸯楼""江州劫法场""三打祝家庄"等经典故事被一一演绎,同学们都听得如痴如醉。同时,又让演讲者以"欲知后事,请听下回分解"作为故事的结尾,

第四章 "融通"语文课堂教学案例评析

吊足听者胃口。然后,引导学生自己读书,自己去寻"后事"。课堂上的精彩故事引发了课后的疯狂阅读,很多学生在课后阅读、交流、演说、讨论,谈论水浒英雄,述说传奇故事,一时构建了一道靓丽的读书风景线。

(二)比知识,唤激情

一部《水浒传》,塑造了多少流传百世的英雄形象,点亮了多少闪耀天空的罡煞之星!水浒英雄一百零八将,个个可歌可泣,人人可圈可点。我和学生一起,把人物分成"穷苦困顿型""官逼民反型"等几个系列,组织学生每周阅读一个或几个人物故事,然后分系列组织"水浒知识竞赛",从故事情节、人物特征、外貌风格等几个方面进行知识竞赛。一石激起千层浪,知识比赛中,为了一个细节而争执不休,为了一个人物而唇枪舌剑的画面时时上演,于是《水浒传》原著又成了众人瞩目的焦点。在反复阅读、反复交流、反复比较中,学生对《水浒传》的阅读热情日甚一日,对《水浒传》的了解也日趋深厚。

(三)演情节,促发展

在对水浒人物有了系统的认识之后,我们组织"水浒故事表演会"。学生分小组演绎水浒故事中的一个情节,方式不限,鼓励创意表达。当"故事表演会"正式拉开帷幕的时候,我情不自禁地为学生的表现鼓起掌来。短短一节课,学生用自己的方式表达了对水浒的理解,有把故事编成歌曲演唱的,有模仿说书人评说的,有改编成小品表演的,有模拟新闻记者现场采访的……一个个表演中,融入了他们对《水浒传》的理解、对《水浒传》的喜爱、对《水浒传》的探索。

于永正老师说:"靠自己读书成长起来的学生,不但结实,而且有可持续发展的后劲。"通过有效的课堂活动,激发学生的阅读兴趣,引导学生深入地、自主地、个性化地阅读《水浒传》,在一次次的阅读、交流、探索中,学生的阅读意识不断增强,阅读能力不断提高,阅读效果也不断深化。

二、融"思",在思辨中走进人物内心

高尔基说:"热爱书吧——这是知识的源泉!每一本书都给我们打开了一扇看到新世界的窗户。"看到新世界需要阅读,融入新世界需要的却是智慧。古人说:"少不读《水浒》"。因为少年血气方刚、易于冲动,而《水浒传》呢,又专以攻城破狱为能事,以打家劫舍为豪举,如果初中生看了《水浒传》,一味沉溺于其中津津乐道的"该出手时就出手,风风火火闯九州"那一套,碰了镇关西就打,遇了潘金莲就杀,那还不天下大乱?如何引导初中生唯物地辩证地看待水浒人物,批判地吸收水浒精髓,"融通"是必然之道。

(一)读书交流,让阅读博采众长

"独学而无友,则孤陋而寡闻。"孤立的阅读往往导致片面的理解,在阅读《水浒传》的过程中,我们先后多次举行读书交流会,让学生畅所欲言,交流读书心得,探讨人物形象,走进作品内核。

有一次,我们以"鲁智深的粗鲁与豪放"为主题,交流读书感受。不少同学指出,鲁智深性情刚直,好打抱不平,不畏强暴,不避危难,重情重义,是一个孤胆英雄。但鲁智深也有粗鲁、蛮横、不讲情理的一面。如"大闹五台山"一回中,鲁智深见卖酒汉子不愿卖酒与他,便"双手拿住扁担,只一脚,交裆踢着,那汉子双手掩着,做一堆蹲在地下,半日起不得",而那汉子"忍气吞声,哪里敢讨钱""飞也似下山去了"。凡此种种,鲁智深对五台山的师父弟子,对平民百姓,对卖酒店家,只要不称他意,他往往动辄打骂、撒泼,实在可厌可恶,绝不是英雄所为。在交流会上,学生各抒己见,对水浒人物往往有了更全面、更深刻、更立体的认识。

这样的读书交流会,让学生学会用一种更为客观、更为科学的眼光去看待水浒人物、水浒故事。对《水浒传》所描绘的惩强扶弱、拔刀相助也会有理性的思考。在这样的交流、思考中,学生的价值观得以

重构,世界观和人生观也变得更加丰盈,更加完善。

(二)人物研究,让阅读走向纵深

苏霍姆林斯基说:"应该让孩子生活在书籍的世界里。"我想,阅读《水浒传》,不仅仅是为了让学生了解几个人物、几段故事,更重要的是在其中打上自己的烙印。

当学生对《水浒传》的阅读渐入佳境的时候,我组织学生展开了对水浒人物的研究。李逵是英雄吗?怎样看待宋江的"接受招安"?如何评价杨志?……

组织学生建立研究小组,搜集研究资料,对资料进行分析综合,提出自己的观点,撰写研究报告。

尽管学生的研究报告显得有些幼稚,但在这个"研究"的过程中,学生有机会去接触各类资料,了解各门各派对水浒的不同看法,从中学到思辨的方法,体会到实践的过程,领悟到做学问的态度。而这样的融通,比掌握一点知识重要得多。

朱永新先生说:"一个多读书的人,其视野必然开阔,其志向必然高远,其追求必然执着。"融通语文认为,一个能在阅读过程中进行思考、进行研究的人,比一个多读书的人更为睿智,更为成熟,也更为豁达。

三、融"美",在鉴赏中揣摩精妙语言

《水浒传》的语言是以口语为基础,经过加工提炼而创造的文学语言——明快、洗练、准确、生动。无论是作者的描述语言,还是作品人物的语言,都简洁凝练,惟妙惟肖,有浓厚的生活气息。让初中生从纯粹的消遣式阅读中走出来,进入文学的鉴赏式阅读,揣摩精妙的语言,让阅读更加语文化,是课外阅读的一个重要任务。为此,我们以课堂为基点,融合语言文字鉴赏,并把鉴赏阅读辐射到课外,让学生的阅读更加精致、更加高效。

在阅读鉴赏课上,学生精读某一段文字,对其中的有关字词进行深度挖掘,作出个性化鉴赏。如"花和尚倒拔垂杨柳,豹子头误入白虎堂"一回中,高衙内调戏林冲妻子,"当时林冲扳将过来,却认得是本管高衙内,先自手软了"一句,我请学生就文字细细咀嚼,反复体味,道出感受。学生果然各有所得:

  "扳将"二字简洁明了,也说明林冲怒气冲冲,欲为妻子讨回公道,也说明林冲并非窝囊之辈,如此可见,后面林冲所表现出的"窝囊"不是他的本性,而是他对现实充分认识之后不得已而为之的无奈和妥协。
  "却"说明林冲实在意外,意外只是瞬间,随即"先自手软",一"却"一"先",转变极快,看来林冲对高衙内的忌讳与忍让是内心深处由来已久的,是根深蒂固的,所以在惊讶的同时不经思考便"软"了下来。
  从"先自手软"看来,在当时的社会中,等级观念、服从意识深入人的骨髓,即使如林冲这般顶天立地的男子汉也未能免俗,但这也可见林冲受封建观念毒害之深,也为林冲后来的一忍再忍埋下了伏笔。
  ……

课堂上的尝试和交流让学生感受到鉴赏的愉悦,增强了鉴赏文字的信心,很多同学感言,鉴赏让阅读有了文本以外的收获。趁热打铁,我让学生在课外阅读时也采用这种方法精读若干回目,并用批注记下自己的鉴赏成果。学生兴趣大增,一个星期以后,我组织学生把经典批注选出来,编成《〈水浒传〉鉴赏小报》,在班级中交流。学生读着这张小报,感受到了鉴赏的成功与快乐!

吕叔湘说:"学语文,三分得益于课内,七分得益于课外。"这课内的"三分",我想应该是读书的方法,是读书的智慧。学生把鉴赏阅读的方法融入课外,融入其他书籍的阅读,所得的,是十分的收获!

"旧书不厌百回读,熟读深思子自知。"带着学生,一课课精心打磨,一次次品悟赏鉴,一回回精雕细刻,在将近一个学期的阅读生活中,感受水浒魅力,传承经典韵味,领悟人生哲理。我想,这样融通的阅读是有意义的阅读,是能够影响学生一生的阅读!

从关注自然生命开始

"人法地,地法天,天法道,道法自然。"

2500多年前,老子提出:自然是万物运行的根本。无独有偶,300多年前的法国,卢梭振臂高呼:教育要"归于自然"。顺应自然,顺应天性,尊重儿童,是教育的基本规律和宗旨所在,也应该是教师从事教育工作的价值观所在和基本方法所在。

自然主义教育观认为,每个人都是由自然的教育、事物的教育、人为的教育三者培养起来的。只有三种教育圆满地结合才能达到预期的目的。但自然的教育人力不能控制,所以无法使自然的教育向事物的和人为的教育靠拢,只能是后两者向自然的教育靠拢,才能实现三种教育的良好结合。任何教育都要顺应儿童的自然天性,以儿童认可和接受的方式呈现,其效果才会长久而深刻。

一、直面:初中作文的尴尬现状

耳畔回响着的是先贤哲人的话语,眼前目睹的是当下的初中作文教学种种反自然、逆自然的怪象,不禁让人感慨。有的作文课被肢解,直接变成零散的语文课,从此学生不再拥有连续的、完整的课堂写作时间;有的作文课上教师不曾进行有效的写作指导,将指导简化为"给题目+读范文",教师且当悠闲的甩手掌柜,学生不得其法苦咬笔杆,却挤不出一点"牙膏";有的作文课始终瞄准的是"考场作文""满分作文",作文成为应试和加分的工具,表达成为技巧和文字的秀场,学生无法真正感受"从心底流淌到笔尖"的恣意和畅然……

罗梭在《爱弥儿》中说:"大自然希望儿童在成人以前就像儿童的样子。如果我们打乱了这个次序,他们就成了一些早熟的果实,既长不丰满也不甜美,而且很快就会腐烂,我们就会造成一些年轻的博士和老态龙钟的儿童。"儿童的种种需求——包括作文的需求,就如饮水起居一样,是人的天性。尊重学生的内在需要,不揠苗助长,不阿谀曲从,为学生的自我完善营造一个良好的环境,给学生提供更广阔的发展空间,这是儿童成长的需要,也应该是教师的自觉追求。

二、溯源:"智性融通"——作文的应有之义

"智性融通"的作文,旨在尊重学生的情感与思维,引导学生自觉认识自我,激发和引领学生共同探究、体悟,使其自主、能动、创造地实现自我身心从经验走向智慧,感性和理性合一、知性与悟性交融,形成独立而稳固的写作能力与写作素养。

作文教学应该是"智"的。"智",即智慧,一方面,是指学生在作文中运用智慧,客观、理性、科学地认识事物、认识自我,并在这一过程中有所体悟,自然地进行表达,使作文闪耀智慧的光芒。另一方面,是指教师在作文教学中,富于智慧,顺应儿童天性,尊重学生的视角和态度,进行适恰的指导,鼓励他们发出属于自己的真实而独特的声音。

作文教学应该是"性"的。"性"即性灵,明袁宏道提出"独抒性灵,不拘格套,非从自己胸臆流出,不肯下笔",要有"本色独造语",反对缺乏真实情感的模拟。作文是独特自由的自我表现,在形式上不受规范约束,在内容上是自我真情表现。作文要"真",有真知灼见、真情实感;要有"个性",要有属于自己独有的、别人无法取代的性格。在教学

第四章 "融通"语文课堂教学案例评析

过程中,教师亦营造自然的教学境界,展现真性情,激发真情感,"以情激情,以真扬真",激发学生倾吐善良、快乐、自由的自然状态。

作文教学应该是"智"与"性"相融通的。"智性作文"就是要着眼于自我心灵的真实表达,实现智慧的闪光。教师的作文教学内容、教学方法乃至教学手段,要引起学生的心灵共鸣,激起学生的写作欲望,激荡生命智慧,使作文教学成为"追寻生命内在价值的教育",成为"有趣味、有韵味、有品味的教育",滋养师生心灵,培养胸襟旷达、学养厚重的"智性语文人"。

三、培本:顺应"自然"的作文实践

自然主义教育观认为:教育就是让儿童的天性率性发展。卢梭在《爱弥儿》开卷即写道:"出自造物主的东西都是好的,而一到了人的手里,就全变坏了。"所谓"变坏",是因为教育者没有理解儿童,没有按照儿童自然发展的轨迹去实施教育,导致儿童的消极接受或被动应付,失去了本该拥有的纯净和明亮。每个儿童都是天生的作家,每个儿童都有表达的愿望、有倾诉的需求,顺应儿童的特点,让儿童自由表达,"智性"便能闪耀于作文课堂之上、闪耀于学生习作之中。

(一)智性,需要尊重儿童的写作起点

首先,从年龄特征出发,确立写作目标。

儿童的成长可分为具有本质差别的相对独立发展的不同阶段,各阶段各有其生理和心理特征。卢梭从"归于自然"的理论出发,提出要重视儿童成长的顺序性和阶段性,强调要根据不同年龄时期的身心特点实施教育。

在作文教学的过程中,需要研究不同年龄学生的写作特点和可能达到的写作高度,寻找写作的"最近发展区",确立写作目标,进行不同的写作指导。例如,同是状物抒情的作文,七年级和八年级学生的能力、要求也不尽相同。七年级学生能细致观察景物,并进行细腻生动

的描写，也能展开初步的联想，但其抽象逻辑思维在很大程度上还需要感性经验的支持，只能进行粗浅的抒情和喻理。而随着年龄的增长，以及学生思维的日渐成熟和自我意识的觉醒，到了八年级，学生情感的指向日益广泛，作文既有社会性情感，也有自我认知的态度体验。结合儿童成长的阶段性规律，笔者在七、八年级先后进行了状物抒情作文教学的尝试，以同一名学生为样本，看到了学生在语言运用、思维品质等方面的成长。

> 每天都从那里经过，也许一转眼，春天来临，迎面而来的是一层层鳞次栉比的绿色波浪吧。谁还记得，这里曾经有过顽强，有过生命的伸展，有过如龙脉一样的枝蔓，有过让人惊叹的力量！
> ——宋家福《顽强的爬山虎》（七年级）

> 风，吹折朽木；雨，湮没枯草。秋，萧瑟肃杀；冬，凌冽冻彻。但正是在这残酷无情的生活中，犹如不屈铁壁般的力量支持它一路向前，由放弃至顽强，由孱弱至坚韧，由没落至兴旺，芦荟终将再次盛放。
>
> 这株芦荟，是你，是我……
> ——宋家福《乔迁的芦荟》（八年级）

从七年级时对爬山虎的顽强内涵的赞叹，到八年级对芦荟由弱而强、由衰而盛的生命思考，学生的思维品质在不断蜕变，作文面貌不断改变。顺应儿童发展的自然规律，不强求、不禁锢，以发展的眼光设立作文教学目标，以欣喜的态度期待学生智慧的闪光，满园春色，将让人目不暇接。

其次，从个体差异出发，重视因材施教。

卢梭认为，教育要培养的是"自然人"，在自然的秩序中，所有的人都是平等的。因为儿童生长环境、阅读能力等各种条件的影响，班级

第四章 "融通"语文课堂教学案例评析

中学生的语言发展呈现各不相同的状态和水平,其作文能力也呈现差异性:有的擅长描绘画面展示细节,有的擅长议论抒情剖白自我;有的语言幽默活泼有智慧之光,有的语言质朴真切有水墨之风……

在作文指导的过程中,教师需要充分运用教育的智慧,发散至性之爱,尊重和保护每一位学生的写作风格,同时对不同的学生予以不同的引导,帮助学生真诚地表达。

而对于个别的处于写作低起点的学生,尤其需要尊重和保护。淑雯是一个乖巧可爱的女孩,可能因为小学基础不够好,写作中总是有很多错别字,句意也不够连贯,在作文中,我便忽略她的错别字问题,暂时只重视她是否写清楚了一件事,是不是把前因后果交代清楚,并给予充分的鼓励,同时在课余给她讲汉字的起源、字形字义的关系,渐渐地,她的错别字少了,语言的运用也娴熟起来。

雨果说:"塑成一个雕像,把生命赋给这个雕像,这是美丽的;创造一个有智慧的人,把真理灌输给他,这就更美丽。"作文教学的过程,不是教会学生写某一篇文章,而是帮助学生建立起写作的自信,促发其学会观察、学会思考、学会创造。

自然主义认为,教育需要尊重儿童的自由,让儿童享有充分自由活动的可能和条件,并在教学过程中采取自然的、自由的教学方法以适应儿童的身心发育水平和个别差异。在这个过程中,教育者需要认真研究儿童的独特个性,发现儿童的关注点,设计相应的教育活动,使受教育者"在不知不觉中接受教育者的意图,在各个方面获得自然的和均衡的发展"。这个过程,是教育者的智慧闪光的过程,也是儿童智慧被激发、被点燃的过程。

(二)智性,需要关注儿童的真挚情感

白居易说:"感人心者,莫先乎情。"课标也提出:"写作要感情真挚,力求表达自己对自然、社会、人生的独特感受和真切体验。"但初中作文指导和评价的过程中,教师关注的往往是"立意""结构"和"语言"

这三大维度。如果作文仅仅止步于技巧和文字的修饰而缺少"真性情",最终会举步维艰难以为继。

卢梭提出:"真正自由的人只想他能够得到的东西,只做他喜欢做的事情,这就是我的第一基本原理。"在作文中,我们首先需要的,也是学生喜欢他所写的东西,对他笔下的写作对象抱有深切的共情,或是虔诚的感情,将自己的真情熔铸于写作对象之中,从而至情至性地表达。

要让作文融情,需要引导学生进行自我的探索,向内发现情感的洪流。"世界上并不缺少美,只是缺少发现美的眼睛。"按照罗丹的思路,世界上也并不缺少真情,只是缺少感悟真情的灵魂。在作文教学中,巧用慧思,借用各种技巧,带着学生去发现和发掘贮藏于内心的情感,不管对作文还是对儿童本身,都是一种疗愈。

有一次写自己的亲人,我借用心理学的相关技能,和学生进行了一次别出心裁的"催眠"。请学生乘着记忆的小船,驶向生命的过往,去寻找对自己具有特殊意义的亲人,想象并描绘和亲人相处的若干个片段。学生们在这个过程中,投入了自己的情感,亲人关心爱护自己的点点滴滴都在心头萦绕,当进行到最后的引导语"生命是有有效期限的,亲人的陪伴也只是漫漫人生中极微渺的一段,让我们用全部的情感和爱我们的人说一句最想说的话"的时候,有的同学已经泣不成声,多少年来压抑或珍藏在内心深处、轻易不示人的情感在此刻汹涌而出,下笔千言,浓浓的深情流动在字里行间,震撼着内心最柔软的角落。一个姓董的男同学在课后拉住我,一脸愧疚地说:"老师,今天的作文课让我感觉自己太对不起我的爷爷了,我竟然辜负了他那么多年。"而他在作文中表达的对爷爷的深爱和歉意,打动了每位同学的心。

要让作文融情,也需要引导学生进行冷静的思考,向外发现人间的真情。表达真情的最好方式,莫过于满含深情的自然朴素的描写。

第四章 "融通"语文课堂教学案例评析

在一次写老师的练笔中,我引导学生观察老师的行为特征,用慢镜头方式呈现细节。一个学生提到数学老师总是戴一只红手套,于是我请学生观察老师的手和手套。这才发现,在老师的指节之间布满了细小的冻疮,而老师的红手套,总是沾满了粉笔灰。在自然状态下的观察促动了学生的心灵,也让学生开始思考这些细节之间的关系,后来,学生写下了这样的文字:

> 冻疮,是寒冬的噩梦。
>
> 我的数学老师,王老师,也与这个噩梦搭上了边。但她很机智,戴上了一只红手套,再写粉笔字。
>
> 那只红手套很鲜艳,红的手套在墨绿色的黑板上很显眼。红衬着绿,它移动到哪里,哪里就开出朵鲜花。或许是因为这朵"花"的出现打破了冬天的死气,大家纷纷活跃了起来,眼珠子锃亮锃亮的,追随着那朵"花"。
>
> 讲课,批改作业,很累,所以您可能从来没有洗过这只红手套,它沾满了雪白的粉笔灰……
>
> ——晁子轩《鲜艳的红手套》

"如果你想永远按照正确的方向前进,你就要始终遵循大自然的指引。"我也始终相信,刻意地寻求技巧和技法,不如顺着儿童的眼眸和心灵,带领他们观察和感受、体悟和思考。在自由的境界之中,内心产生最淳朴最真诚的写作冲动,是作文最重要的法宝。

"智"和"性"从来不是割裂而存在,因为"智"的存在,情感更为深沉,具有了震撼人心的力量;因为有"性"的存在,智慧才不是无本之木无源之水,才能激发起对生活的反思、生命的热爱。有了"智"和"性"的统一融合,这份悸动自然流淌于笔尖纸上。

(三)智性,需要儿童走进真实的生活

自然主义教育观认为,"对儿童要仁慈",不去割裂儿童与自然的关系,这是人的"头一个天职和唯一美德"。以自然的教育为基准,是良好有效的教育。正如叶圣陶先生所言:"生活犹如源泉,文章犹如溪流,泉源丰盈,溪流自然活泼泼地昼夜不息。"智性的作文,必然是从生活中提炼的,因为"写文章不是生活的点缀和装饰,而是生活本身。"引导学生去观察生活、体验生活、反思生活,决定了作文教学的深度和厚度。

如在写作"校园里的植物"主题作文时,正是冬日。我带着学生来到校园的角角落落,去观察朔风凛冽之下植物的种种模样。从远观到近看,从外形颜色到感触,学生尽情观赏校园中或名贵或普通、或高大或渺小的植物,于是发现了顶着寒风却枝叶坚硬的铁树,迎着朝阳平静开放的紫色扁豆花,外叶焦黄内茎青翠的虞美人,黄叶嶙峋藤蔓枯瘦的爬山虎……走在自然里去观察,学生发现了校园里随处可见的小小的风景,真实的感触让儿童的表达变得真实,也让他们的生命变得丰满。

而体验生活,融入生活,是让作文"智""性"并生的重要途径。写生活中"熟悉的陌生人",我组织学生拿着相机,走进街头巷尾,去拍摄和访问生活里的"小人物"。如一位同学认真观察到了一位画糖画的老人,融入自己的感慨,写下了情理交融的文字。

卢梭提出,自然人是生活在社会中的自然人,他不被欲念、偏见、权力所指引,而用自己的眼睛去看,用心去想,用理智去判断,不为其他因素所控制。作文,需要每一位儿童成为这样的"自然人",反省生活,思考生活,从而迸发智慧的光芒。

一位学生偶然谈起小区院子里的一棵枇杷树被砍的经历,我引导其思考枇杷树被砍的前因后果,他流露出深深的不舍、留恋与无奈,最终写下了这样的感慨:

第四章 "融通"语文课堂教学案例评析

……

"唉,公家的地盘。"

电锯最终无情地落在了枇杷树上,伴随着嘈杂的电锯声与说话声,大树像一个醉汉,树叶随风飘舞,大树在哭泣,在流血,最终无法支撑,重重地倒在地上。

往日充满生机的乐园,只剩下了光秃秃的泥土,与毫无生气的水泥地。花草树木都不见了,取而代之的是花花绿绿的车辆。

草坪成了一条条绿化停车场。泥土之中,还有一棵小树桩,它仿佛还有着生命,根系紧紧地扎在泥土中,与大地连为一体。

在那树桩旁,爆出了一棵嫩芽——它还会回来吗?

——郭轩辰《家门前的枇杷树》

"善良的人性存在于纯洁的自然状态之中。"归于自然融于自然的教育,体验自然反思自然的写作,让儿童保持一份自然的向往,保留至真至纯的善良天性。

"要求教育遵循自然天性,也就是要求儿童在自身的教育和成长中取得主动地位,无须成人的灌输、压制、强迫,教师只需创造学习的环境、防范不良的影响。"卢梭常常提及"消极教育",在我看来,作文教学需要"自然而为",但这种"自然"不是消极被动地退守,而是在充分了解学生特点基础上采取更为积极有效的教学策略,其外在表现是自然的,顺应天性的,但事实上,这样的教学充盈着教师的情感,闪耀着教师的智慧。

在教师自然的调节和引领之下,儿童不自觉靠近、濡染、沉浸、享受,将自己的"性"与"智"投注于作文之中,获得生命的丰富体验!

参考文献

[1] 冯友兰. 中国哲学小史[M]. 北京:中国人民大学出版社,2005.

[2] 卢梭. 爱弥儿论教育[M]. 北京:人民教育出版社,2001.

第二节　融通,聚焦素养的落地

2016年9月13日上午,中国学生发展核心素养研究成果发布会在北京师范大学举行。以培养"全面发展的人"为核心,中国学生发展核心素养综合表现为人文底蕴、科学精神、学会学习、健康生活、责任担当、实践创新六大素养,由此,教育学界对核心素养展开了丰富而卓有成效的研究。

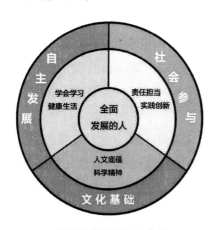

中国学生发展核心素养

在"融通"语文看来,六大核心素养既各有侧重,又相互联系,任何一种素养都不是孤立存在的,六者之间相互依存、相互支撑,共同构筑起一个完整的全面发展的人。在语文教学中,应以开放的、融通的视野,立足核心素养的全面发展,展开学习活动。一方面,语文学习活动的开展要着眼于六大素养的融合提升,不以片面的、狭隘的眼光看待人的发展,要努力实现人的融通发展、全面发展,这就意味着站在语文课堂上的老师要眼中有"全人",心中有"远方";另一方面,核心素养的融合发展又促进和拓展学生语文学习的深度和广度,我们在语文学习的过程中也要充分展示学生作为"全面发展的人"的能力和气魄,让他们感受自己的生命力量,从而勇敢地承担责任,并进一步激发学习的热情与担当。

第四章 "融通"语文课堂教学案例评析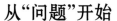

从"问题"开始

——以《女娲造人》为例的"融通"语文课堂实践

2020年11月,本人有幸在江苏省课堂教学改革现场会执教《女娲造人》一课。打破传统语文课的桎梏,课堂上,我尝试以学生的"问题"贯穿始终,立足学生的"学",在积极的交流、讨论、思考、质疑中,和学生一起品味字词,体悟情感,着力于培养学生的核心素养,实现教学内容通达、师生情感交融的良好状态。

一、教学预设:提炼着眼于"素养发展"的"融通"问题

"融通"的语文课堂重要特征之一便是"以学生发展为本",基于学生的终身发展,以"获得解决问题的能力"为主线组织学习过程。《女娲造人》是一篇自读课文,基于课型特点,我请学生自主阅读课文,提出问题。批阅学生的自学问题,发现学生提出的问题各不相同,甚至可以说是五花八门:有的针对课文内容提问,有的结合字词的运用提问,有的就文章思想内涵提问。

"一千个读者就有一千个哈姆雷特",五十个学生就有五十个不同的问题,课堂上一个一个去解决,显然是不可能,也是没有必要的。如何对这些问题进行整合,选择最有价值的问题组织课堂,让学生获得解决问题的方法,提升核心素养?

结合单元教学目标和本课学习重点,我对学生提出的问题进行梳理、比对和分析,将学生提出的问题分成了三大类。第一类是指向课文内容的知识性问题,第二类是指向课文意蕴的思辨性问题,第三类是立足想象的开放性问题。对这三类问题进行认真筛选,去粗取精,最终确定三组问题,作为共同学习的重点问题。

第一组:

女娲为什么要造人？（蔡朱豪）

第3段为什么重复上一段的话，并且独自成段？（王梓萌）

　　这一组问题都与课文"情节"有关，从学生的阅读现状出发，解决学生"当下"的阅读疑惑，有助于培养学生的阅读能力；问题本身关注谋篇布局、段落设置，指向学生写作能力的发展。

　　第二组：

女娲是一个什么样的神？（龚俐陈、张宸源）

女娲在造人时很劳累，可她为什么能坚持下去呢？（徐煜婷）

课文中几乎都用"她"来称呼女娲，为什么不直接以"女娲"来称呼？（顾芯瑜）

　　第二组问题都与"女娲"这一人物形象有关，解决这些问题，需要精读深思，品味语言，需要运用适当的语文学习方法，如默读、批注、比较等等，能有效提升学生的语文素养。

　　第三组：

人的贵贱之说，是否因为女娲造人的传说？（施程博）

黄泥为什么能造人？女娲造人时为什么用黄土而不是其他物质呢？（陆姝睿、范雪盈、何思颖）

　　第三组问题看似都与"造人"有关，但又不仅仅关乎"造人"，"人的贵贱之说""黄土的内涵"都与社会、文化相关，这些问题的思考与讨论，能打开学生语文学习的阈限，有益于学生思维能力的提升，促进其核心素养全面发展。

　　因为问题都来自学生，课堂上学生对问题的解决始终保持饱满的

第四章 "融通"语文课堂教学案例评析

兴趣和激情,三组问题由浅入深,符合学生的阅读和认知规律。在解决三组问题的过程中,学生融合文本阅读体验和现实生活经验,不断走进文本,又走出文本,在充满激情的合作讨论、展示评价、质疑交流中实现语文能力的发展和核心素养的提升。

二、教学推进:实施立足于"问题解决"的"融通"路径

在课堂学习中,我们往往注重"学什么",却忽视了比"学什么"更为重要的"怎么学"。"融通"语文关注学生学习方式的变革,设计融合的、开放的学习路径,通过有趣、有益、有理的学习活动,充分激发学生学习的积极性、主动性,推动学习活动的深度开展。

在这节课上,立足于"学"的方式的融通变革,主要设计了以下三条路径。

一是画情节结构图。在当下这个重视"图文阅读"的新媒体时代,"画文成图"是快速有效传递信息的重要方法,也是学生喜闻乐见的学习方式,同时也有助于培养学生提取和处理关键信息的能力。在课堂上,我请学生以小组为单位,根据神话故事的起因、经过、结果,画出情节结构图,并根据图示复述故事情节。学生在读、画、说、听的过程中,完成信息的输入、提取、输出,同伴间相互补充、相互完善,活动过程生动,孩子们兴味盎然,在小组共学中有效解决了第一组问题。

二是对比阅读。初一的学生,由于身心发展还不够成熟,喜欢活泼、生动的学习方式。借用"找不同"这种有趣的游戏,让学生对比课文和《风俗通》中的文言短文,寻找增加或删减的地方,发现不同之处,由此思考第二组问题。

在学习过程中,学生的兴趣被充分激发,从"不同"里面找出丰富内涵。以下是一组学生讨论的实况:

学生1：我觉得有很大不同的是第9自然段里，女娲看着她亲手创造的这个聪明美丽的生物，又听见"妈妈"的叫声，不由得"满心欢喜，眉开眼笑"。这里，作者想象女娲的神态，写出了女娲创造了小泥人之后的喜悦，而文言短文中是没有的。

教师：你从哪个词里面体会出喜悦？

学生2：满心欢喜，眉开眼笑。

学生3："眉开眼笑"就是眉毛都笑开了，眼睛都在笑，就是心里非常非常欢喜。看来，女娲的心里充满了幸福感。

学生4：我发现还有一个词也能看出女娲的这种幸福感，你看她对小人的称呼，"聪明的美丽的生物"，称呼小人为"聪明的""美丽的"，可见女娲对她创造的小人充满了喜爱。

学生5：我也发现了，还有下面一个自然段，"她给她心爱的孩子取了一个名字"，称呼人为"心爱的孩子"，可见女娲对于她创造出来的人，就像是一位母亲一样，充满了宠溺。

学生6：我发现文中把泥人称为"小东西"，这个称呼感觉女娲把泥人看成是宠爱的小精灵，非常疼爱。还有下面一句，"这个泥捏的小家伙"，又称呼泥人为"小家伙"，语气里面满含喜爱。

学生7：我认为"小东西""小家伙"都是非常口语化的，和我们的生活非常接近，作者这样写，感觉这个女娲就生活在我们身边，尽管女娲是个神，可作者写出了她"人性化"的一面，而文言短文中就没有这种人性化的味道。

在"找不同"阅读游戏中，学生品味和探究字词，感受作者丰富的想象，女娲富有人情味的温婉动人的形象也跃然纸上，而学生也掌握了对比阅读、思考辨析的方法，这必将对其终身学习产生积极的影响。

三是拓展思考。在语文学习中，学生视野的广度和思维的深度往往决定了他语文学习的高度。"融通"语文注重"学"之过程中的"融"，

第四章 "融通"语文课堂教学案例评析

融宏阔视野,融宏大格局,融文化之本。解决第三组问题的过程中,请学生拓展阅读其他民族关于人类起源的神话传说,说说先民们的想象有什么相同和不同之处,并由此展开问题讨论。

学生对这个活动非常感兴趣,课前他们主动阅读了埃及、巴比伦、古希腊、印度等各民族的创世神话,对各民族起源说有了初步了解,在讨论过程中,他们试图概括各民族的本源及特征,尽管不够准确,但在这里,他们将历史、文化融于语文学习,构建起融通开放的视野,在对话和交流中关注世界,关注各民族文化,从"此岸"看到了"彼岸"。

三、教学激发:落实聚焦于"立德树人"的"融通"活动

"融通课堂"以"立通达之人"为根本,注重学习过程中的"融通"与"润泽"。课堂问题的设计、学习路径的选择,都指向于实现"立人"目标。"通过作用于学生自身活动并经由学生自身能动活动",以学科育德,让科学的价值观、人生观内化于心,是语文教学的重要价值所在,也是核心素养的具体呈现。

在《女娲造人》的共学过程中,我们实施了多质态、多层次、多维度的语文活动形式,实现信息碰撞、知识重构、价值建设。如对比阅读课文和《风俗通》文言短文时,我们设置了任务驱动的小组讨论活动,教师以激励性语言激发学生满含激情地完成活动任务。

我们期待,在小组讨论和展示的过程中,各小组能有更多独一无二的发现,能从古今异文的对比中探究文化现象。

在这样的任务驱动中,学生从"现在"出发,结合文本,深度思考,不同思维相互碰撞,在碰撞中形成认知冲突,在冲突中不断唤醒已有的学习经验、生活经验,建构新的学习经验和价值体系,带动所有课堂参与者的情智发展。

以下是小组展示时的一个学习片段:

学生1：我们小组对陆姝睿、范雪盈他们提出的问题有争议。我认为，女娲就是随手一捡，因为女娲身边没有别的东西可以揉成人的形状，书上也说了，女娲"顺手从池边掘起一团黄泥"，所以选择黄泥没有什么特别的。

学生2：可是我认为，黄泥有特殊的含义，所以女娲采用黄土来造人，所以我们是黄种人，所以这些泥人一掉到地上就活了，就有了生命。

教师：同学们怎么看呢？

学生3：我同意杨轩懋的看法，我觉得这个问题和我们的肤色、民族有关，我们汉民族是黄种人，不然还有黑土、红土，为什么女娲只选了黄土呢？

学生4：我觉得用黄土的话，是因为土地有一种特别的力量，土地里面能长出食物，能孕育生命，所以古人认为土地是生命之源，是很神奇的。

学生5：我补充一下，我们中国人对土地有一种特别的感情，我们总是称土地为我们的母亲，土地对我们来说应该是一种特别的存在。而且黄泥本身容易揉捏，可以揉成各种形状。

教师：确实，"土能生万物，地可载千祥"，黄土地，孕育了我们的民族，女娲选择黄土来造人，也恰恰是这种土地情节的具体表现。

在"鼓励质疑，激情碰撞"的课堂文化引领下，小组讨论活动得到有效落实，语言文学本身承载的道德价值为学生所发现、体悟和内化。在班级展示交流过程中，小组间关于"土地"的文化内涵的思维碰撞激发出同学们更多的深层思考，使得中华民族精神得以传承和发扬。

"融通"语文是立足于"素养发展"的课堂，更是"融通发展"的课堂。在《女娲造人》的学习过程中，聚焦学生主动提出的"问题"，融合

第四章 "融通"语文课堂教学案例评析

这些"问题"设计有效的学习路径,引导学生在情境之下有意识地、自觉地、能动地参与学习,并在此过程中获得主动发展的能力,使"可能的发展"成为"现实的发展",成就"未来的发展"。在融通的学习活动中,学生的学习兴趣得以激发,持续学习的动力得到增强,"文化基础""自主发展""社会参与"等核心素养的培育得以落地。

参考文献

[1] 张筱南.中学语文教学设计与案例研究[M].北京:科学出版社,2012.

[2] 刘桂辉.论"以学定教"的教学意蕴及实现[J].教育理论与实践,2016(11).

[3] 陈佑清.建构学习中心课堂:我国中小学课堂教学转型的取向探析[J].教育研究,2014(3).

第二只猫从哪儿来

——例谈文本解读的"融通"立场

统编教材七年级上册第16课郑振铎先生的《猫》,记述"我"三次养猫的经历,富有生活情趣,蕴含人生哲理,颇值得玩味。学这篇课文的时候,学生质疑:这第二只猫,到底是从哪里来的?

课后思考探究一"概括文章内容"一题中,有"来历"一栏,要找出这三只小猫的来历,这本是一个无所谓有、无所谓无的问题,但翻阅相关材料,仔细研读文本,却发现一丝玄机。

在统编教材配套的《教师教学用书》第223页"练习说明"中,第二只猫的来历为"从舅舅家要来的",但果真如此吗?

原文是这样的:

隔了几天,二妹从虹口舅舅家里回来,她道,舅舅那里有三四只小猫,很有趣,正要送给人家。三妹便怂恿着她去拿一只来。礼拜天,母亲回来了,却带了一只浑身黄色的小猫同来。立刻三妹一部分的注意,又被这只黄色小猫吸引去了。

"却带了一只浑身黄色的小猫同来","却"字意味深长。"却"表示转折,显然这只黄色小猫的到来是出乎意料的,伴着惊喜与诧异。既然这只小猫并不在预期之中,那么也就未必是期待之中的舅舅家的猫了。

再看三妹的注意,"又被这只黄色小猫吸引",一个"又"字,值得品味。三妹原是"怂恿着"二妹去舅舅家拿猫的,她的注意力本是在舅舅家的猫身上,而此时"又"被"这只黄色小猫吸引去了",可见注意力是发生了转移的,而不是延续,可想而知,这只猫并非是原来认定的从舅舅家拿来的,而是母亲从外面带回来的,至于从何处来,就不得而知了。

一个小小的、看起来微不足道的问题,引起了我的深思。

在文本解读的过程中,做到正确、深入、有创意是每位语文老师的基本素养,但在日常教学中,因为时间限制、因为研究不够、因为缺乏科学理性的态度,往往存在着"泛读""窄读""浅读""偏读""错读"等现象。在文本解读过程中,坚持"融通"立场,保持"融通"态度,显得尤为重要。

一、"融通"解读,需要客观的观照

简单地说,"融通"的解读包含"理智"与"情感"的融合。一方面,文本的解读"具有智慧的性质",即人们运用智慧,客观、理性、科学地认识事物、观照生命,并在这一过程中有所体悟。在文本解读的过程中,首先需要的就是一种科学的精神、一种客观的态度。

第四章 "融通"语文课堂教学案例评析

"融通"解读,意味着在融合情智的基础上保持独立思考,以文本为先。在解读的过程中,文本是最重要的依据,是展开教学、深化思维、提升素养的根基。刘心武说,文本解读就是"逐字逐句地摸索别人的行文思路"。在这个过程中,"别人的"正是我们展开解读活动的前提,正因为是"别人的",我们更需要有一份尊重、有一份珍视,需要放下自我,融入其中,就像考古一样,小心翼翼地去从文本出发,而不是从"我"出发,去发现文本的秘密。"一千个读者就有一千个哈姆雷特",但这一千个哈姆雷特都应该是基于哈姆雷特的,而不会是桑提亚哥,也不会是贾宝玉。正如王富仁教授所言,阅读教学中应"尊重文本作者的主体性""必须避免那种脱离对文本作者的基本理解而进行的不着边际的思想批判和艺术挑剔"。在这个过程中,教师拥有"智性"的融通,保持思维的独立性与客观性,不人云亦云,不哗众取宠,不刻意逢迎,才能真正读出文本特有的味道,才不会为五花八门的教学参考书牵着鼻子走,才能在课堂上让学生融合文本读出"真我",让学生走上独立个性之路。

"融通"解读,意味着摒除偏见和杂念,以语言为本。王尚文教授说,解读需要"倾吐文本发出的细微声响",解读的过程,就是体悟语言的过程,正如叶圣陶先生所言"一字未宜忽,语语悟其神"。在这个过程中,需要寻找到语言的落脚点,需要在最有特色、最值得玩味的语言上停下脚步,反复咀嚼,从而达到纵向的深入,从而品出语言承载的传情达意功能。

在对"第二只猫"的来历的解读中,正是抓住"却""又"这两个虚词,才品味出那只黄色小猫带来的惊喜,才推测出小猫的真正来历。又如在解读《秋天的怀念》一文时,母亲"憔悴的脸上现出央求般的神色",学生从"央求"这个语言点上,发现了母亲在儿子面前"低到尘埃里"的小心翼翼与热切渴盼,发现了母亲为儿子"好好活下去"而甘愿献出一切的无私的情怀,发现了母亲在孩子面前的卑微与无奈,发现了母亲深沉而滚烫的爱。

刘勰在《文心雕龙》里讲到两个字，一个是"情"，一个是"采"。"情"就是思想感情，"采"就是语言文字表达。在文本解读的过程中，"情"和"采"是紧密相融的，唯有保持"融通"之态，慎重地"采"，才能发现文本之"情"。唯有引导学生以客观、科学的态度观照文本，探究、体悟语言，才能使其自主、能动、创造性地走向智慧，形成独立而稳固的语文能力与素养。

二、"融通"解读，需要主观的投入

文本解读的过程是一个动态的过程，这个"动"，是学生内心世界之动、思维之动、情感之动。这个过程，需要教师努力创设一个活动化的课堂、一个生活化的课堂，激发学生智慧和情感的投入。

"融通"解读，需要"见自我"。

王君老师说："解读一个文本，就是安顿一次心灵。""读文本，从来都是自我生命的投射；教语文，教到最后，一定教的是自我。"

在课堂上感知、理解、评价、建构文章的过程，也是教师引导学生感知、理解、评价、建构自我的过程，作为文本与学生之间"摆渡者"的教师，需要引导学生全身心投入，带着自己的体验去理解文本，挖掘文本。

如在解读《次北固山下》一诗，读到"海日生残夜，江春入旧年"一句时，让学生通过自己与作者王湾的角色互换，想象画面，体悟情感。班上一个外来务工子女突有所悟，道："作为一个羁旅之人，虽然眼前的北固山不是自己的故乡，虽然在这片土地上有思乡之情、离别之怅，但是看到红日喷薄黎明，看到江上冬去春来，还是觉得人生充满希望，还是觉得自己的忍受与付出是有价值的，还是觉得前途虽然坎坷，终会迎来光明……"作为一个寄居在他乡读书的孩子，忍受着离乡的孤独，和王湾有心灵上的契合之处，在教师引导下，站在王湾的视角去品

第四章 "融通"语文课堂教学案例评析

味诗句,自然而然地把自我融进了文本,读出了自我的理解,这种理解同时又会润泽他的生命,让他更好地面对生活。这样的"融通"解读是一种濡染、一种精神、一种文化、一种智慧。它给学生一双慧眼,让他们观察缤纷世界;给学生一颗灵心,让他们体悟趣味人生。从而引领学生探寻语言意义、培育核心素养。

"融通"解读,需要"见天地""见众生"。

"融通"解读,更需要教师洞悉教育的智慧和本真,给学生留有更大的思维空间和更多的自主学习、探究的空间,使学生充分体悟语文的旨趣与魅力;"融通"解读,不仅仅见文本,更从字里行间"见自我",从"见自我"中来不断地"见天地""见众生",让学生从"自然的人"向"语文文化的人""社会历史的人"渐变。

在解读《猫》的主旨时,读到"想到它的无抵抗的逃避,益使我感到我的暴怒、我的虐待,都是针,刺我良心的针"等语句,引导学生想象一个高大的人棒打弱小的猫的画面,结合历史、结合社会进行思考。学生从文本出发,联想到强者与弱者之间的关系,联想到生命的平等,联想到作为知识分子的"我"的悲悯情怀,又联想到失去改过机会的生命不可重来的慨叹,文本解读曲径通幽,学生的体验层层深入。

"阅读是学生的个性化行为。""要珍视学生独特的感受、体验和理解。"教师在学生感受、体验、理解的同时,给予"融通"的支架,无疑让学生的阅读体验更为丰富,更为绚烂。

黄克剑先生指出:"知识若没有智慧烛照其中,即使再多,也只是外在的牵累;智慧若没有生命隐现其间,那或可动人的智慧却也不过是飘忽不定的鬼火萤照。"在初中语文文本解读的过程中,我们需要"融通"的立场,保持客观科学的态度,投入自我生命的体悟,留二分怀疑,作八分思考,这样,第二只猫的来历才能浮出水面;这样,学生的生命体验才能走出自我,不断进步!

参考文献

[1] 鞠九兵.智性语文课堂:让学生诗意自由地学习[J].教师教育与发展研究,2015(3).

[2] 盛新凤.文本细读的有效策略[J].教育科学论坛,2011(3).

[3] 王君.青春语文:见自我,见天地,见众生[J].语文学习,2015(11).

[4] 谢超兴.语文文本解读的三大策略[J].语文教学与研究,2015(11).

思维,是语言之本
——从一节"融通"的作文升格课说起

作文的本质是什么?

我们常常说,语言是思维的外壳,思维的界限就是语言的界限,但是在日常的作文教学中,却很容易兜兜转转,只围绕着"语言"和"材料"打转,结果,学生的作文始终徘徊在同一个水平线,始终不得突破。认真研究学生的作文,我们会发现,着力培养他们的思维能力,通达其核心素养,引燃其科学精神,语言水平会伴随思维的提升而提升。参加南通市优课评比,我从思考、质疑、探究入手,着力于素养融通,执教《这天我回家晚了》作文升格课,感慨颇深。

一、思考:打开作文"融通"的引擎

"学而不思则罔,思而不学则殆。"长期以来,我们的作文教学相对来说总是更注重情感的表达,"披文入情""以情动人"似乎是作文的不二法门。如果换一个方向呢?在重"情感"的同时,更多地去关注学生"智慧"的呈现,着力其思维的提升,又会如何呢?

第四章 "融通"语文课堂教学案例评析

在批阅学生作文的过程中,我发现学生的作文题材虽然多样,立意却相对单一,不外乎以下三种:一是表现父母的亲情之爱,二是表达自己的后悔之意,三是表达对无私相助者的感激之情。如何打开学生的思维触角,让他们运用智慧,客观、理性、科学地认识"回家晚"这一事件,并从中有所体悟和感发,使作文闪耀智性的光芒?

课堂上,我引导学生进行"头脑风暴",激发孩子多维立意,并将思考的成果板书,于是,黑板上出现了这样密密麻麻的立意关键词:

老师的爱　信任　友谊　爸爸妈妈的爱　对教育的反思
自己做错了　诚信和守约　我的责任感……

但我认为,仅仅如此还不够。

融通的作文课需要的,不只是学生的作文成果,更是通过作文实现学生思维能力的提升,培养学生的理性思维,使其逻辑清晰,能运用科学的思维方式认识事物、解决问题、指导行为。作文的"融通"不只是一种直观感受,更是融注了理性的科学思维的观照和映现。于是,在课堂上,我引导学生深入思考,掌握作文立意过程中的思维方法。

教师:我看到了这个主题——信任。其实我挺奇怪的,这事情怎么和信任有关了呢?

学生:因为我们小组讨论的时候,我想起有一次和其他班的一个同学约好了放学后一起回家,可是自己被留下了,过了很久走出教室,发现那个同学还在校门口等我。当时就觉得他是一个特别守信用的人,所以就想到了"信任"这个主题。

教师:当时你心里什么感觉?

学生:特别感动。

教师:如果你是那个等人的同学呢?

学生：我中间一定会犹豫，而且害怕他已经走掉了，但是想想都约好了，那应该也还是会等下去。

教师：那换个角色，主题是不是也可以重新确立？

学生：那应该是信守承诺的考验。我发现了，我们换一个角度，就会有不一样的体验和感受。

教师：对，那就是——

学生：换位思考！

教师：换位思考，也是立意过程中常用的思维方法。

在这样的交流和追问中，学生经过自己的探索、反思，发现了作文立意的若干思考方法——发散思考、换位思考、逆向思考、纵深思考。将之运用到自己的作文实践，就能引发无穷的奇思妙想；而课堂，也从扁平的结果呈现转向立体的思维碰撞。

"善于引导""善于归纳"是提升学生思维能力的重要方法，也是课堂建构的重要法则；"发展思维能力""初步掌握科学的思想方法"是语文学习的重要目标。"我思故我在"，思考，是人最本质最核心的素养；思者无疆，一个会思考的孩子，才能保持独立的人格、关注世间的美恶善丑，才能体味人生的酸甜苦辣、品悟生活的千种滋味。

引向思维的"融通"作文，如同打开了学生的思考引擎，激发起学生的思维，让他们在彼此的鼓励和微笑中找到内心的真实。

二、质疑：激发作文"融通"的内驱

"疑为学之始。"孩子生来是喜欢提问的，但是长期"乖巧""服从"的教育，让他们渐渐失去了提问的兴趣与动能，渐渐变得退缩，变得害怕，于是课堂就成了太过"平静"的所在。这样的"平静"，却是以学生失去好奇心与求知欲、破坏独立思考独立判断的习惯、放弃选择与决定的权利为代价的。

第四章 "融通"语文课堂教学案例评析

著名科学家爱因斯坦曾说:提出一个问题,往往比解决一个问题更重要。"独立思考、独立判断,思维缜密,能多角度、辩证地分析问题"是现代学生核心素养之一。"融通"的语文课堂上,老师要具有敏锐的问题意识,鼓励、引导学生质疑,在无疑处生疑,在有疑处释疑,培养学生的问题意识、质疑精神。

在教学过程中,我注意观察学生的质疑之态。看到一个学生欲说还休,便鼓励他提出自己的看法。他问:"回家晚就一定不好吗?被老师留在学校就一定是坏事吗?"一石激起千层浪,围绕这个学生的质疑,我们展开了充分的讨论。有学生提出:"老师那么晚还给我们补课,我看到灯光下老师的白发时,我猛然感到心里涩涩酸酸的。老师灯光下的白发,不是校园里最美的风景吗?"

从害怕"被留堂"到发现"留堂"的情味和意趣,"融通"的作文有另一重意义,是"启智",即启发智慧。这种启发,是引起儿童对生活的反思和观照,寻求生命的内在价值;这种启发,是启示儿童生活的智慧,去积极融合人生五味,愉悦地享受生活的馈赠。

课堂上,引导学生勇于质疑、敢于质疑、善于质疑,是"融通"的语文课堂的重要表征。通过质疑,学生对生活现象进行二度思考,从消极到积极,从被动到主动,从怨天尤人到欣然发现,碰撞而生的火花,迸溅到每个学生的心底,点燃学生的生命火焰——这也超越了作文本身,让教学延伸出了新的意义。

三、探究:到达作文"融通"的远方

在六大核心素养中,"勇于探究"的科学精神是教育培养的重点和难点。"具有好奇心和想象力""能不畏困难,有坚持不懈的探索精神",这种精神,不会是妙手偶得,也不会是天降"奇兵",而是融合在日常的教育教学中,在点滴的生活中逐渐习得,并深深进驻学生的头脑深处。而老师要做的,是紧紧围绕学生的身心特点和思维特征,去划定"最近发展区",然后平和地带着学生,慢慢往前。

一个学生写自己贪玩,到农场玩了个尽兴才回家,结果,看到了失神落魄的父亲、泣涕如雨的母亲,并遭到了父母的"混合双打"。

> 教师:故事到这里戛然而止,大家来思考一下,这篇作文可以怎样立意?
> 学生:我觉得也可以表现父母对我的爱和担忧。
> 学生:也可以写自己到农场玩的快乐。
> 教师:你觉得这段经历有什么地方超出平常的意义?
> 学生:意义就是后来再也没有去农场瞎玩。
> 教师:如此看来,这个事件在你的生命中占据了很重要的位置,它代表的,从你内心深处来说,可能不只是一次教训。好好探究一下,它还代表了什么?
> 沉思片刻。
> 学生:可能,还有我的童年,我的无忧无虑的岁月,都随着这次贪玩而消逝了。
> 教师:那围绕这个思路,怎么去立意呢?

在深入思考之后,孩子把原先的作文进行了拓展深化,扣紧"纯真童年一去不复返",写下了这样的文字:

> 爸爸的拳头和妈妈的眼泪让我明白了很多,从此我再也没有晚回家过。但是,我纯真可爱的孩童时代也一去而不复返,取而代之的是拥挤的城市和无比紧张的生活节奏,是抬头已望不到星星的夜晚,是无言冷漠的岁月……
> 梦里,多想再晚回家一次!

第四章 "融通"语文课堂教学案例评析

我再一次引导学生深入探究,让孩子们再想一想,童年有没有真的离开我们?我告诉孩子,离开与否,不是用时间和空间来衡量的,而是用心来体味的。学生再次深入探究思考,将立意部分再一次升格,于是有了这样的表达——

这天,我回家晚了。

爸爸的拳头和妈妈的眼泪让我明白了很多,从此我再也没有晚回家过。但是,我的纯真可爱的孩童时代也一去而不复返了。清风朗月,翠竹疏影,都盘旋在岁月的深处,成为童年的幻影。

每天忙碌的课程结束,仰望苍冷的夜空,眺望闪烁的霓虹,汹涌的人潮,奔波的急流,我急急忙忙赶往那个叫作"家"的地方。但是,当那一瞬,我回首望见那斑驳的、绚烂的岁月,沉浸于那纯真的欢愉时,我知道,那天晚回家的故事已经成为一颗种子,在我的生命里悄悄萌芽。

那一种纯真,那一方净土,在时光之流里慢慢扩散,袭染我长长的一生。

每一次深入的探究,都是作文的一次蜕变、一种涅槃。"融通"的作文展现的是"真智",是真知灼见、真情实感;是"个性",是属于自己独有的、别人无法取代的文字个性。这种"真智",没有深入的探究是无法得到的。

每一次思维沉淀的背后都是"思考""质疑"和"探究"。不管是"善于归纳"还是"主动交流",也不管是"自主学习"还是"独立发现",都伴随思维而存在。观察、阅读,发现问题,搜集数据,形成解释,获得答案,进行交流、检验、探究,这是未来学习的方向,也是科学精神的集中体现。沿着这条路线出发,作文才能走到学生的内心深处,焕发"融通"的光彩,走向遥远的地平线。

为别人点一盏灯

——"融通"视野下关于作文"立人"的思考

《庄子·天道》:"世之所贵道者,书也。书不过语,语有贵也。语之所贵者,意也,意有所随。"

文章所贵者,"道"也。从孔子的"思无邪"到杨雄、刘勰的"文从道出""文以明道",从唐宋八大家的"文以载道"到今天的"立德树人","道"本"无痕",但"道"融于"文"中,"文"是"道"的物质承载和具体表现,也推动"道"的继承、传播和发展。对于初中学生来说,一篇好的作文,不仅仅在于细节和情境的再现,更是情感的充分表达、智慧的丰富呈现,是人生观、价值观的美丽折射,是完整的、全面发展的"人"的树立和生长。

然而,初中学生作文的现状又是如何呢?笔者对以《为别人点一盏灯》为题的全市九年级学生作文质量检测结果进行抽样调查,结果发现了一个奇怪的现象:作文主旨应该是"为别人点一盏灯",而在学生作文中,写"别人为我点一盏灯"的竟高达54%!固然,相对于"别人"来说,"我"也是相别于主体的客体。但是,从学生的"文"中传达出来的,是怎样的"道"呢?也许,他们在现实生活中没有"为别人点灯"的经历,没有相应的社会实践,也缺少这样的价值引领,没有办法真实地表述;也许他们习惯了以"应付考试"作为作文的唯一目的,割裂了作文和生活的关系,缺乏对生活的观察和思考;也许他们对自我过度关注,习惯于将自己作为社会关系的中心,心安理得地接受别人的关爱和付出,却很少思考自己能为别人带来什么,很少触及"我"的社会责任……

作文,作的不仅仅是"文";作文教学,教的也不应该仅仅是"文"。在"文道合一"的传统下,作为语文教师,我们更应该立足学生"责任担

第四章 "融通"语文课堂教学案例评析

当"的核心素养,在作文教学中倡导和融合"立德树人"的根本任务,通过"文"的锤炼和引领,实现"道"的传承。让学生在文中、在心底有"我手写我心"的自然和肆意,有"采菊东篱下,悠然见南山"的悠远和淡泊,有"明月松间照,清泉石上流"的旷达和豁然,更有"安得广厦千万间"的责任和担当。

一、追问:在有意识的挖掘中融合"道"

新课标要求,作文要"有真情实感,表达自己对自然社会人生的感受、体验和思考",初中学生思维活跃但思想深度不够,对事物往往留有直接的感官的印象,很少进行深入的剖析和反思。在指导学生写作的过程中,要基于融通的视角,以适切的追问引导其对素材进行再加工、对作文的内涵进行再思考、对文章的立意进行再斟酌,在思维的激荡中,使学生运用智慧,客观、理性、科学地认识事物、观照生命,通过感性的体悟和理性的思考,获得进步。

如八年级第一单元"民风民俗"主题写作课上,一位学生说起祭祖"烧纸"的民俗。他说,在老一辈看来,这是一种传统;可是在年轻一辈看来,这是迷信,所以这样的陋习必须终止。

我们便一起讨论作文的立意,我问他,"烧纸"是习俗的一种外在的表现,其精神内涵是什么?他想了想说,是为了家族文化的传承,是对先祖的敬重与怀念。

"那么,能不能透过表现看本质呢?"

最后,他在作文结尾这样写道:

> 祭祖,是生者对死者的怀念,是后辈对先辈的致意。仪式里有千年流淌着的淳朴的家族观,仪式让血脉相通的人在那一刻,情感更为贴近。黑格尔有言:"历史是一堆灰烬,但灰烬深处有余温。"

207

然而,祭祖是一种情感寄托,烧纸是外在的仪式,寻根是内核的精神,那么,我们可否剥去有隐患的形式,只保留精神内核呢?

我们这一代人,处在过去与现代的交界处,处在旧与新的十字路口,紧跟时代步伐,不断创新,或许,这才是"守根"的必由之路吧。

风俗之根本是情,情之所至,心之所往。

——那便不忘本。

由于年龄特征、生活经验等客观条件的限制,初中学生在作文立意上往往"只见树木不见森林",这也正显示了初中生思维的广阔性、深刻性、灵活性还未得到充分发展。在作文指导过程中,巧妙设置思维的阶梯,激发学生思考,在学生疑惑处追问、在思维阻塞处融通,学生才能在无声无痕的思考中融合优秀传统文化,把人类的精神财富转化为个人成长的精神财富,形成属于自己的价值观念,主动实现个人的成长。

二、点拨:在有质量的等待中融聚"道"

明袁宏道提出"独抒性灵,不拘格套,非从自己胸臆流出,不肯下笔"。"真情实感"是初中作文的必然追求,也是"为人"和"载道"的第一要素。面对特立独行的"00后",面对在父母祖辈的宠爱下成长、在手机和平板电脑前生活的新一代,我们要给予他们精准的点拨,让他们更好地厘清虚拟与现实,打通思维的界限,引导其探寻作文与生活、作文与阅读、作文与做人的关系;给予其主动成长的时间和空间,耐心等待,让他们"钝化的触角变回柔软和灵敏",感知并珍惜生活中的爱与温情,主动进行情感的表达,是"立德树人"的重要内容。

如统编教材七年级上第二单元"学会记事"主题,我和学生一起讨论《我们是一家人》的写作,很多学生这样立意:感受到了家人对自己的爱——但大多数同学也仅限于"家人爱我"。

如何唤醒学生心中"爱"的因子,引导他们理解"爱"背后的内涵,进而学会珍惜、学会主动去爱家人？我引导孩子结合《秋天的怀念》,翻转视角,感受真情:"你和亲人之间的缘分是有有效期的,如果此刻,他正站在你的面前,你会如何表达对他们的感情？"

教室里一片安静,孩子们都陷入了沉思,沉思之后,是无尽的感动。一个学生课后和我说:"老师,在这节课之前,我从来没有想过,爷爷对我的爱是这样深沉,也从来没有想过要去报答爷爷……"

立德树人要"顶天立地",更要"春风化雨、润物无声"。雨果说:"语言在人的心里,从思想走到良心,又从良心回到思想,是一种烂漫无比的神秘。"此时,才是心灵的真正胜利。每一次作文,都是让学生借助语言在"良心"和"思想"里来回走,教师适时的点拨,将他们在物质世界里变得"粗糙"的心重新打磨得敏感而细腻,打开他们情感的"阀门",融合生活中真实存在的真善美,进而让他们去珍惜、去爱,形成其健全的人格、健康的情感、美好的精神世界,实现"文"与"人"的"共生"。

三、实践:在有过程的生长中融生"道"

"当老师教育学生时,如果学生知道你在教育他,你的教育就失败了。"作文教学中的"融通立人",应该是无痕的,是润物细无声的,是学生主观的、主动的追求,而不是被动的、无奈的抉择。结合统编教材的作文体系,我们可以开展综合实践活动,与作文教学相结合,将实践反思与作文立意相融汇,观察和描绘生活,抽象概括出有意义的写作主旨,将"立德树人"落到实处。

如结合八年级上第二单元"人物传记"主题写作,我和学生通过采访、阅读、观影,了解身边或历史上某一人物,写人物小传,同时提出立意的要求:写出人物内在的特征和精神。在那个月,我们走近了历史名人,也走近了身边的普通人——门卫保安、饭堂师傅、学校老师。在研读人物、交流沟通后,很多同学都说自己所研究的人物深深打动了自己,有一位同学这样评论他所写的司马迁:

  普通人与伟人最大的区别在于:伟人能忍常人不可忍,受常人不可受。而你,无疑属于伟人。
  司马迁,我懂你,懂你的坚持,懂你一生多苦多难,但依旧笑着面对,终于成为一代史学大家的艰辛和豁达。正如哲人所言:"如果黑夜不足够黑暗,黎明又何以弥足珍贵。"
  我想,我读懂了你——司马迁。

  我相信,这个孩子"读懂"司马迁的过程,也是其精神一点一点渗透进他的血脉的过程,也是他继承炎黄子孙的秉性、逐渐成长为一个"人"的过程。这样的过程,在我们的写作生活中蔓延——

  "学习描写景物"主题写作,我和学生一起有序观察校园内的景物,展开联想和想象,写出景物的内在品质;"撰写演讲稿"主题写作,结合习总书记在五四青年节上的讲话,我们思考"青春"的意义和责任,以"无奋斗,不青春"为主题撰写演讲稿;"说明事物要抓住特征"主题写作,我们尝试说明祖国的某一个文化遗产,阐述其内涵,传承民族精神……

  在一系列的写作中,我和学生追思历史、立足当下、展望未来,思考自己在新时代历史坐标上应该闪耀的光彩,分享青春岁月的梦想,涵养开阔的胸怀,追寻生命的价值和意义;我们摆脱狭隘的"小我"的写作主旨,更多地关注人生、关注社会,将民族复兴的伟大使命植根于心灵深处。

  文采斐然以传道,文质兼美以感人乎情。
  作文不是随意散漫的呓语,它是情感与智慧的交融,是理想与价值的共鸣。"文辞,艺也;道德,实也。笃其实,而艺者书之,美则爱,爱则传焉。"初中作文教学,是一片神秘的百草园,作为一名有责任感和使命感的园丁,在具体的写作活动中融合立意指导,带领学生学会"爱",崇尚"美",丰富学生的情感,引领学生的精神成长,在"融通"之中"立德树人",定能让"文"与"道"绵绵共生。

参考文献

[1] 王宁.语文核心素养与语文课程的性质[J].中学语文教学,2016(11):4—8.

[2] 黄厚江.把立德树人植根于具体的语文教学中[J].人民教育,2018(7):50.

"阅"有乾坤天地宽

——关于《骆驼祥子》的"融通"阅读

温儒敏教授曾经这样说:"语文课,就是学习语言文字运用的课,同时把文化修养呀,精神熏陶呀,很自然地带进来。"阅读,是语文学习的重要途径,"融通"语文认为,阅读不仅仅是"读"的单一行为,而是眼耳口心的共融,是情志的共通。阅读的过程,也是学生抵达思想深处、丰富语言表达、修养身心人格、积淀文化素养的过程。如果我们不仅仅局限于"读"这一行为,融之以论、辩、思、写、评等多元的语文活动,阅读天地将宽广无限。

《骆驼祥子》是统编教材七年级的必读书目,书中个性鲜明的人物形象、跌宕起伏的精彩情节、丰富深刻的意旨内涵,蕴藏着无限的精神养料。在文本阅读的基础上融合开展各类阅读交流会、推进会,在"读"之外,我们能看到更多。

一、辩:关于"刘四爷"的深度思考

《骆驼祥子》一书中出现了许多具有争议性的人物,如高妈、刘四爷等等,学生对于这些人物褒贬不一,如何客观而辩证地看待这些人物,结合当时的时代背景,分析人物思想性格,同时烛照现实,让学生获得有益的人生启迪?在阅读的过程中,我们通过"读""写""辩"的反复磨合、螺旋推进,实施持续的思考和阅读,对客观世界的关照不断深入和全面。

如对于"刘四爷"这一人物,我们在深入阅读、主题写作的基础上展开主题辩论:刘四爷算不算"好人"?

有学生认为"开一个厂子是十分不易的,要经历无数艰辛与磨难,最后刘四爷成功了,可见他也算是一个坚持不懈,有理想、有信念的人";有学生认为在祥子丢车回来后,他招呼祥子吃饭,亲密地喊他"傻小子",并为他卖骆驼所得的钱吃亏而惋惜,他还允许祥子白吃白住,是有温情、有善心的人;也有学生提出,"大家若是有个急事急病,只需告诉他一声,他不含糊,水里火里都热心帮忙",说明了他是一个乐于助人,热心能干的人。

反方的小组则不这样认为,他们觉得刘四爷极端无情,他是"土混混出身,知道怎样对付穷人",他与车夫,不是基于共利双赢的合作关系,而是剥削和被剥削的关系;若是有人交不上账,他便扣下铺盖,"把人当破水壶似的扔出去",在他眼里,车夫不是人,只是他攫取钱财的工具,是可用来榨取利益的"取款机";纵使面对亲生女儿虎妞,他也只为斗一口气,便一狠心,将女儿赶走,亲情在他眼里远远没有车厂的利益重要,他是一个不仁不义、利欲熏心的商人,是无情无义的父亲,是剥削人民的资本家,是一个彻头彻尾的坏蛋。

在辩论的过程中抽丝剥茧,同学们对刘四爷的认识、对他所处的那个时代的认识越来越深入,在碰撞和交流中,同学们发现,刘四爷是

第四章 "融通"语文课堂教学案例评析

一个生长在吃人社会并最终沦落为"吃人者"的可悲形象,他见识了太多精明、黑暗的剥削者,他也曾承受过、经历过;在那个社会,他冲撞得头破血流之后才明白,只有被同化,才能得以生存。拨开重重迷雾,学生通过刘四爷看到一个吸人血的社会,而刘四爷,看似自私、精明、伤人无数,可憎可恨,实则可怜又可悲。

初中学生的自主意识正在不断发展,他们的认识水平、思维能力还比较浅显,对于世界的发展、社会的本质往往"只见树木不见森林"。"独学而无友,则孤陋而寡闻",在阅读中开展的交流活动,能让学生在主客体的交互交融中不断丰富自己的人生体验,实现素养融合发展。

二、画:老北京拉车一族谱系图的构建

在《骆驼祥子》里面,跳出祥子的视角,从作者视角去观察老北京,看到的不仅是祥子个人的生死幻灭,还有当时老北京的社会风情、阶级对立、人世百态。阅读第一章,为了更直观地了解祥子所处的社会地位,我们绘制"老北京拉车一族谱系图",由此探究当时当地的世态人情。

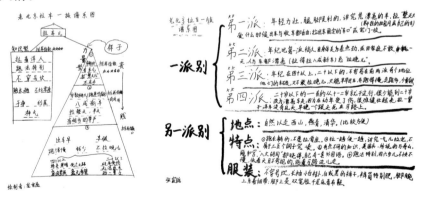

在绘制谱系图的过程中,学生发现,老北京的拉车一族,其生活境遇随着拉车人年龄的增大而日渐落魄,随着力气的衰落、速度的衰减,

车子变得破旧,车钱也变得廉价,拉车人普遍没有未来,这和后面老马的遭遇相互照应,构成了一个令人绝望的世界,也暗示了祥子堕落的必然性——这不是个人的选择,而是社会构筑的牢笼,无法逃避。同时,学生还发现,与"力量型"的拉车人相比,"知识型"——能说"外国语"的拉车人看起来要体面得多,待遇也略有不同。

绘制谱系图的过程,不是简单的内容再现,而是学生阅读、梳理、分类、建构的过程,也是分析与综合、归纳和演绎的过程,通过图文转化,学生的逻辑思维能力得到有效训练,也逐步学会"通过现象看本质",能够探索事物发展变化的规律,将个体命运置于社会历史的大背景中加以认识的意识得到萌发。

三、评:"惨人""浑人"排行榜

"要训练一个思维敏捷的大脑,消化各种书籍是极为重要的。"融通语文则认为,要全面提升核心素养,需要把书籍"嚼碎"了,融汇了,成为自己血肉的一部分,以滋养性灵。

阅读的过程,不能只是零星地了解几个人物,而要把书中的人物进行横向、纵向的比较,整合梳理,发现他们的共同点、不同点,同时与现实联系,才是真正"读懂"和"走进"书中的人物,学生的视野才能进一步打开。

在阅读《骆驼祥子》之后,我们组织学生对书中人物进行梳理,评选"十大惨人""十大浑人",并列出排行榜。

例:

《骆驼祥子》"惨人"排行榜

榜单第一名:小福子

上榜理由:

小福子一家住在毛家湾的一个大杂院中,处境窘迫。她的父亲二强子把她卖给了一个军人,赚得了两百块。二强子醉酒,打得她的妈妈断了气,小福子便只能靠一己之力撑起这个不能算家的家。于是,她在父亲二强子的逼迫下干起了卖娼的营生,在虎妞的帮助下也挣得了钱。她与虎妞成为朋友,在虎妞接生时,还被差来做事。虎妞死后,小福子让祥子有了希望。在追逐爱的过程中,祥子因不能担此责任而抛弃情感。最后,小福子在城郊上吊自杀。

她的经历很是让人痛心。

小福子的一生是短暂的,是可悲可哀的,是没有意义的。一切好像都是为了家里人而活,她没有选择的权利,没有能力去改变残酷的事实,只能默默承受、默默伤感,活在一个抑郁得几乎窒息的世界罢了。她有一个残暴酗酒的父亲,是他把风华正茂的女儿卖给军人换钱;是他把自己的妻子打死,让女儿成了家中唯一的支柱;也是他让女儿干起卖娼的营生,失了清白。小福子又能做什么呢?只能慢慢地对这个世界失去信心。失望透顶、绝望至极之后,用自杀结束了生命。

在我看来,生命亦是宝贵的,但小福子结束了自己的生命,她想逃离这个没爱的世界,仅此而已……

小福子必然是《骆驼祥子》中惨人之最,她的遭遇,深刻反映了当时社会的不公!(赵诗婷)

榜单第二名:祥子

上榜理由:

祥子作为一介人力车夫,平凡清白,最远大的理想也只不过是买一辆属于自己的车,然后自食其力,逃离车厂老板的剥削罢了。好不容易理想成现实,生活刚有了起色,新车又被抢,真是一脚天堂一脚地狱。之后勉强打起精神,在"我胡汉三又回来了"时,钱又被孙侦探抢走,人也被虎妞算计,祥子在生活的夹缝中渐渐不能自主,最终屈服于命运,走上不归路。

话说第二次拥有的那辆车,祥子总对它发怵,黑黑白白的,怪吓人的,老天仿佛误解了祥子的感受,创造个条件赐虎妞一死,就"帮助"祥子卖了车,办了丧。祥子到头来一无所有,面对小福子——自己真正爱的人,他又没有能力、没有勇气去娶,只把一切交给缥缈的未来。

面对社会的捶击,他也曾挣扎过,要强过,奈何命运伸出无数触爪攫住他不放,让他生生地看着小福子死、小马死……

一个又一个曾对美好向往和期许的人死了,而他也在一个个"死亡"之后任凭自己沉入现实的泥潭,未来不再。

祥子的惨也许有部分来自他的不通人情世故,又有部分来自虎妞的一己私利、小福子的隐忍悲苦,但更多的是社会的不公、时代的不平,在那军阀混战的时代,祥子的理想卑微却遥不可及,希望虽有却敌不过强权、欺凌、威胁、打击。

在这个"吃人"的社会中,老实淳朴简单愚昧的祥子拿什么来抵抗呢?

呜呼噫嘻!悲剧啊!

祥子一生,无尽苦涩,无尽辛酸。

悲哉,忆往昔,憧憬满怀;哀哉看结局,惨惨戚戚。(张宸睿)

榜单第三名:老马小马

上榜理由:

他的灰发似干草,泥在皮肤上积下厚厚的一层,他只是《骆驼祥子》中的一个小人物——老马。他的故事非常简略,他的日子,却是怎一个"惨"字了得!

天冷,拉不上座儿。他只好在冰雪里奔跑着,可是谁愿意坐这辆小破车呢?爷孙俩只能靠着这车混日子,老马还有孙子相依,此时他还充满了希望。但祥子再遇老马时,他已落魄得如乞丐,他的

第四章 "融通"语文课堂教学案例评析

腰背已经不起命运的痛打了,老马永远地失去了他的小马,只能用一个"惨"字形容。他终于看清了社会的黑暗:"穷人活该死,再要强也没用!"老马热心肠地帮了别人半辈子,却得不到一点回报,连他最疼爱的小马也没守住。钱,终究是王道,没了钱,一切无从谈起。穷人买不起药,那就等死!再坚强,也逃不出这天罗地网。

"茶来,谁喝碗热的?!"老马的一生,终究连一碗热茶都得不到。(王梓萌)

榜单第四名:虎妞

上榜理由:

尽管她泼辣、精明、自私、蛮横,但她终究也只是一个"惨人"。

首先,她得不到爱情的甜蜜美好。丈夫祥子只是被迫和她成婚,被迫与她生活。祥子并不爱她,她知道,却又无可奈何,她只能用"变态"手段,把心有所属的祥子与她捆在一起。她一生都活在"尘烦琐事"中,被偏执、精明、自私包裹。她这一生都是可悲的,没人爱她,她只是凡尘小小的弃子。

其次,她体会不到亲情的温暖。父亲刘四爷,为了"斗一口气",抛下唯一的女儿,携上所有的钱,去享乐,去安度晚年。对他来说,没有亲情,只有自己,只有金钱。在这么一个冷漠自私的家庭中成长,又怎么不可怜,不可叹?

最后,虎妞享受不到友情的朴实纯真。小福子把她当过朋友,她却逼她交钱,鼓励她"卖肉",导致小福子与她越行越远,最终背道而驰。没有朋友的陪伴,又怎能说不惨?

虎妞,可恨又可怜,一个享受不到幸福、又极端渴望幸福的人。正因她的那么多缺点,使她与快乐背离,同幸福远离,成为这世上被抛弃、被厌弃的惨苦之人。(钱奕冉)

人物的分类排行,让学生在阅读中倾注更多的思考,对文学作品展开深度发掘，加强作品内部内容的联系，并与现实生活相融合，实现思维的发展、情感态度的磨炼。如对"祥子"的阅读，不仅着眼于其个人经历和人格特点，还从社会现实进行思考，认识到时代的大背景对人的深远影响；如对虎妞，不仅仅看到她的精明、蛮横、懒惰，更看到她在当时冷漠荒凉的社会中的情感缺失，看到个人成长悲剧的深层因素，并由此观照现实，获得有益的启示。

阅读不是单一的线性的行动，引导学生爱上阅读也不是一件简单而容易的事。立足学生素养发展，展开多样化的阅读活动，不断推动阅读往"趣""益""味"发展，是融通语文的主动选择，也是幸福阅读人生的开始。

第三节　融通，感受文化的力量

语言文字，是文化的重要组成部分。诗词的感动奋发，散文的清远畅达，抑扬顿挫的节奏音韵，阴阳上去的悠扬旋律，都是文化的注脚。语言更是文化的载体，立己达人的儒家理想，忧国忧民的责任担当，坚韧不拔的革命精神，自强不息的民族气韵，都在语言文字里激荡、汇聚、传扬。

但是，文化并不仅仅存在于语文表面的文字中。"蜻蜓点水""就文论文"，往往会错过文化的精深和博大，让语文学习流于单调和浅薄，将会使青少年错失成长中的重要机会。立足文化视角展开语文学习，深入发掘文化价值，认识中华文化的优雅厚重，弘扬社会主义先进文化，继承革命文化，积淀中华优秀传统文化，建立文化自信，融通的语文，将会更蕴藉，更纯粹。

第四章 "融通"语文课堂教学案例评析

融通:让古老的诗行绽放文化活力
——谈统编教材《诗经》选篇的"融通"教学

引言:

学习《诗经·关雎》时,学生兴味盎然地告诉我:"老师,'窈窕淑女,君子好逑'太老套啦,你知道现代版的《关雎》是怎样的吗?"

原来,现代改编版是这样的:

"关关雎鸠,在河之洲,窈窕淑女,要个QQ……"

"不学诗,无以言。"

《诗经》是华夏文化中的经典作品,其独特的美学内涵、丰富的人文价值,以及对现实生活的积极关注、对生命内在力量的唤醒决定了它在语文教学中的独特意义。但是,穿越三千多年的历史迷烟,当"零零后"凝眸于这些古老的文字,往往会产生隔膜、惶惑的感觉,甚至生出淡然和冷漠的情绪。如何让经典的诗行在这个全新的时代焕发青春,让其蓬勃的生命活力在少年心中镌刻下生动的印迹?

纵观统编教材,初中阶段一共收录《诗经》作品四首,均在八年级下册第三单元。《关雎》和《蒹葭》被编在第12课,《式微》和《子衿》被编在"课外古诗词诵读"部分。结合单元教学目标和课后思考练习,贴合当下青少年身心发展特点,将传统的、文化的、审美的经典阅读融合时代的、多元的、充满生趣的探索,使"人"的成长与"诗"的学习融于一体,古老的诗行更能绽放活力。

一、"文"与"道"相融,"爱"的活力在"思考"中清晰

教材所选《诗经》中的《关雎》《蒹葭》《子衿》三篇均与"思恋"和

"爱"有关。《毛诗序》:"所以风天下,而正夫妇也。"在《诗经》的学习中探秘古人的婚恋观,并与现实生活相融通,学生对"爱"的理解会更深刻,《诗经》的现实价值会更得以彰显。

(一)感受:"君子好逑"的契约与"要个QQ"的随性

学习《关雎》,结合与学生课前的交流,我设计问题,引导学生进行比较思考:

"君子好逑"和"要个QQ"有何差异?

有趣的问题激发了学生探索的愿望,揣摩不同时代、不同文字下的不同心理,"君子好逑"是希望女子成为男子的配偶,这种恋爱关系是为了婚姻关系做准备,男子对女子的追求是以契约婚姻为目的,恋爱之始就将家庭责任承担于肩。但是"要个QQ"的目的并不一定是要娶她为妻,只是和你谈谈恋爱,相对来说随意得多,也"自由"得多。

对比"君子好逑"与"要个QQ",不只有文字和意蕴的差别,更是恋爱观的差异,是对恋爱婚姻责任的不同表达。在这场比较与讨论中,"执子之手,与子偕老"的朴素恋爱观,悄悄浸润着学生的心灵,成为学生恋爱观的精神底座,或许,也将会成为其未来稳固家庭的基础。

(二)感动:"君子"与"淑女"的映衬

"窈窕淑女,君子好逑",这一句感动了无数人。"淑女"和"君子"究竟是怎样的形象?我们的课堂讨论又聚焦到这样两个问题。

  教师:"窈窕淑女"究竟是怎样的女子?诗人为何用"君子"不用"男子"?

  学生1:"窈",深邃,比喻女子心灵美;"窕",幽美,比喻女子仪表美;"淑",善良美好。男子所向往的女子,内外兼修,心灵仪表美好出尘。

  学生2:"参差荇菜,左右流之",那"窈窕淑女"坐在小船之上,顺船儿前行,伸出纤纤素手,择取水中的荇菜。水影、行船,那女

第四章 "融通"语文课堂教学案例评析

子纤细的背影,那绿色光谱下的淡淡一痕,映照出一位和善温良、勤劳能干的女子形象,她不矫揉、不造作,更热爱生活。

学生3:《关雎》中的"君子",欣赏"淑女",追求"淑女",又尊重"淑女",保持坚贞的情感,充分显示其身为男子的责任感。这样文质彬彬的君子形象,正是道德高尚、品行端正的理想化人格的具体体现。

青春萌动的少年们也许常常会幻想爱情的美好,却很少有过这样的思考:在爱情和婚姻里,"我们"该是怎样的形象?在《诗经》的阅读中探寻,摒弃"白富美""高富帅"的肤浅与鄙陋认知,做"君子",当"淑女",这样的阅读思考,唤起了青少年对美好形象的追寻,"淑女""君子"的生命活力得到延伸。

(三)感发:"寤寐思服"的执着与"琴瑟友之"的高雅

《关雎》最打动人的似乎是"爱情",但再三玩味,却似乎不止于此。于是,教师和学生展开了深入的讨论:

教师:《关雎》里最打动你的是什么?

学生4:动情处在"寤寐求之"的坚定执着,在"寤寐思服"的痛苦坚守。君子对情感的忠贞和坚持是最打动人的。

学生5:最打动人的在于君子的行动,"琴瑟友之""钟鼓乐之",以琴传心,以乐达意,在艺术的世界里表达自己的心声,独特的行动表达自己的高雅情操,展示自己的才华与修养。

学生6:动人处在君子始终拥有不竭的勇气,追寻之路坎坷而曲折,"求之不得"的悲哀,"辗转反侧"的愁肠百结,却没有改变他的心意,君子在"辗转反侧"之后,将绵密的思恋演化成具体的行动,超越了"恋爱"的范畴,展示出君子寻求理想的浪漫与诗意。

从粗浅的认识开始,我们一点点讨论、一层层深入,渐渐柳暗花明。八年级学生正处于青春期,对异性朦胧的好感,对爱情纯真的向往,正在内心深处逐渐萌芽。学习《诗经》中关于"爱"的诗篇,学生或羞涩、或激动,眼中难掩三分向往、一丝探寻。"风以动之,教以化之",学生在讨论、探究、诵读中感受《诗经》微妙幽深的意韵,懂得"爱"的内涵,理解和传承东方传统的爱情观,感受民族文化的浪漫与质朴。古老的诗歌跨越了时代和历史,显示独特的活力。

二、"学"与"思"相融,"人"的活力在"比较"中显现

作为中国古典文学的源头,《诗经》内涵丰富,题材多样,包含了社会生活、伦理道德、风土礼仪、天文历法等各方面内容,记载并弘扬了我国古代敦亲睦友、重德崇善的高尚情怀。阅读和揣摩《诗经》,获取不尽的文化涵养,能不断增加"人"的知识底蕴,提升"人"的思想高度,激发"人"的生命活力。

(一)横向比较:探究不同文本的不同意蕴

统编教材收录的四首作品,主旨和意蕴各不相同,课堂问题的不同设计,可引导学生不同的价值取向。在整体阅读的基础上,我激发学生展开主题探究:

> 综合这四篇作品,你感受到古代劳动人民怎样的思想?
> 《式微》和其他三篇作品在表达内容上有何不同?
> 《关雎》《蒹葭》《子衿》的内容看似都与"爱情"相关,但又有不同,它们的区别在哪里?
> 同样是表达爱情主题,《蒹葭》和《子衿》的风格完全不同,它们分别出自《秦风》和《郑风》,请由此推测当时"秦""郑"两地的民风特点。
> 除了课本中的四首,你知道《诗经》还涉及哪些题材和内容?

在这样的比较阅读、问题引领中,学生能跳出课本看《诗经》,对它有整体的、全面的关注,能进一步了解《诗经》的基本构成和特点。

一是,感受古代劳动人民对生活的热爱。如果没有这样的横向比较与拓展,学生在读了课本中的《关雎》等篇后很有可能会片面地认为,《诗经》中大旨是表达爱情的,但经过整体阅读,学生会了解,《诗经》中不仅有对美好爱情的向往和追求,更有对劳动生活的赞美,对乡野国土的热爱,对战争徭役的控诉,《风》《雅》《颂》里凝聚了生活的智慧与热情。

二是,了解"爱情"的不同表达。同样表达"爱情"主题,《关雎》描述男女相爱时的和谐欢乐、失恋时的痛苦忧伤,赞扬主人公对爱情的忠贞和勇敢追求;《蒹葭》则主要表现求而不得的怅惘心情以及始终如一的执着坚定;而《子衿》则表现苦恋等待的万分焦灼以及爱情中甜蜜的抱怨。"情"之万象,在《诗经》中有精彩的呈现,丰富而动人。

三是,产生对古代地域文化的初步印象。中国的传统文化就是通过各种地域文化圈之间的交流、融合、变异而逐渐产生发展起来的。《诗经》,尤其是十五国风,大多是当时各地民歌的专辑,考察不同地区文化的起源、传承、演变和表现形式,是文化传承的一种重要方式。教学中,比较《蒹葭》和《子衿》,一则委婉缠绵,一则热情奔放,学生充分感受《秦风》与《郑风》的差别,初步了解国风中的"陈郑之国""郑卫之音""秦豳两国""唐魏之国",体味鲜明的地域文化特色,引导学生在本土文化的濡染下创造属于自己的生活样式,对于文明的传承、文化的养成具有深远意义。

(二)纵向深入:探究同一文本的内涵价值

初中学生正处于世界观、人生观形成的关键时期,在阅读《诗经》的过程中,进行纵向的深入探究,引领其价值观的确立,对其终身发展具有关键作用。

如阅读《蒹葭》,在朗读、理解、品味的基础上,我设计了这样一个问题引发学生探究:

"所谓伊人,在水一方",求而不得,也许不仅仅是爱情的哀叹,还是人生的隐喻,你能思考一下,说说你的感悟吗?

在这样的问题引领下,学生从"爱情"的窠臼中跳脱出来,思考人生的本相。于是,课堂上有了关于生命意义的追问。在讨论中,学生发现,《蒹葭》"最得风人深致",不仅在于言辞曼妙,更在于它道出了人生的真实。"伊人"不仅仅是美人,更是人生之"梦"。"可望而不可即"是一种痛苦,却恰恰是人生常有的境界,生命常常在困境和幻境中徘徊挣扎;追寻之路坎坷迂回,理想总是如海市蜃楼,缥缈而朦胧,追寻的结果也往往不尽人意,但是,生命的意义恰恰在于追寻的过程……

问题探究的过程,也是学生思维锻炼的过程,更是他们精神成长的过程。新时代的初中学生,视野开阔,思维发散,善于创造,但缺少抵抗生活风雨的心理能量。对于《诗经》的深度探讨,能帮助他们直面未来生活中可能出现的挫折与失落,给予积极的价值引领,增强他们的心理抵抗力。

佐藤学在《教师花传书》中认为,要"通过知识'反刍'活动,推动学生之间的串联性的学习",横向的跨越整合、纵向的意蕴探究,多元解读文本并交流互动,能让学生不断超越自己,抵达思想的深处,触发生命的活力。

三、"言"与"意"相融,"美"的活力在"吟诵"中唤醒

《诗经》是美的存在,这种美,如"羚羊挂角,无迹可求",言有尽而意无穷。字斟句酌的语言,妙笔生花的文采,别具匠心的章法,阅读《诗经》,感受文辞之精美、音韵之和谐、语言之质朴,是一段愉悦的审美之旅。

(一)朗诵:在声音的婉转中感受美

学习《诗经》,朗读是最好的方法。在理解作品、听名家朗诵的基础上,我引导学生朗诵。

《诗经》中的诗多是四字一句,两字一顿,各章还常常重复咏唱。你

第四章 "融通"语文课堂教学案例评析

能朗诵作品,感受节奏和韵律,并读出各章在情感表达上的细微差别吗?

分组朗读、同桌合作朗读、独立朗读,课堂上琅琅的读书声,让学生沉浸在美妙的音韵世界里,品味各章的细微差别,体会情感表达的幽深曲折,《诗经》的思想、风格、情感也在潜移默化中深深融入血液。

(二)翻译:在现实的对比中鉴赏美

《关雎》一课"积累拓展"部分有这样一道题:

下面是对《关雎》第一章的一种翻译,你喜欢吗?为什么?另选一章,试着翻译成白话诗。

古文、今文的对照,让学生在时空的交错里感受语言不同形式的美。为了提升学生对语言美的鉴赏力,我又找到了几种不同形式的现代文翻译,让学生一起朗读、比较、鉴赏。

译文一:雎鸠鸟关关合唱,在河心小小洲上。好姑娘苗苗条条,哥儿想和她成双。

译文二:雎鸠关关相对唱,双栖黄河小岛上。文静秀丽好姑娘,真是我的好对象。

在古文与译文的对照中,学生进一步感受《诗经》原文的婉约美、朦胧美、神秘美,对《诗经》委婉含蓄的表达方式尤为赞叹,那扑朔迷离的气息、情景交融的意境,都深深萦绕于怀。而在现代译文的对照中,学生感受韵律、用词对语言美表现的影响,其对语言的感受力得到提升。最后的自主翻译活动更是精彩纷呈,一方面,学生学以致用,在斟酌后将韵律、节奏、用词表达到极致;另一方面,学生充满创意,让《诗经》的现代翻译带上了"零零后"的独特文化,使古诗又展现出时代的活力。

(三)仿写:在趣味的体验中创造美

学习《诗经》之后,学生对《诗经》"赋""比""兴"的表现手法有了初步的了解,对《诗经》四言表达的特点有了真切的感受。于是,我让学生仿照《诗经》的语言形式,重章叠句,一唱三叹,描写生活。这样的仿写活动极具挑战性,激发了学生的创作欲,使其对语言的理解、运用也有意识地遵循"美"的原则。

朱杰人先生说："《诗经》从开始就是作为经学而不是文学被人们认识和研究的。"《诗经》具有鲜明的价值导向，学习《诗经》的过程，是养人、育人、正人的过程。《诗经》更蕴藏着丰厚的文学艺术价值，其"乐而不淫，哀而不伤"的特点、雅致而有节制的表达，让《诗经》的学习成为一种美的享受过程。

用传统的教学方法，单纯地释义、赏析、背诵远远不能阐发《诗经》的艺术活力和文化魅力。融通的《诗经》教学，需要打破，打破一句、一章、一篇的局限，将单篇的学习置于统编教材的整体架构中，置于历史和现实的鲜明对照中，置于文学和文化的民族传承中，"文"与"道"相融，"学"与"思"相伴，"言"与"意"相合，通达学生的智慧成长、情感成化、生命成熟，古老的诗篇更能焕发青春的活力，语文课堂更能展现教学的活力，学生更能获得成长的活力！

参考文献

[1] 蒋元见、朱杰人. 诗经要籍解题[M]. 上海：上海古籍出版社，1986.

[2] 佐藤学. 教师花传书[M]. 上海：华东师范大学出版社，2009.

寻善，向善，尚善

——基于"融通"的"善"文化主题实践活动

【背景分析】

主题解析

友善，是社会主义核心价值观的具体要求，也是中华民族的传统美德。友善,是一种人际关系,是指人与人之间亲近和睦、友好和谐的交往状态;友善,是一种人格品质,包括待人的亲切和善,处事的温和有礼;友善,是一种社会风尚,是仁爱淳厚、与人为善、以善为本的道德追求。友善,是处理人际关系的基本准则,是公民基本道德规范,更是中华民族数千年积淀的精神追求和文明传承,是新时代少年的价值追求和生活自觉。

学情分析

八年级的学生独立性有较大的发展,自尊心增强,有很强的好奇心和探索欲,在中华文化的无声濡染下,有向善之心,但在现实生活中往往因为对"善"的理解片面、自我意识过强、缺少换位思考的意识,而疏忽于小善之行,导致人际关系紧张、安全感缺失,对社会信任感下降。针对学生这一现状,需要帮助学生理解"友善"内涵,培育友善行为,在生活中积极践行社会主义核心价值。

【活动目标】

1. 思考友善的内涵,理解友善是中华民族的传统美德,解开"友善"背后的文化密码。

2. 在生活中向善、尚善,与人为善,宽容谦让,做好"我""你""他",提升自我人格修养,营造良好社会氛围。

【活动准备】

教师准备

1. 根据教学需要制作多媒体课件。
2. 观察学生生活,了解学生的"友善指数"。

学生准备

1. 课前阅读"友善"相关资料。
2. 展开班级"友善"生活调查,拍摄相关视频。

【活动过程】

序：课前热身画友善

1. 学生上黑板画"友善"。
2. 游戏：照镜子

教师总结：当你对镜子里的人微笑，他也会对你微笑；当你对镜子里的人发怒，他也会对你发怒。生活就是一面镜子，你待生活友善，生活也待你以友善。

【设计意图一】

从学生喜欢的绘画和游戏导入新课，学生在游戏中自由交流、自由活动、自由表达，充分激发学习的兴趣，营造良好的活动课氛围。在这个过程中，学生主动理解"友善"的内涵，实现个体的认识提升。

说文解字识友善

课前，我们请同学在黑板上写了金文"友善"，你觉得"友善"的字形有什么特点？

学生1："善"上半部分像是一只羊，下面像是两个人在微笑。

学生2："友"是两只右手靠在一起的形状，就像旧友重逢，都伸出右手，表示以手相助，或二手协同。

教师总结：古人说，"相交友也"。友，就是两手相握，相互协同。"善，从言，从羊。"言是讲话。羊是吉祥美好的象征。友善是内容和形式的融合统一，善是我们内心的吉祥美好，友是我们外在表现的亲切温和。

【设计意图二】

"道德教育成功的秘诀在于，当他一个人还在少年时代的时候，就应该在宏伟的社会生活背景上给他展示整个世界、个人生活的前景"，

第四章　"融通"语文课堂教学案例评析

"友善"是在中华民族宏大的历史背景中产生的，从"友善"的词源出发，让学生充分理解其背后的精神气韵，了解"友善"产生的文化土壤，这既是对"友善之人"的培养，也是对"友善精神"的孕育。

同伴合作寻友善

友善无处不在，在我们的生活中，也有许多友善之事，同学们，你认为友善是什么？不妨把你生活中的友善故事拿出来和同学一起分享。

学生1：有一次，我忘了带书，当时非常着急，我旁边的小王就主动把书借给我，我一下子就松了一口气。他在我需要帮助的时候帮助我，我觉得这就是友善。

学生2：有一天，我考试没考好，心情很不好，小丽看到了，就陪着我去操场散步，还安慰我，说下次努力就行。当时我觉得特别温暖，我觉得这样的陪伴和鼓励就是一种友善。

学生3：我们班的沈老师非常友善，他看到我们讲台上的一盆花干枯了，每天精心照顾，现在那盆花生机勃勃，我觉得沈老师对植物的精心照顾也是一种友善。

学生4：我想和大家分享的是我的邻居云彩阿姨的故事，她是我的一个普通的邻居，她非常有爱心，常常把路边看到的那些流浪的、被遗弃的小猫小狗带回家，细心地照顾它们，把它们养大，再送给那些有爱心的家庭养。我觉得云彩阿姨做的虽然是小事，但是她对小动物的那种友善，也是现代社会所需要的。因为，每一个动物都是一条生命，生命没有高低贵贱之分。

教师总结：人与人、人与动物之间都有无数的友善，让我们心生感动；"老吾老以及人之老，幼吾幼以及人之幼"，与人为善，推己及人，是更高境界的友善。其实，我们的友善不仅于此，人与自然、人与社会、我们的历史、我们的民族，始终与友善紧密相连，哪位同学能分享一下你看到的、听到的、读到的友善？

学生5:我想分享我哥哥的故事,他爱好摄影,前年,他来到西藏,为当地的百姓照相。当地有很多人从来没有拍过照片,我哥哥为他们拍下他们的美好瞬间,给当地人留下最美的回忆。对陌生人的爱也是一种友善。

学生6:我想起了文成公主的故事,她入藏时带去了我们的文化、艺术,教给藏族人民耕种,她的和亲带来了汉藏两族人民的和谐生活,也显示了我们民族的友善。

学生7:我想到了鉴真东渡、玄奘取经的故事,他们一路传播佛法,用自己的言行带来和其他民族的文化交流融合,显示了我们民族友善的传统。

学生8:还有将相和的故事,蔺相如胸怀宽大,友善对待廉颇的挑衅,廉颇负荆请罪,他们的友善带来了国家的长治久安。

教师总结:我们中华上下五千年的历史、华夏民族的发展,和友善紧密相连;或者可以说,中华民族的发展史就是一部友善史,也是一部不断追寻友善的历史。今天,我们解读友善,也是在解读我们民族独特的文化密码。

【设计意图三】

道德教育要以积极引导为主,发扬优点、克服缺点。青少年正处于世界观、人生观形成的关键时期,他们向往未来、积极向上、要求进步,但由于缺乏足够的经验,不善于辨别是非善恶,需要正面引导和激励。"夫子循循然善诱人,博我以文,约我以礼,欲罢不能",从实际出发,辨别生活中的"友善",深化对于友善的认识,能发扬学生身上的积极因素,实现"立人"目标。

思考辩驳向友善

教师:前两天,网络上展开了一场关于友善的大讨论、大追问,我们一起来看一看。这个女孩叫罗一笑。2016年9月,她被确诊患有白血病。2016年11月25日,她第二次进入重症监护室后,她的父亲罗尔写下名为《罗一笑,你给我站住》的文章,是一篇发自肺腑的性情文字,动人心弦。该文章逐渐刷爆朋友圈,数以万计的人通过各种方式进行捐赠。仅罗尔的微信公众号《罗一笑,你给我站住》一文的赞赏金额就达250多万元。此时,有网友报料称:关于《罗一笑,你给我站住》一文,是一次营销;罗尔家有三套房;罗一笑的治疗费用、医保报销比例清单也在网上流传(住院总费用合计为8万余元,其中目录内费用医保记账6万余元)。假如此时,你已经在网上捐款,你会不会追回你的捐款?让我们分组讨论一分钟,说说自己的理由。让老师们一起评一评,哪方的观点更有道理?

学生辩论:

反方(追回):

1. 利用别人的友善,是一种欺骗,友善是有底线、有原则的。

2. 物质的救助有时反而会促发人的惰性,不能让人真正得到改变。

正方(不追回):

1. 庄子说:"上善若水。"友善是一种人格修养,是一种处世哲学,是一种人生智慧。做人应如水,纯净透明,滋润万物;不争一言之短长,不汲汲营营于蝇头小利,不苟于名利富贵。上善若水,丰富自我,厚重自我,以友善的态度对待一切,厚德载物。

2. 君子以厚德载物。赠人玫瑰,手有余香,帮助他人不是为了回报,也不是为了他人的感恩戴德,而是通过这样的行动,让自己变得充实。中华自古就有这样的传统,杜甫"安得广厦千万间,大庇天下寒士俱欢颜"的情怀,范仲淹"先天下之忧而忧,后天下之乐而乐"的觉悟,何尝不是这样的"大善"体现。

3. 善人者,人亦善之。一方有难,八方支援。一个可怜的父亲,如果有一点点其他的方法,他也不会用这样卑微的方式去企求别人的同情,人,需要有同情心。

4.友善是一种道德境界,是一种社会需要,是一种公共秩序。我们的民族需要友善,看到这 250 万背后凝结的友善,大多数人心底充满感动;如果,罗尔发出这篇文章后,没有一个人点赞,没有一个人捐款,是不是我们的国家我们的民族就有希望了?不是的,那样的话,才是真正让人绝望!作为青少年,我们也应该担负起传承友善的责任。

教师总结:非常感动,我们的同学能如此辩证地看待罗尔事件,理解友善带给我们的意义。而我想,罗尔事件本身的发展能带给我们更多关于友善的思考:2016 年 12 月 1 日,罗尔发布声明称:因"罗一笑事件"传播远超预期,带来不好的社会影响,"作为当事人,在此深表歉意"。同时将文章的赞赏资金全部原路退回至网友。罗尔用他的真诚回馈人们的友善。而很多网友在收到退款之后,再找到罗尔的另一篇文章,重新"打赏"给罗一笑,很快上限又满。这样动人的情景,不是我们这个社会友善满满的最好表现吗?礼义廉耻,国之四维。友善,是这四维的基础。儒家说:"修身、齐家、治国、平天下。"向着友善出发,正是其开始。

【设计意图四】

"蒙以养正",使蒙者不失其正,教人者之功也。社会的纷繁复杂,极容易对学生的价值观产生影响,但我们不能回避社会,而是要走进社会,走进现实。把社会事件放到学生面前,通过思考、讨论、辩论,帮助学生树立科学的友善观、价值观。同时,通过社会角色的扮演,让学生主动承担社会责任,继承优良传统,成长为有担当的社会主义建设者和接班人。

身体力行尚友善

作为青少年,我们要怎么做一个友善的人呢?让我们先来了解发生在周总理身上的一个小故事,也许我们能从他身上得到一点启示。

(一)友善第一秘诀:"你"——换位思考

1. 师生合作演一演

老师:今天,我这个理发师心里有点紧张,因为坐在我面前理发的这位同志,就是我们敬爱的周总理,怎么办? 我的手都在发抖啊!

学生:小同志,不要紧张,你就把我当成一般的客人,我和大家一样,都是普通人。

老师:好的,总理,我,我先帮您刮胡子。

学生:好的,咳咳(忍不住咳嗽了一声)。

老师:(手一抖)哎呀,不好,总理,我,我把您的脸给刮破了,我,我……

同学们,你们知道周总理当时是怎么做的吗? 谁来演一演?

学生扮演周总理:(和蔼地)"不用着急,这不能怪你,我咳嗽前没有向你打招呼,你怎么知道我要动呢?"

2. 现场采访:你从周总理身上学到了什么?

学生1:周总理站在理发师的角度思考问题,友善对待理发师,他是和蔼可亲的。

学生2:周总理的脸被理发师划破了,他不仅没有怪理发师,反而说这是自己的问题,他善于包容,有胸怀,善待他人,让我们看到了周总理伟大的人格。

教师总结:友善的第一秘诀,就是能换位思考,站在"你"的角度去思考问题,这是一种包容,更是一种胸襟。曾子说:"夫子之道,忠恕而已矣。"友善待人是一种修养,不是懦弱,也不是胆怯,而是谅人所难,扬人所长,补人之短,恕人之过。

(二)友善第二秘诀:"他"——不当看客

如果,你在教室里看到这一幕——

1. 视频记录

小女孩不小心把男孩的书碰到地上。

小男孩:你不长眼啊!

小女孩:对不起,我不是故意的。

小男孩:对不起有用吗?对不起就能抹平你把我的书弄地上的事实吗?

小女孩:不就是把你的书碰地上了吗?有必要这么得理不饶人吗?

围观众人哂笑并窃窃私语。

2. 人物评论

看了这个视频,请评价一下视频中的人物。

学生1:我觉得那个男生太得寸进尺,别人都已经道歉了,应该要换位思考,懂得包容和退让。

学生2:我觉得那个女生道歉的态度也不够诚恳,应该可以更真诚一些。

学生3:我觉得旁边的那个女生有问题,如果她不在旁边帮腔的话,也许这两个同学就不会吵起来了。

教师点拨:鲁迅先生曾说,中国人是喜欢看热闹的。当你作为一个第三者的"他",不添堵、不添乱,不当看客、不助阵,尽自己所能让气氛变得友善,这是一种善举,也是一种勇敢。虽为举手之劳,而生活,会因为我们的善举变得更美好。友善的第二秘诀就是:当你是"他"时,多行善举不当看客。

(三)友善第三秘诀:"我"——君子慎独

教师引导:良言一句三冬暖,恶语伤人六月寒。很多时候,在不经意之间,我们一个无意的举动、一句无意的话,却传达了不友善的讯息,给别人带来了困惑和伤害。对同学的一个冷眼,对父母的一句顶撞,网络世界中的口无遮拦,会让我们之间产生这样那样的误解和矛盾。《礼记·大学》里说:"慎其独也。"友善的第三个秘诀就是"慎独"。让我们反观自我,静静思考,如果友善总分是10分的话,我能得几分?缺失的那几分,缺在哪里?如果有一个机会,让你面对那个你无意间伤害了的人,你会怎么说?怎么做?请沉思30秒后回答。

学生1:我觉得我能得8分,我缺失的2分是在家里。前天,我考试考砸了,回到家,妈妈问我考得怎么样,我却大发脾气,让妈妈很伤心,我觉得我对妈妈太不友善了。

学生2:我觉得我能得9分,缺失的1分是小学时我有一次误会了我的朋友,他来跟我道歉,我却没有原谅他,我觉得自己缺少宽广的胸怀,不够友善。

学生3:我觉得我能得7分,我最大的缺失是对我的奶奶不够友善。奶奶从小把我带大,我饭来张口衣来伸手,却还常常对她大呼小叫,我决定从今天开始对奶奶也要保持友善。

教师总结:我们对朋友友善、对同学友善,甚至对素不相识的陌生人也愿意拿出我们最大的友善,但对我们身边最亲近的人,却往往做不到。一抹微笑,一声你好,一个大拇指,都是我们变得更友善的微表情微动作,如果每一个同学都从我做起,身体力行,崇尚友善,我们的生活一定会变得更美好。

【设计意图五】

"教育不在于使人知其所未知,而在于按其所未行而行",知行统一,是德育的重要原则。既重视道德认知的提升,更重视道德行为的实践,做到言行一致,表里如一。立足"他""你""我"三个角色,探寻"友善"的方法,揭示"友善"途径,并积极践行,在实践活动中加深情感体验,养成良好的行为习惯,使"友善"表现于我们的表情、语言、行动,成为我们的精神。

尾声:总结收获话友善

教师引导:请同学们说说今天这节课的收获。

学生1：友善，是通向未来世界的桥梁，今天的这节课，我发现传承友善是我们的使命；友善也是我们的社会需要。

学生2：以前我总是以自我为中心，今天以后，我要学会换位思考，把友善带给身边更多的人。

教师：友善，是为了遇见更美的自己，作为"你"、作为"他"、作为"我"，我们都有责任传承友善的传统、书写友善的历史，让我们在场的每一个人越来越友善。

【设计意图六】

自我教育是最好的教育，让学生通过自我的总结、提炼，形成个体对于"友善"的认识，主动追求成为友善之人。一堂课形成的"认识"可能是短暂的，但是将这种"认识"不断深化、践行，自觉成为"信念"，"友善"之花就能开放在学生心间，开放在校园、社会。

【活动延伸】

在班级中开展"我是天使"游戏，每位同学在一周时间内至少做三件向其他同学表达友善的事，一周后总结，并逐步将"游戏"变为常态化行动。

【活动反思】

实践活动首先需要从学生的生活出发，能帮助学生解决面临的实际问题。本课充分重视学生现有的生活体验，从实际出发，不管是对现实生活的反思，还是源于生活的视频讨论，都指向"更好地生活"这一终生课题，让学生学会交往，学会生活。

实践活动应引导学生打开视野，聚焦历史，烛照未来，让语文课成为民族精神的传承基地。本课充分观照社会生活，由当时的社会热点"罗一笑事件"展开辩论，引入对"友善"更全面、更深邃、更辩证的思考,打开学生的精神世界,丰富"友善"内涵,继承和发扬民族精神。

教学是为了"行",基于学生日常行为的改善来设计实践活动课,立足于学生活动展开实践活动,使"知"与"行"充分融合。本节课的教学,致力于发挥学生主动性,说、演、辩、思,最后落实到日常行动,使"友善"成为学生的主动追求、积极行动。

本文发表于《德育报》1395期(2017年),有删改。

扎根本土,让"爱国"生长为一种习惯
——"融通"的爱国主义教育实践

国,邦也。爱国,是我们中华民族的优良传统,数千年来,无数中华儿女奋力呐喊并践行着爱国主义誓言:从孟子的"乐以天下,忧以天下"到贾谊的"国耳忘家,公耳忘私。利不苟就,害不苟去",从岳飞的"精忠报国"到林则徐的"苟利国家生死以,岂因祸福避趋之",爱国,已经成为一种文化基因,融入华夏儿女的血脉,代代相传。

一、基于爱国主义教育的本土实践认知

(一)爱国主义教育:立德树人的重大主题

在2018年全国教育大会上,习近平总书记强调:"要在厚植爱国主义情怀上下功夫,让爱国主义精神在学生心中牢牢扎根。"厚植爱国主义情怀,当代青少年才能对国家、对民族生发拳拳深情,自觉成长为社会主义建设者和接班人。"人无精神则不立,国无精神则不强",厚植爱国主义情怀,中国人赖以长久生存的灵魂生生不息,是中华民族实现伟大复兴的重要前提。

随着全球化进程的加快、多元文化的极速发展以及西方思想文化

的不断渗入，当代青少年的民族自信心和民族文化认同感被渐渐削弱，爱国主义情感也在无形中被弱化。习近平总书记提出："爱国主义精神深深植根于中华民族心中，是中华民族的精神基因。"厚植爱国主义情怀，是在青少年心中筑起一道精神长城，延续中华民族的民族精神，传承中华民族的千年文明。

新时代爱国主义精神的特质，是将爱国、爱党和爱社会主义相统一。"全心全意为人民服务"是中国共产党的最高宗旨，厚植爱国主义情怀，要将"为人民谋幸福"作为终身的信仰和追求，从而实现民族振兴、国家富强、人民幸福。

少年兴则国家兴，青少年强则国家强。习近平指出："要结合弘扬和践行社会主义核心价值观，在广大青少年中开展深入、持久、生动的爱国主义宣传教育，让爱国主义精神在广大青少年心中牢牢扎根。"厚植爱国主义情怀，必须牢牢抓住青少年教育这个关键。语文老师是青少年成长的精神引领者，对青少年的世界观、人生观、价值观的确立有着不可替代的作用；班级共同体是青少年精神成长的重要场域，语文课堂的建设对青少年确立理想信念、砥砺爱国情怀，具有不可磨灭的作用。

习总书记指出："教育和帮助青少年树立正确的世界观、人生观、价值观，永远热爱我们伟大的祖国，永远热爱我们伟大的人民，永远热爱我们伟大的中华民族，坚定跟着党走中国道路。"在班级文化建设中，着眼于厚植爱国主义情怀，打牢青少年的思想基础，培养其爱国之情、砥砺其强国之志、实践其报国之行，"立德树人"才能真正成为现实。

（二）扎根本土实践：班级爱国主义教育的有效选择

习总书记在全国教育大会上发表重要讲话，指出要坚持"扎根中国大地办教育"。扎根"中国大地"，就是遵循中国特色，传承中华独特文化，植根于现实土壤，理论联系实际，"坚持一致性和多样性统一，找到最大公约数,画出最大同心圆"。

一方水土养育一方人,一方文化滋养一方文明。《管子·牧民》:"以家为家,以乡为乡,以国为国,以天下为天下。"乡土,是国家的根基;爱乡,是爱国的起点。扎根本土实践,可以充分滋养爱国主义情怀。对于青少年来说,"国"的概念是抽象的、模糊的,而"乡土"却是实实在在、时时刻刻呈现于眼前的,更是可以镌刻于内心的。浸润于家乡的自然风光,感受家乡的风土人情,在班级活动中激发学生对本土的热爱,能建设起青少年美好的精神家园。

扎根本土实践,可以充分发扬优秀文化传统。"文化是一个国家、一个民族的灵魂。文化兴国运兴,文化强民族强。没有高度的文化自信,没有文化的繁荣兴盛,就没有中华民族伟大复兴。"而本土文化,是中华优秀传统文化的重要组成部分。深耕本土优秀文化传统,是青少年感悟华夏文明、厚植爱国主义情怀的重要基石。

扎根本土实践,可以充分发挥青少年的主体作用。青少年思维活跃,感觉敏锐,追求个性,他们不喜欢接受纯粹的"说教",也不愿意沿着教育者设定的既定路线循规蹈矩而行。他们喜欢挑战未知、喜欢新奇刺激,更愿意在实践、在活动、在展示自我的过程中发现自我、提升自我。在班级建设过程中,可以设计学生喜欢的实践活动,创设情境,引导他们去感知、去思考、去体悟,厚植爱国主义情怀,将"爱国"化为其自己的主动追求,是提升爱国主义教育实效的极佳选择。

(三)养成一种习惯:爱国主义教育的价值旨归

"播种习惯,收获命运。"厚植爱国主义情怀,关乎国家的前途命运,是国之大计、党之大计。在爱国主义教育实践中,拒绝"走过场"、拒绝"真人秀",真正让爱国主义入脑、入心,并成为青少年的一种自觉习惯,成为青少年的核心素养,成为青少年的生命情怀,是爱国主义教育的价值旨归。

扎根本土实践,从不同维度激发和触动青少年,从关心家乡的可持续发展出发,从乡亲的生活现状着眼,使其生出"天下兴亡,匹夫有责"的爱国责任感,树立"国为重"的价值观念,以"为人民谋福祉"作为人生追求。当这样的爱国信念扎根于青少年的思想深处、成为青少年的自觉意识,当爱国情怀生长为一种思维习惯,班级爱国主义教育才算真正走向了实处。

"行即学",实践的过程也是学习的过程。"士虽有学,而行为本焉。"学习的目的是指导自己的实践。扎根本土实践,一方面让青少年在实践的过程中吞吐、吸纳爱国主义情怀,将爱国情怀转化为自己的"本能";另一方面,实践的过程就是持续不断地"爱国"的过程,在长期的爱国实践中,他们渐渐把这种行为凝结成一种记忆,淬炼为一种行为习惯。

《朱子语类》:"论先后,知为先;论轻重,行为重。"王守仁主张"知行合一"。厚植爱国情怀,不论是"知"还是"行",关键处在于不能三天打鱼两天晒网,而是要持续地、有系统地、坚持不懈地进行,真正养成一种"习惯"。

二、基于爱国主义教育的本土实践策略

(一)资源整合:立足乡土,从学校走向社会,凝聚爱国热情

对初中生来说,"世界""国家"这些概念相对来说是抽象的、模糊的,可触及的生活才是具体的、可体验的、可理解的,也更容易触发情感、产生共鸣。美国诗人弗罗斯特说:"人的个性的一半是地域性。"组织立足于乡土的实践活动,可以带领学生认识脚下的土地,理解脚下的土地,进而热爱脚下的土地。

笔者所在的启东,地处长江入海口北岸,是东海、黄海、长江三水交汇处,独特的地理位置,造就了独特的风景画面:海上日出、金滩拾贝、牛车夕照、亭楼望海……乡土美景,常常盘桓于游子内心,而生于斯、长于斯的青少年,对家乡的特色往往一知半解,甚至因身处其中而生厌倦、疏离之意。组织"寻遍家乡美景"主题语文实践活动,利用双

休日,让学生寻找和拍摄家乡的美景,上传到班级微信群,同学间互相欣赏、点评,推选出"最美家乡照",在课堂上进行集中展示。在展示过程中,学生讲述"最美家乡照"中画面景物的来源,评说家乡的历史,在美景的流动中,学生对家乡的情感慢慢深厚,家乡的美在心头定格。

东南中学内有历史上的"抗大九分校"旧址,是粟裕将军曾经工作和生活过的地方,具有独特的意义。组织班级实践活动,带领学生探访东南中学,到实地参观学习,感受抗大九分校的历史变迁,聆听粟裕将军的传奇故事。站在那片土地上,穿越历史,学生的目光中有一种坚定的东西在闪动。

知乡才能爱国。"知"是"情"的基础,有了"乡知",就会自然而然产生"乡情"。这样的"乡情",会产生出一种对家乡的牵挂,凝聚成一种感恩和眷念,净化为流离失所中的灵魂安厝,提纯为民族情感的深度结晶。

家乡的风景是客观的,但关于乡土的体验却是主观的;乡土的美是客观存在的,但对于乡土的热爱却是发自内心的。从"乡知"开始,催发"乡情",从"乡情"拓展到民族情、中国心,这样的少年,无论将来走多远,他都不会忘记自己的根。

(二)学科融合:聚焦乡土,从知识走向文化,培养爱国情怀

实践活动是青少年从社会中获取知识、发现问题的途径和方法,也是他们探索真知、保持独立和自主创新的重要源泉。但是,如果实践活动没有系统的设计和规划,如果实践活动的过程缺乏有效的组织和评价,如果实践活动没有引导学生深入思考,那么,实践活动就容易成为随风飘散的德育碎片,容易流于形式,或者成为"玩一玩""看一看""转一转"式的走过场。

聚焦乡土,与学科教学相融合,将爱国主义教育实践与学科课程融合,做到有目标、有序列、有过程、有评估,能很好地改善和提升爱国主义教育的系统性和实效性。

统编教材八年级语文第一单元涉及的是民俗文化,在感受了鲁镇的社戏、陕北的信天游、黄土高原的安塞腰鼓之后,我组织学生展开"启东乡土文化调研"主题实践活动。从过年风俗到嫁娶礼仪,从乡土丧礼到祭祀礼仪,每个小组选取一个主题,展开访问、调查、撰写调查报告。当孩子们把日常生活和经历作为一个课题来研究的时候,他们发现,民风民俗不仅仅是我们日常中见到的,更是一种浸染了民族精神的传统文化,是关于乡土的文化。在这里,他们读懂了乡民对天地的敬畏、对祖先的敬仰、对"人"的敬重;在这里,他们感知"孝""义""信"的内涵,体味着中华传统文化。

在音乐课学习各地民歌的同时,设计"启东渔歌探访"主题实践活动,让学生跟着家里的老爷爷老奶奶学唱启东渔歌,探讨启东渔歌的艺术价值和文化意义。不少同学表示:以前都没有注意到我们启东还有这么有意思的歌!面对日益没落甚至即将消逝的启东渔歌,孩子们都感慨万千,对乡土文化的依恋升华为传承祖国文化的强烈责任。

教育的本质是心灵感应。将语文实践活动与其他学科教学相融合,打破学科壁垒,让乡土文化浸润青少年的生活,这种文化基因会潜移默化间影响孩子,从而唤醒他们对乡土文化、对祖国文化的感知、认同、理解、热爱,乡土文化也会融入青少年的生活。

(三)知行结合:超越乡土,从历史走向现实,培养爱国情怀

"知者行之始,行者知之成。"实践是教育的过程和方法,也是教育的目的。实践,不仅仅是指教师有意设计和组织的主题活动,也指立足于学生自觉主动的真实生活。爱国主义实践活动的最终目的,是让"爱国"的德育文化转化为现实行动,是要让学生树立爱国之志,践行爱国之举。

台北师范学院吴明清教授认为:"乡土是以自我为圆心,以情感为半径,画一片有家有生活的土地,生活中有人有事,土地上有景有物,

第四章 "融通"语文课堂教学案例评析

交织成绵延不绝的历史和文化。"对青少年来说,这种历史和文化,不仅仅是过去的传承,也是未来的愿景,更是现在的真实。

我和学生在生活里寻找现实事件,从乡土的改变开始,努力赢得祖国美好的明天。启东推进文明城市建设工作以来,我便引导学生一起关注家乡的文明程度,从现实出发,寻找建设文明城市的现实途径。结合文明办组织的"啄木鸟"行动,我鼓励孩子们关注生活,找到家乡文明建设提升点,在文明办专用网站上传自己的意见建议。班上有65%的学生找到了城市文明提升点,向上级部门提出自己的改进意见。这样真实的实践活动,让孩子们看到了自己的力量,感受到承担社会责任的意义和价值,从家乡的建设出发,自觉把国家的建设担在肩头。

围绕真实的社会事件,我和孩子们一起,关注、讨论、行动,从小事做起,从服务社区、服务家乡做起,赢得未来和远方。

启东开始实施垃圾分类以来,我带着孩子们绘制垃圾分类简明介绍图,分发给小区的居民;贸易战发生后,我带着孩子们寻找资料、了解背景,总结"居民正确应对贸易战十二条",回家向爸爸妈妈宣讲;家乡的火车站开通,我带着孩子们拟定"文明乘车条约",向亲戚朋友宣传……

豆蔻少年,从来不缺少认识社会、建设祖国的热情和激情,基于乡土的实践活动,让学生的爱国情怀从理想走向现实,并且落地生根,激发其产生更多的智慧去烛照未来,去积极关心国家和民族。

历史为人类提供了一面值得借鉴的镜子,"实践是检验真理的唯一标准",实践也是立德树人最重要的途径。

"思国之安者,必积其德义。"在基于乡土的实践中探索前行,知乡、爱乡,激发家乡建设的责任感和使命感,厚植爱国主义情怀,便能从"家"走向"国",让爱国成为青少年的一种意识!

参考文献

[1] 南京师范学院附属小学,南京师范学院教育系.斯霞教育经验选编[M].北京:人民教育出版社,1978.

生活创建:让"民魂"活在当下
——"融通"的民族文化教育策略

"惟有民魂是值得宝贵的,惟有她发扬起来,中国才有真进步。"这是鲁迅先生在20世纪发出的振聋发聩的声音。"民魂",即一个民族、一个国家的精神。

中华民族是一个拥有五千年历史文化传统的古老民族,五千年历史文化传统凝聚成的精神,已经成为流淌在中华儿女血液中的文化基因。那是中华优秀传统文化中历经沧桑而浴火重生的精华,是中华儿女世世代代智慧的基本元素和珍贵结晶:"仁、义、礼、智、信"的信仰,"位卑未敢忘忧国"的情怀,"富贵不能淫,贫贱不能移,威武不能屈"的气节,"先天下之忧而忧,后天下之乐而乐"的操守……

不管是在风雨飘摇的六朝烟云中,还是在"光芒万丈"的大唐气象里,中华"民魂"始终深植于华夏民族的血脉之中,激励一代又一代中华儿女筚路蓝缕,披荆斩棘,砥砺前行。

今天,中华民族进入了一个全新的历史时期,中国已经发生了翻天覆地的变化。"地球村"的出现,在东西方文化加速融合的同时,也让传统的民族文化受到严峻的挑战;面对网络的普及、"抖音"的风靡、碎片化阅读的盛行,"民魂"似乎难以找到寄身之所,难以凝结为当代青少年的自觉选择。"民魂"似有渐渐消散在飞速旋转的时光之轮里、悄悄迷失在五光十色的现代生活中的隐忧。

斯霞老师曾不无遗憾地说:"今天的青少年对祖国的历史文化知

道得太少。"其实,青少年缺失的,不仅是民族文化的"知识",更是对"民魂"的信仰和传承,而这对于民族的延续、对于国家的存亡有着非比寻常的意义。"民魂"不能被"束之高阁",更不能"随风飘散"。

一、以文载道:价值文化的萃取

初中学生的生理和心理正趋于成熟、趋于稳定,认知水平不断提高,人生观、价值观逐渐形成,并对哲学产生浓厚的兴趣,正如一位心理学家所言:"一个人在人生的任何一个阶段里,都没有像在青少年期这样如此关心价值观问题。"

"文以载道",中华优秀的传统诗文,凝聚了我们民族的精神,是不可估量的无价之宝。但是,如果只是在语文课上学过这些诗文,如果只是在背诵和考试时偶尔借用一下这些诗文,那么再优秀的民族文化也只能成为"明日黄花"。

创建诗意的生活,让优秀的中华诗文融入生活中,在日常的运用、对话、感悟中深入理解并认同、接受传统文化,让民族精神成为青少年价值观的重要组成部分,对此,语文老师有无限的施展空间。

以展现民族精神内涵的宣传板报、绘画装饰教室,让学生在耳濡目染中浸润吸收,这是从学生的外部去创建。让学生以传统诗文的思维方式来演绎推理,进而评价当下的生活,这是从内部去探知。

结合《诫子书》等优秀诗文,我和学生总结出十条"修身法则"、十条"齐家法则"、十条"志天下法则"作为宣言,经常更新,经常诵读,经常对照,让优秀传统文化指导我们的生活,让每一位学生都由内而外萌生出民族精神的小小火焰。

班级中学生有抄袭作业的行为,在课上,我们就此问题展开讨论。我请学生找出我们传统文化中关于诚信的诗文,全班进行交流。我们用墨子"志不强者智不达,言不信者行不果"、《论语》"君子坦荡荡,小人长戚戚"来辨析抄作业行为的本质。在辩论思考中,学生发现,做光明磊落之人、做言行一致的"君子"和抄作业偷懒去欺骗师长、欺骗自我之间，并没有可选择性。从此，班级中抄袭作业的行为基本不再出现。在这个过程中，学生感受到的，不仅仅是抄作业的弊端，更有中华民族约定俗成的"做人"原则和底线。在这个过程中，学生将诚信、坦荡的民族价值取向内化于心、外化于行，民族精神在小小的生活事件中得以继承和传扬。

生活创建，不是脱离生活去创建偶然事件，而是紧贴生活、顺应生活，创造合适的契机，帮助学生在生活中时时接触、时时感受、时时思考民族文化，体味其蕴含的精神价值与我们的日常生活的关系，并将民族精神融入我们的日常生活、日常行为，成为我们的骨血。就像新加坡李光耀所说："也许我英语比华语好，因为我早年学会英文；但是即使再过一千个世代，我也不会变成英国人。我心中所信守的不是西方的价值体系，而是东方的价值体系。"将民族精神在生活中体现，这样，初中生会因民族精神而凝聚出更为厚重的价值观、人生观，我们的民族精神也会因青少年的参与、咀嚼和传承而生发出更为夺目的光芒。

二、以趣促情：节日文化的传承

"千门万户曈曈日，总把新桃换旧符。"中华民族源远流长的优秀精神文化，不仅仅凝聚于诗文之中，更凝聚在日常生活之中，尤其是中华传统节日，不管是清明节的祭祖扫墓，还是春节的阖家团圆，都融汇着华夏儿女最朴素的情感表达，也融汇着中华民族最感人的精神力量。

充分利用这些传统节日，在班级中创建相关节日活动。此时，节日，就不仅仅是节日，更成为民族精神教育的延伸和拓展；节日，就不仅仅凝结中华民族的过去，更可以孕育出新的未来。

清明节祭扫烈士陵园，学生在瞻仰革命先烈、回顾革命历程的澎湃激情中燃烧青春激情,担负青春责任;端午节包粽子、做香囊,学生在艾香氤氲中吟诵屈原的"路漫漫其修远兮,吾将上下而求索",感怀于古人的爱国热情;中秋节,同做月饼,共赏明月,品味传统美食的同时,更在苏东坡的"但愿人长久,千里共婵娟"里品味亲情之思、离别之痛、贬谪之慨,在李白的"明月出天山,苍茫云海间"里品味离别之泪、战争之苦、将士之悲,品味华夏民族对和平的追求和向往;重阳节到敬老院慰问,拜访老人,在白发和皱纹中感受生命的流逝与珍贵,体悟"老吾老以及人之老,幼吾幼以及人之幼"的深刻内涵……

包容和谐,互助友爱,刻苦耐劳,公平正直,自强不息,革故鼎新,几乎所有的民族精神内涵都可以在节日文化中找到相应的注脚。节日是生活的一部分,如果我们在语文学习中创建独具特色而富有仪式感的节日活动,深度挖掘节日的意义,节日,就能超越生活,引领初中生走向"精神"提升的高度。在此意义上,节日,也可以成为青少年的精神家园,一个融入了炎黄子孙特殊文化符码的精神教育课堂。

元宵节是春节的尾声,也拉开了新的一年奋斗的序幕,在元宵节,我带领班级中的花季少年们开展"欢天喜地闹元宵"活动。活动分为"写春联""做元宵""做灯笼""包饺子""猜灯谜"等单元,学生根据自己的特长,选择参与相关活动。从活动组织到节日意义的阐述,从材料准备到成果展示,都紧紧围绕"民族文化"进行,在墨香缱绻中窥见书法艺术的精妙绝伦,从灯谜设计中探知中华语言的博大精深,从灯笼制作中感受传统工艺的匠心独运,从元宵饺子里品尝美食文化的魅力无限……在感受"东风夜放花千树"的元宵氛围后,有学生这样感慨:"以前总想着圣诞节、感恩节好玩,可是现在才发现,我们中国的传统节日,更有意味,更值得我们去品味、去继承、去琢磨……"

节日只是一种形式,但是在"节日"的形式之中,蕴藏着我们中华民族深厚的文化内涵,也汇聚着我们中华民族优秀的精神内核。创建生活中的节日活动,在"做"中"学"、在"学"中"做",在节日的"形式"之下让民族精神活在我们的日常里,净化我们的内心,成为灵魂深处的记忆,这何尝不是最好的教育呢?

三、以美化归:艺术文化的自信

开展民族精神教育,增强初中学生的民族自信、自强意识,提高学生的民族文化素养,让青少年从"根"上爱中国,牵挂祖国的生存和发展,并非一朝一夕之事。一方面,随着国民生活水平的提高、国人文化素养的提升,中华的传统艺术越来越受到人们的重视;但另一方面,现代社会的发展,科学技术的进步,也让我们民族艺术文化的传承和发展遭受前所未有的危机,很多传统艺术正日渐走向衰落甚至消失。

站在新的历史阶段,我们无法割舍,更无法切断我们民族的艺术文化根系,那是我们民族五千年风雨沧桑的见证,也是我们民族文化发展的路径。

"人类文化发展的回归不是简单的返回,而是对传统的重新开掘和提炼。"唯有对传统艺术文化的深度认识,才有中华文化的自信发展。

在班级中,创建审美的、艺术的活动,带领青少年走进中华民族文化的艺术殿堂,在寻寻觅觅中心悸,在摩挲注视中惊呼,在辗转反侧间沉醉,去阅读和理解我们民族的艺术史、审美史、心灵史,让艺术和生活交融交织,让学生在生活里发现美、品味美、创造美。既领略中华传统文化在艺术表达上的审美,又时刻以动态的审美眼光形成新的美的创造,从而汇聚成自身的素养并逐渐积淀为民族心理、民族品格,使我们的民族不断获得新的精神力量。

为了宣传中华传统的审美文化,我和学生展开了多个主题的"寻美之旅"。以"历代名画"为主题、以"中国名曲"为主题、以"绝美戏曲"为主题……我们展开实践研究,通过知、赏、思、辨,形成主题报告,分小组合作展示。这样的生活创建,拉近了学生和传统艺术文化的距离,让学生在体味优秀文化艺术魅力的同时产生民族自豪感。

以"历代名画鉴赏"主题活动为例,学生分成若干个小组,每个小组鉴赏一幅古代名画,《韩熙载夜宴图》《簪花仕女图》《清明上河图》等都成为学生的"欣赏对象"。通过资料搜集、名画欣赏、局部临摹,学生对这些画作的前世今生有了深入的了解,语文课上,以主题沙龙的形式进行小组展示,围绕若干话题展开讨论。由此,学生对中国古代的绘画艺术产生了浓厚的兴趣,并为中华艺术文化的璀璨夺目而倍感自豪,不少同学更萌生了"让中国现代艺术走向强盛"的念头。

鲁迅先生曾说,教育要"尊个性而张精神",将教育的实践活动变为生活的一部分,在这样的创建中,让学生走近艺术、融入艺术,从而实现民族优秀艺术文化的传播和发扬,这是艺术文化和道德教育相融合的途径之一。

教育应该是无痕的,民族精神教育尤应如此。民族精神深潜于我们的血脉之中,需要我们教育者——尤其是语文老师——去唤醒、去激发。

斯霞老师曾提出要重建中华优秀传统文化的教育体系。这种重建,不是生搬硬套的指标和数据,也不是胡编乱造的表格和资料,而是基于时代特征的重建、基于学生需求的重建,也是基于民族文化、民族精神发展需要的重建。这种重建,应该从生活出发,又回归于生活。

作为一名普通的初中语文老师,依托青少年的现实生活,通过生活的创建,焕发"民魂"的现实意义,让青少年认可、接受、内化我们的民族精神,这样,我们的"民魂"才会成为青少年的精神脊梁,成为民族的不朽之基石!

参考文献

[1] 中华人民共和国教育部.中小学德育工作指南(教基〔2017〕8号)[Z].2017.

[2] 南京师范学院附属小学,南京师范学院教育系.斯霞教育经验选编[M].北京:人民教育出版社.1978.

融合、创造、超越:"张謇精神"的"红色"传承
——依托地方人文资源开展"红色文化"教育的融通实践

"文化是一个国家、一个民族的灵魂。"红色文化,作为中国特色社会主义先进文化的重要组成部分,具有"育人"的价值和功能,是立德树人、培根铸魂的宝贵资源和重要素材。开展"红色文化"教育,继承和发扬民族精神。南通依托地方人文资源,开展了独具特色的区域性实践。

一、传承:"张謇精神"

在中国近代文化科教史上,南通是一个"耀眼的存在"。创办第一所师范学校、第一座民间博物苑、第一所纺织学校、第一所刺绣学校、第一所戏剧学校、第一所中国人办的盲哑学校、第一所气象站……

这一切,源于近代南通的编造者——张謇。

是他,奠定了将滨江临海的南通建设成"中国近代第一城""一个新世界的雏形""中国一个理想的文化城市"的基础。从创办大生纱厂到开办通海垦牧公司,从创办各类学校到兼顾各项民生慈善事业,从数十年如一日殚精竭虑致力治淮到推进整个南通地区的水利工程建设,张謇身上凝聚着救亡图强的爱国精神、志在有为的经世精神、脚踏实地的务实精神、敢为人先的开拓精神、勤俭办事的创业精神、舍身饲虎的献身精神、一诺千金的诚信精神,融合成具有南通特色的"张謇精神",成为南通人的精神坐标,并不断传承,成为一代又一代南通人的价值追求。

二、融合:"张謇精神"与"红色文化"

也许有人要提出这样的疑问:从"红色文化"的形成上来看,它是

中国共产党领导中国人民在新民主主义革命、社会主义革命和建设实践中创造出的一种革命性文化形态,植根于社会主义革命和建设的伟大实践征程中,而张謇是清末状元,是中国近代的实业家,"张謇精神"和"红色文化"是否同质?

(一)探本溯源,"张謇精神"和"红色文化"同根而生

张謇是清末状元,他一生所读,多是儒家经典,深受中国传统文化浸润。他大兴慈善,以个人和企业力量承办社会公益事业,以"仁"处事;他不时义赈,救灾救急,济苦怜贫,以"义"待人;他宽厚仁慈、讲究礼数,对己严格、注重内省;他是非分明、文理密察,坚持原则、诚信担当……经史子集、伦理纲常镌刻于张謇内心,他的人格特质深深打上了中国传统文化的烙印。"张謇精神"是中国传统文化在张謇身上的凝聚与表达,是民族精神的个性化阐释和创造性发展。

中国人的红色情结与生俱来,它流动在民族的血脉里,遗传在民族基因中。"红色文化"植根于中华传统文化的土壤,蕴含着丰厚的历史文化内涵,是对民族精神的吸收、继承、发扬和创新。不管是开天辟地、敢为人先的"红船精神",还是自力更生、艰苦奋斗的"延安精神",不管是知难而进、勇于探索的"航空航天精神",还是众志成城、舍生忘死的抗疫精神,都源于我们民族强大的文化基因,是传统文化的当代价值表达。

(二)基因匹配:"张謇精神"与"红色文化"的内在契合

从"红色文化"的内涵来看,它是近代以来以中国共产党人为主体的志士仁人在实现民族独立、国家富强的过程中凝聚、积淀起来的伟大精神。但"红色文化"不只是特定时代的文化,也不是"红色"和文化的简单相加,而是中国历史文化中的"红色"寓意和社会历史实践的有机融合,经过长期的选择、融化、重组、整合,兼收并蓄古今中外的优秀文化成果而形成,代表了中国文化的先进方向。

"张謇精神"集中体现了张謇在社会改革实践中经天纬地、胸怀苍生的救国救民之志、爱国爱民之心。"天之生人也,与草木无异,若遗留一二有用事业,与草木同生,即不与草木同腐朽",这是张謇感慨人生价值、一心报效社会的决心;"和约十款,几罄中国之膏血,国体之得失无论矣",这是张謇在《中日马关条约》签订后忧心国事、哀痛难当的控诉;"国计若何,民生若何,心之戚无穷期矣",这是张謇哀叹民生维艰、民族衰微的无奈;大生纱厂"天地之大德曰生"的命名,寄托了他关心国计民生的理想,"治国平天下,始于正心诚意",表明了他一身正气、兼济天下的信仰……

可以说,"张謇精神"的内涵和"红色文化"的意蕴相互有重叠、相互有印证,共同表现了中华民族精神在特定历史阶段的传承和发展。随着时代的变迁,社会主义建设的推进,"张謇精神"在延续、在发展,"红色文化"也在不断更新、不断丰厚。如果说,曾经的"张謇精神"是"红色文化"的跨时代表达,那么当下社会主义建设新时期的"张謇精神"则是"红色文化"的有机组成部分。

(三) 顺时而为:"张謇精神"与"红色文化"的时代教育价值

70多年前,毛泽东在接见黄炎培时说,提起民族工业,在中国近代史上有四个人不能忘记,"轻工业不能忘记张謇"。

2020年11月,习近平总书记来到南通博物苑,参观张謇生平介绍展陈。他指出,张謇在兴办实业的同时,积极兴办教育和社会公益事业,造福乡梓,帮助群众,影响深远,"是中国民营企业家的先贤和楷模","张謇的事迹很有教育意义,要把这里作为爱国主义教育基地,让更多人特别是广大青少年受到教育"。

《周易》有云:"观乎人文,以化成天下"。学习"张謇精神",以地方人文资源承载"红色文化",传承民族文化基因,对于激发青少年的爱国主义精神,培育社会主义核心价值观具有重要意义和价值。

三、创造:立足"张謇精神"的"红色文化"教育实践

马克思说:"人创造环境,同样环境也创造了人。"以课程建设为载体,创设环境,立足"张謇精神"这一南通地方人文资源进行"红色文化"教育,能帮助学生了解家乡的历史,感受张謇及南通人民坚韧不拔的毅力和百折不挠的精神,激发学生热爱家乡、热爱祖国的情感,引发他们的强烈共鸣,引导他们树立理想信念,牢记历史使命和民族责任,为建设家乡、建设祖国而努力奋斗。

(一)"博物馆"课程,传承"红色文化"基因

从文化载体角度去看,"红色文化"总是通过一定的载体,如战斗遗址、烈士故居、文献资料等展现,这些载体呈现的不仅仅是物态的"红色文化",更凝聚了"红色文化"的精神价值。走进这些载体,能直观地、鲜明地、生动地感受"红色文化"的精髓。

在南通,几乎每一个县市都有多处与张謇有关的"博物馆",这些博物馆中,有传统意义上的博物馆,如南通市区的南通博物苑、海门的张謇纪念馆等,也有至今仍在运营的工厂、农庄、园林等,如颐生酿造厂、啬园等。

根据教育部等11部门印发的《关于推进中小学生研学旅行的意见》要求,南通市各中小学校组织"走进张謇的'博物馆'"主题实践,通过实地走访、阅读资料,让每一个孩子了解与张謇相关的故事,感受张謇身上闪耀的无私无畏的精神。在启东的抗大九分校纪念馆内,设有张謇垦牧教育纪念主题馆,各学校组织学生前往参观,深度了解张謇创办通海垦牧公司的全过程,感受先辈"牧渔垦荒"的开拓精神、"人定胜天"的不屈意志,并知悉张謇全面规划垦牧教育设置的高瞻远瞩,对张謇的敬佩之情油然而生。待参观隔壁粟裕将军的展厅,又生出中国革命一脉相承、红色基因代代相传的自豪感。

（二）"主题探究"课程，丰富"红色文化"内涵

如果只是作为一位瞻仰者远远地观看张謇的资料、塑像，并不能真正走近张謇。"张謇精神"的丰盈，在于他是一个思想先进、开一代风气之先的先驱者，是一位有魄力、敢于行动的改革家，是一位虽百折而不挠、虽九死而不悔的爱国志士。从市级层面出发，层层落实，南通市各中小学每年组织各类"张謇精神"主题探究活动，引导学生研究张謇留下的各类书籍文稿、题跋诗文、楹联墨宝，感受张謇的尺牍深情。

如"校训"主题探究课程的实施，引导青少年学生了解张謇的教育思想，并在探究过程中品悟"学以救国"的红色文化传统。张謇当年所创学校的校训，很多都沿用至今，如南通师范高等专科学校的校训仍沿用其前身民立通州师范学校的校训"坚苦自立，忠实不欺"；南通大学的校训"祈通中西，力求精进"结合了1912年张謇创办的私立南通医学专门学校和南通纺织专门学校的校训"祈通中西，以宏慈善""忠实不欺，力求精进"。这些饱含"张謇精神"的校训，凝聚了对崇高道德境界的追求，与"爱国敬业""诚信友善"等社会主义核心价值观高度融合，在探究这些校训的形成、内涵、意义的过程中，青少年学生了解了"张謇精神"的内涵意义，并传承团结协作、创新创造的红色精神。

（三）"艺术表现"课程，弘扬"红色文化"价值

苏霍姆林斯基说："只有学生把教育看成是自己的需要且乐于接受时，才能取得最佳教育效果。"面对思维标新立异、个性突出的"零零后"，传承"红色文化"需要在形式和内容上不断创新，以独特的呈现方式获取其注意，让他们愿意并喜欢参与，从而实现"红色文化"的传承。

在学习"张謇精神"的过程中，以"艺术表现"课程为支架，再现张謇的生活情境，感受张謇的内心世界，使青少年在真情实感的触发中获得思想的提高。2017年，话剧《张謇》在南通展演，真实的现场感受，

第四章 "融通"语文课堂教学案例评析

让青少年感受到"张謇精神"是如此丰富、深刻、亲近和鲜活,这让"张謇精神"不再空洞,也让距离感消失,从而充分调动了学生的兴趣,获得价值的认同。

这样的艺术表现课程并不局限于一时、一处,很多学校自发、主动地设计艺术活动,让"张謇精神"走进青少年的内心。如小学的"张謇故事连环画"阅读、"张謇逸事绘画展",初中的"张謇主题情景剧""张謇书法作品评析",高中的"张謇楹联赏读""张謇书信评论"等。南通师范高等专科学校"声音剧社"就曾围绕张謇故事进行了剧本创作、话剧编排展演,活动结束后,学生感言:"我似乎回到了那个内忧外患的时代,感受到了张謇的拳拳爱国之心……"

古人谓:以器载道,道在器中。

学习"张謇精神",感受张謇顽强不屈、坚韧不拔的民族气节和英雄气概,学习张謇以实业为基础,大胆创新的勇气和魄力,秉承张謇自立自强、救国救民的宏愿和情操,并将之内化于心,外化于行,这是青少年砥砺品格、坚定理想信念、增强文化自信的有效途径,是传承红色基因、丰富红色文化内涵的有效实践。作为教育工作者,我们需要共同努力,一起成为"红色文化"的传承者、诠释者和发扬者。

参考文献

[1] 胡梅. 张謇元素在高职特色校园文化建设中的应用:以南通纺织职业技术学院为例[J]. 南通纺织职业技术学院学报,2009(4).

[2] 刘畅. 张謇元素在社会主义核心价值观建设中的应用[J]. 产业与科技论坛,2016,15(24):103—104.

[3] 沈南. 张謇的企业家精神与大学生创新创业素质培育:以南通地区高校为例[J]. 江苏工程职业技术学院学报,2019,19(4):24—27.

[4] 周振新. 南通人的精神重塑和全面发展追求[J]. 南通师范学院学报(哲学社会科学版),2003,19(1)1:16—20.

第四节　融通，关注关系的转化

师与生，教与学，主与客……语文课堂里，存在着各种关系，这些关系的定位，决定着语文课堂的厚度和宽度。在"融通"的语文课堂看来，各种关系应该是相互转化、相互翻转、相互融合的。

学生也可以是老师，老师也可以是学生；被动的接受与主动的创造交响并进，规范的技巧与情意的表达交互融合；"文"与"道"的相互渗透，"德"与"美"的交错参差。课程与资源，实践与思考，线上与线下，阅读与写作，生活与学习，作业与育人，交往与沟通，各种关系相互协调，共同构成语文课堂的整体。文化因为多元而精彩，课堂因为和谐而美好。

让细节成为"走心"的艺术
——促发、修改、分享的"融通"写作策略

"细节是隐藏于文字间的魔术"，细腻生动的细节描写，烘托人物形象，点染环境气氛，推动情节发展，可以说是"牵一发而动全身"。刚进初中的学生，写起记叙文来，虽然有一定的结构意识，要素齐全，语言优美，但由于缺少对细节的深度挖掘，也疏于对细节的精细描摹，往往显得具体流畅有余、细腻生动不足。

如何引领刚走进初中的学生发现和关注生活细节，让他们爱上细节描写？在"融通"的语文课堂，我们展开了一系列的努力和尝试。

第四章 "融通"语文课堂教学案例评析

一、促发:让"细节"在不吐不快中热烈迸发

好文章动人肺腑,好细节功不可没。笑问细节何处来?

好细节不是"写"出来的,更不是生编硬造出来的。好的细节,本来就存在于孩子的心中、意识深处。老师要做的,应该是促发孩子去触碰这些埋藏在记忆里的细节,去发现生活中的细微美好,进而不自觉地用文字再现和展示。这样的促发,需要老师从生活入手,引导孩子去体验、去感知、去思考。这样敏锐的视角,是在日常的累积中逐步养成的。

(一)关注眼前,促发细节的生动

引导孩子关注眼前的细节,是促发其思维发展最原始最有效的方式。一节作文课,我让孩子们在保持安静的前提下迅速调换座位,体悟整个活动中的细节,并加以描述。眼前发生的鲜活的事件很快在孩子心中迸发出灵感,精彩的细节描写如井喷般呈现:

> 时间嘀嗒嘀嗒地在流逝,眼看着只剩下三四个同学的时候,我急得像热锅上的蚂蚁——团团转。就在那时,他出现了,站了起来,焦灼的眼神四处打探,好像在说:"快来! 快来!"我仿佛是一艘迷路了三天三夜的轮船,终于找到了停靠的港湾,于是使出了比"波音747"还快的速度,飞一般地来到他的面前。我俩就像失散多年的兄弟,两只手紧紧握在一起,互相用坚定的眼神注视着对方,恨不得把眼珠子抠下来对视。

这是一个同学描摹他好不容易寻找到换位置的伙伴的细节,细腻的笔触把两人"对上号"的过程描写得生动而有趣味,课堂分享的时候,他赢得了同学们的热烈掌声。

"我只能写我体验过的东西,我思考过的和感觉过的东西,我爱过

的东西,总而言之,我写我自己的生活。"真实的体验和感受,才能带来真实的细节。作为一位语文老师,带着学生去体验生活、感受生活,在生活中触发作文的感官体验,真实地去记录、书写自己的感受,强过无数次地讲授细节描写的方法。

(二)探访记忆,促发细节的感动

如果说眼前的细节是有限的、可控的、相似的,那么记忆深处的细节则是无限的、自由的、个性的;如果说眼前的细节是学生即时可以感受的生活,那么,他们内心深处的记忆则是细节描写不竭的源泉。每个孩子心中都有一个巨大的"写作库",关键就看老师怎么去挖掘孩子内心的世界,怎么去触发他心灵深处的真诚和爱意,怎么去引发他们思想的波涛。

"每个人的生命都是一条流淌的河流,漫溯生命的河道,我们总能看到一个影子,他在你的生命中或许并不重要,却给你留下了最美的情感。让我们乘着记忆的小船,回到那一个时刻……"那次作文课,我带着孩子去探访记忆深处的细节,闭上眼睛,顺从自己的内心,在缓缓的镜头回放中想象、回味,潜藏的那些细节不经意间就跳上了孩子们的心头,那些或被珍藏或被遗忘的细节也重新以文字的形式被呈现。

> 汗水慢慢淌过曾祖母的脸颊,她却丝毫不在意,任由它们滴答、滴答地坠落到地上,她仍拿着那把小蒲扇,轻轻地为那婴儿扇着风。那婴儿满足地咂了咂嘴,抱住被子翻了个身,又进入了甜美的梦乡。

这是一个女生记忆深处曾祖母的身影,那个细节,我相信在她的内心深处闪动过千百回。当这个细节被记忆唤醒的时候,字里行间流淌的,是满满的深情。

这时,外婆从隔壁房间走出来了,只见她穿着一双老旧的但十分干净的绣花拖鞋,一件被压得皱巴巴的衬衣套在身上,一只手扶着墙,一只手理着乱成一团的银白的短发。

这是一个孩子描写生病了却仍执着地要为自己做饭的外婆。这个形象,也许不曾进入过孩子的写作视野,但在作文课上那一番沉静的追忆中,那个穿着绣花拖鞋套着皱巴巴衬衣的外婆跃然纸上。

感动,不期而至。

(三)回顾惯常,促发细节的灵动

步入初中,学生开始进入青春期阶段,他们好奇而又敏感地探求着外在的世界和自己的内心世界,对他们而言,情感积累并不是一件难事,关键在于寻找适合的方法。

"生活中并不缺少美,而是缺少发现美的眼睛。"用这句话来描述孩子们寻找素材、琢磨细节时的过程,再恰当不过。一边是生活里蕴藏着无限生动细节的惯常景象,一边是孩子的习以为常熟视无睹,作为老师,做一个有心人,引领孩子关注生活中习以为常的生活情境,或欣赏、或分析,往往能发现细节。

刚进初中的孩子,面对骤然改变的作息时间、突然增大的学习压力,早晨上学往往觉得忙忙乱乱,总是来不及、睡不够。一次课堂上,我引导孩子用"放大镜"来看早晨上学前的十分钟,不少孩子回想这十分钟,写下了精彩的细节。

　　我突然想到了什么,猛地一个鲤鱼打挺从床上飞跃而起。还有20分钟就迟到了啊! 我顾不得整理床单,飞也似的冲出房间。我用上我生平最快的速度,刷牙、洗脸、换衣、吃饭,弄得像要出去救火一样,把我老妈看得一愣一愣的。终于,我直着脖子吞下最后一口饭,拉起瘫倒在地上的书包与红领巾,在10分钟后,从家里撞了出去……

值得一提的是,当孩子们完成这10分钟"透视"的时候,他们发现的不是初中生活的紧张、痛苦、无奈,而是这10分钟的趣事与思考,初中生活,也就在这说说写写中变得"妙趣横生"。

二、修改:让"细节"在精心打磨中熠熠生辉

好文不厌百回改。"吟安一个字,捻断数茎须。"好的细节描写在反复修改中更加质朴和光彩。引导学生对细节进行反复斟酌、反复修改、反复推敲,学生遣词造句的能力、谋篇布局的能力、掌控细节的能力在修改中不断提高。

(一)修改评讲,从面上提升

每次批阅作文,都会发现学生在细节描写方面存在一些共性的问题。如不会选取合适的细节,往往如实记录整个故事,不会删选;对细节的描摹流于一般,不能达到于质朴无华中动人心扉的效果。对细节描写方法技巧的集中讲评,有助于学生系统掌握细节描写的方法,而以习作为例,帮助学生作文升格,则让学生直观地掌握化平凡为神奇的细节描写技巧。

有一次,有学生写自己放学后把作业本放到老师桌上,发现老师还在工作,办公桌很是老旧,突然有一种很心酸的感觉。在作文评讲的过程中,通过和同学共同寻找细节点,最后写出了这样的细节:

> 我把一大摞本子放在王老师那张表面坑坑洼洼的桌上,直把桌子压得吱吱作响,那桌子看着十分老旧,棕色的漆面已被磨掉了,露出实木的纹理,桌角还堆着几本教育杂志。

这是对当时细节的真实描写,也是学生的深沉感受,这样的修改

活动,让孩子惊叹:原来细节掩藏在生活的真实里,原来微细的描写比华丽的辞藻更能引人入胜!

反复的讲解、试写、升格让学生对细节描写不再陌生、不再畏惧,也让他们捕捉细节的触角更加敏锐。细节描写,越来越多地呈现在学生作文中。

(二)面批精改,从点上雕琢

相对于集体评讲,对学生的面批精改,则让他们获益更多。每每拿到缺少细节的作文,我总是愿意拿着它,和学生一起商讨如何修改其中的细节。面对面的指导,能让学生迅速发现自己行文的不足,找到可以进行精雕细琢的细节,细节描写也就容易多了。

班上有一名学生,有一次作文才写了200多字,令人惊讶的是,这200个字里居然写了四件小事!对于这样的学生来说,细节描写显然是几乎没有。如何将他从写作困境中解救出来,变"没细节"为"有细节",变"不会写"为"我会写",变"写不好"为"能写好"呢?

我拉着他的手,和他一起回溯了这四件事,请他讲述了这四个故事。在孩子讲述的过程中,我适时追问:这时你怎么想?他是怎么做的?表情如何?动作怎样?在不断地补充和描述下,故事渐渐丰满,细节渐渐呈现。我又适时引导他读精彩的书籍,丰富自己的语言储备,果然,孩子的细节描写渐渐精彩生动起来。

(三)好友互改,从心上生趣

如果说老师的指导和讲评能帮助孩子掌握细节描写的方法,获得细节描写的基本技能,那么对于孩子来说,还有一种需要,就是在细节描写修改的过程中获得趣味、获得认可。

为了最大程度上激发孩子修改细节的兴趣,我组织学生进行"互文式修改",好朋友之间就作文细节描写部分相互批改,留下自己的批改意见,再由作者就好友的点评进行"申诉"。于是,我们的作文修改成了一场"细节"碰撞会,学生们留下的点评文字有理又有趣,修改细节成为一个有意思、有趣味、有收获的过程。

这个神态描写非常棒，让人好像看到了一个痛失无比心爱之物的小女孩，让人怜惜。我体会出你的撕心裂肺，不愿离别，写得非常好。

"总觉得她很亲切"这个感受不错，如果能写得再精细一点就更好了，再写写细节吧！——行行行！

"你的感受很普通。"——那是我最真实的感受，每一次在奶奶的怀抱中我都能感受到温暖。

把"刻在记忆里的一笔"描绘得令人感同身受。——看完你的评语，瞬间无语，感觉你说得太对了，秒赞！

我读了你的点评觉得很有道理，我应该去多读一些优秀的文章，去理解更深层的含义。

叔本华说："小说家的使命，并不在于叙述伟大的事件，而是使细小的事件变得引人入胜。"修改细节的过程，即是把细小的事件描写得引人入胜的过程，对于七年级的孩子来说，这个过程不可能一蹴而就，其间需要经过"独上高楼，望断天涯路"的独到修养，需要"衣带渐宽终不悔，为伊消得人憔悴"的执着热爱，也需要"蓦然回首，那人却在灯火阑珊处"的境界。

尽可能让孩子愿意修改、喜欢修改、善于修改，是细节描写熠熠生辉的必然途径。

三、分享：让"细节"在反复咀嚼中醇厚弥香

叶圣陶先生说："阅读是吸收，写作是倾吐，倾吐能否合乎法度，显然与吸收有密切的联系。"

"开采一克镭，需要终年劳动。你想把一个字安排妥当，就需要几

第四章　"融通"语文课堂教学案例评析

千吨语言的矿藏。"阅读是写作的前提和基础,要指导学生会写细节,先让学生会读细节。

如何引导学生在有限的时间里阅读到精彩的细节,促发他们关注细节、写作细节,增强细节描写的主动性?

经过一段时间的实践,我发现,让孩子读周围同学的作文,相互批改,是一种提高作文水平极其有效的方式。一方面,身边的同学写的都是他熟知的细节,阅读时极容易引起共鸣,也容易促发孩子关注自己的生活;另一方面,对被批改的学生来说,这是一种莫大的鼓励和鞭策,能激发他们更好地观察细节、写作细节。

于是,我把学习作文中优秀的细节描写做成 PPT,在作文讲评课上和大家一起分享;把作文中精彩的细节描写汇编成资料,发给学生阅读……

与此同时,我采用了一个让孩子每天读同学作文细节描写的一个方法。我制作了"微语塘"微信公众号,每天把学生们作文里写得好的细节发送给各位家长,请家长给自己的孩子每日一读,并在班级微信群里作简短的点评。

"这个细节好真实!"

"我怎么觉得这个细节就是在写我迟到的经历?"

"原来,这件事还可以这么写!"

孩子们真诚的点评赋予这些细节描写更多的内涵,他们发现同一件事、同一个细节在其他同学那里被描绘成了不同的文字,写出了不同的味道。

"细节描写真是妙趣无穷!"一个孩子这样感叹。

在不断的分享和阅读中,孩子们感受到细节描写的魔力,也发现了抓住细节、描写细节的奥秘。

如果说情节是文章的骨骼,那么细节就是文章的血肉。作文离不开细节描写。情节可以虚构,细节不能捏造。真实而动人的细节,来

263

自孩子的生活,来自孩子的内心。

"不是锤的打击,而是水的载歌载舞,使鹅卵石臻于完美。"作为语文老师,创设各种环境,引领孩子发现细节、写作细节、爱上细节,我们的作文教学才能通向更美的境地!

参考文献

[1]李镇西:作文教学"四项基本原则"[EB/OL].百度文库.https://wenku.baidu.com.

心田的源头活水
——农村初中长篇文学名著阅读的"融通"引导

"文学是人类感情的最丰富最生动的表达,是人类历史的最形象的诠释。""优秀的文学作品,传达着人类的憧憬和理想,凝聚着人类美好的感情和灿烂的智慧。"初中阶段的学生正处于青少年时期,是一个人记忆力最强的时期。在初中阶段阅读一定数量的优秀文学作品,对人的一生能产生深远的影响。

一、阅读长篇文学名著的意义

长篇小说作为一种文学样式,其人物纷繁复杂,情节跌宕起伏,结构宏伟开阔,反映社会生活的方方面面。阅读长篇文学名著,对增长知识,提高修养,丰富情感,都具有十分重要的意义。

(一)有利于开阔视野,提高语文素养

长篇小说容量大,人物多,生活积累和艺术积累丰富,内容纵横上下五千年,跨越东西八万里,包含社会生活的方方面面。如《红楼梦》就被称为封建社会的"百科全书"。在阅读长篇文学名著的过程中,可以吸收丰富的知识,积累各种阅读经验。在阅读中游览四海名山大

第四章 "融通"语文课堂教学案例评析

川,尽享各地美妙风光,探索微妙心理,徜徉历史长廊,极大地拓展了视野,增长了见识。

在阅读、理解、分析、想象的过程中,可以积累字词句篇等作文写作材料,在头脑里建立和贮存种种作文模型,形成良好的作文写作表达方法机制,体验情感,通过阅读名著接受优秀文化和美的熏陶,使语文知识、语文能力(正确理解和运用祖国语文的能力)、语文态度(对语言文字的认同、接受态度,热爱祖国语言文字的思想感情)、语言体验(对语言材料做出恰当的理解、选择和批判,能激活相关的语言储备)、语感能力(能迅速而准确地捕捉语言的含义的能力,是伴随想象、思维对语言的一种直觉能力)、语言积累(词汇量)、语言品质(使用语言是否准确、鲜明、生动、流畅、严谨、有条理)、语言行为(使用语言的规范化,以及语言品位、语言修养、语言习惯等)等语文素养得到提高。

(二)有利于发展个性,推动课程改革

长篇小说内容繁多,精彩纷呈。中华优秀古典文学让学生认识中华文化的博大精深;各国的优秀文学作品让学生关心文化生活,尊重多样文化;小说中人物的美好感情、高尚气节让学生逐步形成积极的人生观和正确的价值观,提高文化品位和审美情趣;小说中各种是非观念、传统与现代的激荡让学生逐步养成实事求是、崇尚真知的科学态度,初步掌握科学的思想方法;长篇小说阅读必须长期坚持又让学生养成语文学习的自信心和良好的学习习惯,形成独立的阅读能力;对小说中人物、情节的感知、欣赏、理解又让学生受到高尚情操与趣味的熏陶,发展个性,丰富自己的精神世界。

阅读构筑了学生的成长过程,使他们的知识与能力得到提高,形成自己的情感态度与价值观,形成自己的个体性格。这在一定程度上推动了语文课程改革的深入。

(三)有利于陶冶性情,增进美育,提高人文素养

阅读欣赏活动对学生美的情操的养成起着潜移默化的作用。高尔基把书籍称为"宇宙间伟大而又神秘的奇事之一",黄庭坚有句名言,说"士大夫三日不读书,则义理不交于胸中,对镜觉面目可憎,向人亦语言无味",就是说读书特别是读好书有益于陶冶人的性情。

美育是借助审美对象,培养正确的审美观点,感受美、鉴赏美、表现美、创造美的能力的教育。文学是语言的艺术。长篇文学名著本身就具有一种属于艺术美范畴的审美价值。其阅读过程就是认识美、接受美的过程。经常进行文学阅读,能陶冶学生性情,培养学生表现美和创造美的能力。

二、初中生长篇文学名著阅读的现状

(一)关于阅读选择

为了解农村初中学生的课外阅读情况,笔者在2012年时对启东市农村学校九年级学生进行了"课外阅读情况调查"的抽样调查,调查采用问卷式,为保证真实性采用不记名形式,当堂发卷,当堂收卷,每班随机抽取14或15份共100份问卷及时进行统计。调查内容及结果如下:

1. 调查内容及结果表

		A	B	C	D	E	F
1	有无时间阅读课外书	有,很充裕 10人,占10%	有一点,靠挤时间 65人,占65%	没有,作业太多 25人,占25%			
2	阅读类型 (可多选)	武侠类 18人	言情类 14人	课外辅导类 21人	文学艺术类 36人	动画类 36人	随便什么,都喜欢 34人

第四章 "融通"语文课堂教学案例评析

续表

		A	B	C	D	E	F
3	完整阅读四大古典名著情况（可多选）	《三国演义》	《水浒传》	《西游记》	《红楼梦》	没读过	
		11人	18人	34人	5人	42人	
4	外国名著阅读	没读过	1~2部	3部以上			
		47人，占47%	38人，占38%	15人，占15%			

2. 调查结果分析

在参与调查的100人中完整读过《三国演义》的只有11人，完整读过《水浒传》的有18人，完整读过《西游记》的有34人，读过外国文学名著的微乎其微，而约四分之一的学生很少阅读课外读物；相反，一些学生对武侠、言情小说却非常痴迷，不少学生对于课外阅读究竟"读什么"的问题，大多持"捡到篮里就是菜"的态度，缺乏鉴别，缺乏选择，愿读什么就读什么，缺少对经典书籍的认识和了解。

总体而言，学生在阅读内容的选择上呈单一性，常被兴趣所左右，往往选择某一类自以为感兴趣的文章，如有的迷恋校园小说，有的迷恋玄幻小说，有的喜爱文艺读物，有的喜爱科普读物……

同时，农村学校初中学生对阅读缺乏明确的目的，对书的好坏优劣缺乏鉴别能力，不善于根据个人文化程度选择深浅适宜的阅读材料。不少学生往往手边有什么书就读什么书，哪种书最流行就读哪种书，甚至以看书为催眠的手段和消遣方式，如在调查中，发现玄幻小说、侦探故事、卡通漫画类书籍在学生阅读中占很大的比重，说明消遣性阅读耗费了学生大量的时间和精力。从整体看，学生阅读的书要么成人化，要么低幼化，不太适合初中学生阅读。以上表明：初中学生在阅读选择方面带有很大的随意性和盲目性。

(二)关于阅读品质

1. 阅读的依赖性

农村学校初中学生的阅读自觉性不够,对一些具有深刻内涵和严密哲理类的经典长篇书籍内容感到乏味,对于这部分内容的阅读带有很大的依赖性和被动性。他们需要依赖老师开出书目,并定期进行阅读检查测试,才会强迫自己看书。在家中学生也在父母的反复叮嘱中,才会无奈地拿书阅读,而且往往是走马观花草草收场,这样的阅读效果可想而知。

2. 阅读的肤浅性

农村学校初中生在阅读文艺作品时,只注意故事情节,对情节越曲折生动的,越感到有趣甚至入迷,较少注意作品的结构、修辞、文采;只注意新奇的结果和奇特的现象,不大重视逻辑推理和思维方法;看书往往求快,常常显得较粗糙,总希望一目了然,而不重视那些细微的分析和严密的论证;偏爱华丽的辞藻,多不注重内涵的丰富性、深刻性。

三、引导农村学校初中学生长篇文学名著阅读的"融通"探索

阅读是一种思维活动,确切地说是一种心理活动。农村学校初中生的这些不良的阅读现象,是由阅读时的不良心理造成的。所以,教师必须对学生的课外阅读进行有效的指导,帮助他们克服不良心理,坚持经典阅读,提高文化品位,积累人文素养。

(一)循循善诱,瀚海拾贝

青少年学生正处在长身体、长知识的阶段,对于外界事物的好奇心很强烈且具有敏感性,吸收知识的能力很强,这是由生理、心理成长而自然形成的阅读兴趣。然而在阅读时,各类学生表现出分化性和选择性,有的面对"书海"无从下手,不知读什么好,有的干脆挑自己喜爱的文章读,从兴趣出发。由阅读兴趣不同而形成的分化性和选择性造成了学生各自阅读内容的单一性和盲目性,而有些应该阅读的经典文

学名著学生又不喜欢看。由于学生存在内心渴求和外部压力的两重性,造成了阅读的随机和片面。

在众多的阅读材料中,如何让学生选取内涵丰富、学养深厚的长篇文学名著来阅读,教师的引导与点拨,尤为重要。

1. 随文推荐,以点带面

叶圣陶先生认为:"课外阅读须配合着教材随时进行。"因此,为了提高课外阅读的效果,应根据课堂教学的进度,适时向学生推荐优秀的文学作品。这样,课内与课外相互影响、相互补充、相互促进,能取得更好的效果。

《新课标》建议初中学生阅读的《西游记》《水浒传》《骆驼祥子》《鲁滨逊漂流记》《格列佛游记》《名人传》《童年》《钢铁是怎样炼成的》等长篇文学名著大多与教材有所链接,教师在指导学生进行课内阅读的同时,可进行引导点拨,导向课外。

如阅读《空城计》时,在感受了诸葛亮的机智谋略之后,教师可向学生介绍"草船借箭""舌战群儒"等典故,激起学生对三国人物的好奇、景仰、评点、思考,从而激起学生认识三国人物的愿望,阅读三国故事的兴趣,探索三国历史的信心。

2. 渲染氛围,营造声势

第斯多惠说过:"教育的艺术不在于传授的本领,而在于激励、唤醒和鼓舞。"与其督促学生阅读,不如营造一种氛围,激发学生阅读的内在动力,调动他们阅读的积极性和内需力。

如在引导学生阅读《三国演义》前,组织学生观看精彩的影片片段,设计有关"三国"的语文活动,出有关三国的板报,最大限度地让学生感受三国,体验三国,在三国的氛围里,不断唤醒学生对三国世界的向往,鼓舞他们阅读文本的信心。

3. 个别指导,以一激众

同伴交往是初中生各种交往活动中最频繁的。从某种程度上说,学生本身就是一种丰富的教育资源。同伴的知识背景、人文素养、阅读能力对初中生具有极其重要的影响。在引导学生进行经典阅读的时候，采取个别指导、逐个突破的方法，往往能起到事半功倍的效果。

（二）总体调控，促进阅读行为

初中学生处于青春发育期，富于激情，在情绪上易波动、爱冲动、控制力差。阅读中常受情绪影响，有着多变性。

初中生注意力的分散和转移从一定程度上造成了阅读中的"见异思迁""喜新厌旧"。对一些经典名著不能耐着性子看下去。阅读是一种复杂的智力活动，学生在阅读活动中必然要遇到各种各样的困难，如不理解意思、觉得情节复杂等。有些学生面对阅读中的困难，怕苦怕累，怕动脑筋，遇到困难就退缩，长此以往，对阅读就会丧失信心，产生厌倦心理；还有的学生刚开始时对阅读学习充满兴趣，制订出一系列阅读计划，但对阅读学习的困难估计不足，好高骛远，急于求成，没有耐心，就会欲速不达，从而产生阅读中的急躁心理。这些阅读意志品质中的不坚定心理直接影响到阅读的质量，造成阅读没有深度，浮于表象的恶果。

教师在学生的阅读过程中，应多加指导、激励、控制，让学生的阅读不虚浮于表面，而向内涵深入。

1. 循循善诱，方法指导。

读书有了方法，就像拿到了知识宝库的钥匙。在阅读教学中，要指导学生善于把阅读课文的方法应用到长篇名著的阅读中去，让学生自己动眼、动手和动脑，独立活动，并且做到举一反三，驾轻就熟。

对比阅读法。把两个读物或同一读物中两个不同片段比较阅读，让学生对著作的诸多要素作出比较、评价。其中可以运用默读、速读、精读等技巧。

浏览式阅读法。叶圣陶先生曾说："如果只注重精读，而忽略略读，功夫只做了一半。"对于作品中的非重要情节，可以用快速阅读的

第四章 "融通"语文课堂教学案例评析

方法浏览,以获取一定的信息。

精读式阅读法。对作品的重要细节、关键情节、话外之音,要静心细读,慢慢品味,体会文章立意构思,揣摩布局谋篇,欣赏妙词佳句等,以获取一定的认知或情感体验。

创造性阅读法。以发现新问题,提出新观点、新见解,从而有所创新为目的的阅读,绝不把原著奉为神圣,而是在精读和研读的基础上,勇于质疑,大胆创新。

不动笔墨不读书。可边读边做摘记,或作圈点、旁批,做卡片,写心得,改写等,逐渐养成良好的习惯。

2. 引进竞争机制

有竞争,才有发展。在阅读活动中,引进竞争机制,有利于激发学生的阅读动力。在你争我比的环境下,学生更有进行阅读的兴趣。

首先,要找准对象。竞争对手必须是有竞争力的。和自己实力相当,"斗"起来才有意思。若对手比自己强得多,则容易丧失信心,容易半途而废;若对手太弱,则容易失去动力,倘使赢了也不光彩,造成不思进取的心态。只有对手与自己半斤八两,不相上下,才能形成你追我赶的局面。不仅如此,竞争对手还应和自己有比较频繁的接触。有接触才有压力,有压力才能产生动力,有动力、有行动,才会增强实力。竞争双方互相试探,互相了解,又各自暗暗使劲,易于收到相互牵制、相互督促、相互提高的效果。如果竞争双方是邻居或亲戚,有父母亲友的舆论监督,就更好了。

其次,要设定竞争目标。找好竞争对手,仅仅是开端。没有良性竞争的行为,等于纸上谈兵,一切枉然。教师可以为学生寻找短期的目标作为竞争的参照点。如阅读同一本书所用的时间比较,同一篇文章所得的心得体会的程度。初中学生的心理尚未完全成熟,一般欠长远考虑,只注重眼前的得失,将目标短期化、具体化,竞争行为就更易落到实处,也更容易激发他们的战斗力。

最后,要了解对手,提高自我。在学生进行阅读比赛的过程中,教师要进行多方了解,整体调控,具体操作,让学生始终保持阅读的激情。如帮助学生随时了解"竞争对手"的阅读进度,向学生展示"竞争对手"的读书笔记,对学生透露"竞争对手"的阅读深度。在"竞争对手"的"压迫"下,学生会不断暗示自己、督促自己,使自己的阅读向纵深发展。

(三)采用多种手段,提高阅读效果

初中生的思维往往表面化,缺乏应有的深度,只知其一,不知其二,知其然,而不知其所以然。阅读只流于表象的理解,思维达到语言层就浅尝辄止,不能深入到意蕴层,领会文章的重点。因此,阅读中多只能领会浅表层的明示信息,而发掘不出深层次的隐含信息。思维的浅露性造成了阅读的肤浅性现象。

因此,教师应采取多种手段,引导学生"敲开"语言的"外壳",循文明象,循文悟道。

1. 开展语文活动

很多长篇名著内容复杂,意义深刻,学生较难把握。在阅读过程中,教师应开展各种语文活动,挖掘作品的深刻内涵,展现作品的动人魅力。

如在引导学生阅读《三国演义》时,组织"三国英雄评选"(演讲赛)、"三国成语猜猜猜"(分组赛)、"三国人物展"(绘画展)、"悲壮三国"(故事会)、"三国有感"(作文赛)等活动。从各方面调动学生阅读的积极性,交流学生阅读的心得体会,加深学生对文本的理解,提升学生的思想深度。一系列的活动,不仅能帮助学生有目的地读完《三国演义》,更能引导他们用自己的思想去感受作品、理解作品,领会作品的意蕴。

2. 读写结合,以读导写,以写促读

读是"吞",写是"吐"。在阅读过程中,不定期地组织学生交流读书心得,并以书面形式呈现。教师不规定具体的限制,使学生没有压力,可以畅所欲言,允许他们有独特的见解和主张,教师只给予适当的点拨,促使学生对所读作品提出自己的观点看法,从而锻炼学生的思维,形成他们自己的思想。

在阅读了一定量的经典作品之后,学生的想象日渐丰富起来,其创作的欲望也日渐高涨,教师适时鼓励其进行创作,不必急于求成,作品篇幅不必过长,文采不必过于精美,体裁不必固定。教师对学生的作品要及时批阅,给以积极的评价和引导,保护其创作热情,使长篇名著的阅读成为"作家"的摇篮。

创设阅读环境,陶冶阅读情操,培养良好阅读习惯,形成浓厚的阅读氛围,促进学生阅读心理健康,提高阅读能力和阅读效果。让长篇文学名著阅读成为学生语文素养提升的源头活水,"融通"正可为……

创造,让文言也"融通"

——"知""行"相融的农村初中文言教学案例

文言文是中华民族数千年智慧的积淀,她简洁、干净、纯粹、典雅,丰富多彩,博大精深。但农村的孩子,生活环境缺少人文濡染,语言积累贫乏,和文言文的距离可说是远之又远,学习起文言文来,往往是不知其所云、愈难愈怕、愈怕愈难了。

"行是知之始,知是行之成。"在教学文言文的过程中,我努力探索,实践创造的课堂,在一次次创造中,学生学习文言文的热情被激发,文言文成为伴随学生成长的精神灯塔;在一次次创新教学中,学生循着古代先哲的足迹,探访文言世界的满园春色。

一、创造,培养兴趣

陶行知先生说:"生活、工作、学习倘使都能自动,则教育之收效定能事半功倍。"很多孩子学不好文言文,不愿学文言文,往往是因为对文言文缺少了解、缺乏兴趣,从而不愿意主动学习。在课堂上,我努力创造各种条件,激发他们阅读文言文的兴趣。

(一)创设情境,激发阅读兴趣

初中生的思维具有形象性的特点,在学习文言文时,我常常通过实物、影像、图片等方式展示形象特征,激发学生的阅读兴趣。

如在学习《核舟记》之前,考虑到学生对核舟这样的工艺品缺少了解,我便寻找了核舟的图片,并以实物核桃做演示,学生在惊叹核舟雕刻技艺的同时,对阅读课文的兴趣不由自主地生发出来,为课文的学习奠定了良好的基础。学完课文之后,我又给学生介绍了我国传统的微雕技术,并给他们看了发雕、牙雕等相关资料,学生对微雕技术兴趣大增,发现文言文原来也有这样让人感兴趣的一面,顿觉亲切起来。

在教学生学之前,还有一件事很重要,那就是激发学生的兴趣,让学生爱学、乐学,在此基础上,学生才可能会学、善学。

(二)创办活动,增长学习乐趣

"我们要活的书,不要死的书。"学习文言文又何尝不是如此呢?

文言文语言简洁凝练,本身离我们的生活看起来比较遥远,如果在教学的过程中脱离了生活,脱离了实践,那学生只能在一堆废纸上咬文嚼字,丝毫不能感受文言文中的"妙趣横生"。在教学中,我常常创办各种活动,让学生的文言文学习充满惊喜。

如在教学《活板》时,我让学生根据课文制作橡皮泥字模,并模拟活版印刷。短短几分钟,学生忙得不亦乐乎,对活版制作的过程有了更深的了解,对课文平实、简洁的说明也有了更深的体会。

教学蒲松龄的《狼》后,我组织学生举办了《聊斋志异》小小故事会。通过读《聊斋》原文、自主选材、精彩故事展现这一系列活动,学生阅读文言文的能力得到了提升,语言表达技巧得到了加强,对文言文的喜爱也日益加深。

二、创造,提升能力

"与其把学生当天津鸭儿添入一些零碎知识,不如给他们几把锁匙,使他们可以自动去开发文化的金库和宇宙之宝藏。"在文言文教学中,我进行创造性的实践,深深体会到了"授之以渔"的妙处和乐趣。

(一)创立比赛,提升朗读背诵的能力

"书读百遍,其义自现。"朗读在文言文学习中的重要意义不言而喻,但如何让学生乐读、会读、能读,则是语文教师义不容辞的责任了。

1. 小组比赛,读出表情

文言文中有许多生动的篇章,人物描写细致入微,语言刻画惟妙惟肖,朗读起来,总能得到很多乐趣。每每这时,我总是指导学生进行朗读比赛,要求读出人物的表情、语气,然后分小组表演。学生对这样的活动总是乐此不疲,朗读得有声有色,表演得津津有味。如朗读《两小儿辩日》一文,把两个小儿的天真率直,孔子的迷惑、坦诚表现得淋漓尽致。

这样的朗读活动,帮助学生更细致地揣摩人物心理,从而品悟词语,体会情感,走进文言文。

2. 师生比赛,读出感悟

如果说,和同学比,让学生激情洋溢,那么,和老师比,则更具挑战性。在课堂上,我常常和学生比赛,比谁读得更入味,比谁读得更投入,更比谁能读出自己的感悟。

于是,不管是范仲淹"先天下之忧而忧,后天下之乐而乐"的忧国忧民,还是欧阳修"醉翁之意不在酒,在于山水之间也"的豁达自信,不管是司马迁"王侯将相宁有种乎"的慷慨激昂,还是柳宗元"孰知赋敛之毒有甚是蛇者乎"的悲愤怨怒,都在我们的课堂上缓缓流淌,静静积淀。

在一次又一次的比较、鉴别中,学生的朗读能力不断提高,对文言文深厚绵长的意蕴、典雅纯粹的语言也渐渐有了自己的感悟。

3. "生生"比赛,朗诵积累

丰富的文言文积累有利于丰富学生的精神世界,熏陶语感。针对学生诵读文言文的现状,我在课堂上常常进行某一主题的诵读比赛,如"李白诗专题诵读""千里之志专题诵读"等,生动有趣的比赛形式,督促学生更多更好地积累,也在班级中营造了良好的学习文言文的氛围。

"活的人才教育不是灌输知识,而是将开发文化宝库的钥匙,尽我们知道的教给学生。"让学生用好"朗读"这把钥匙,读出表情,读出感悟,深化积累,学生对文言文才会越学越感兴趣,越学越轻松。

(二)创建迁移,提升探究难点的能力

"好的先生不是教书,不是教学生,乃是教学生学。"陶行知先生在半个多世纪以前的话语至今仍振聋发聩。在日常教学中,我常常自问,自己是否如先生所言,启发学生的思维,提高学生的能力。

文言文学习的一大难点是字词的理解,在课堂教学的时候,我常常创造性地运用迁移法,帮助学生巩固字词、加深理解。

如教学《活板》时,讲到"其印为予群众所得"一句,学生发现"为"的用法比较特殊,讲清要点后,我出示了相类似的句子:"山峦为晴雪所洗""仅有敌船为火所焚",请学生解释。学生触类旁通,很快理解了句子含义,又举出"舌一吐而二虫尽为所吞"等例子。通过这样举一反三的迁移训练,学生理解文言字词的能力得到了加强,探究难点的能力得到了提升。

(三)创作诗文,提升文言写作的能力

经过多年的文言文教学,我发现一个有趣的现象:很多学生对学习文言文不怎么感兴趣,对创作文言文却兴趣十足。他们的文言写作尝试,或许粗浅,却总是流露着美好的气息,跳动着纯真的音符。

从初一年级开始,学习文言文中的特殊句式时,我总是有意无意地引导学生用这样的句式表现生活,表达自我。如学习《刻舟求剑》时,学习句子"是吾剑之所从坠",我便试着让学生用文言句子说生活中的事。"是吾书之所置""是吾脚之所穿"……学生的表达或许不够准确,却总是能引来一阵笑声,调侃之中,文言文简洁质朴的风格便在学生心中扎了根。

初二初三时,我渐渐引导学生仿写文言文,创作文言文文章。一次,学完苏轼的《记承天寺夜游》,某学生便呈上了这样一篇有趣的东西:"某年某月某日,夜,解衣欲睡。月色入户,欣然睁眼,念无与乐者,遂至好友床,寻好友扯淡。好友亦未寝,相与阔论于床上……"让人在莞尔之余,不禁深思,不禁感叹。

"教育不能创造什么,但他能启发解放儿童创造力。"每一个孩子都是创作的天才,在文言文教学中,给孩子创作的平台,激发孩子创作的热情,学生收获的,又何止是写作能力的提升呢?

三、创造,形成素养

"千教万教,教人求真;千学万学,学做真人。"

在这个不断发展的世界里,文言文如大漠中的一股清泉,她所蕴含的精神积淀足以让一个孩子拥有足够强大的精神力量,去烛照自己的人生。而作为一名语文教师,发现这些精神财富,带领学生发掘这些精神财富,引导学生珍藏这些精神财富,便是在建构一道强大的民族文化长城!

在课堂内,在课堂外,我一直努力追寻,不断探索,和学生一起,探寻文言文背后的精神密码,解读文言文背后的民族密语。

读陶渊明的《桃花源记》,我会和学生一起编故事,畅谈凌云之志;读张养浩的"兴,百姓苦;亡,百姓苦",我会和学生一起寻找历史例证,了解"民为重,社稷次之,君为轻"的政治理念;读"燕雀安知鸿鹄之志哉",我会和学生展开辩论,思考个人之志与家国之志的利益轻重……

"真教育是心心相印的活动,唯独从心里发出来,才能打动心灵的深处。"我愿用自己真心的思考、独特的创造,唤醒学生的思考力和创造力,在碰撞、交流之中,进行一场场别开生面的文化探讨,促进中华民族的道德回归。我更希望把文言文中蕴含的精神财富"变成空气一样,弥漫于宇宙,洗荡于乾坤,普及众生,人人有得呼吸"。

我知道,这只是我——一位农村学校语文教师文言文教学的一点小小的创造,但我更相信,和我一起思考过、涵泳过、激动过,也快乐过的孩子,一定会拥有一份独特的精神记忆!

陶行知先生在他的巨著中真诚而坦率地说道:"像屋檐水一样,一点一滴,滴穿阶沿石。点滴的创造固不如整体的创造,但不要轻视点滴的创造而不为,呆望着大创造从天而降。"

在文言文教学中,我以创造为经,以激情为纬,编织着我的教育梦想。或许,我的所谓"创造"是微不足道的,但在这样的实践中,我感受到学生的欣喜,感觉到学生的成长;在这样的"创造"中,我的文言课堂春意盎然!

参考文献

[1]陶行知.陶行知文集[M].南京:江苏教育出版社,2008.

她和他的"恩仇"

——关于师生情感"融通"的故事

"她太神经质了吧,动不动就吼那么大声,比谁喉咙大吗?"他这样说。

"他是不是有点不正常?课堂上动不动就一个人叽里咕噜,不知道说些什么!"她这样说。

她,是和我搭班的教英语课的毛老师;他,是我们共同的学生小

第四章 "融通"语文课堂教学案例评析

凡。开学不到一个月,我就听到了他们相互的抱怨。身为班主任兼语文老师的我,忧心忡忡,英语老师的急性子众所周知,小凡同学的脾气暴躁在小学时就众所周知,他们的相遇,会不会是一个并不美丽的错误,是一场巨大的浩劫?

第一次较量:0分事件

"你看看这个小凡!这张练习卷,居然给我考了0分!你瞧瞧!"英语老师怒气冲冲地走过来,"啪"的一声,把一张画满了红杠杠、写着"0分"的试卷扔到我桌上。

"这个小凡……"我刚想把试卷拿起来,英语老师"唰"地一下抢过试卷:"你瞧,这题,这么简单,全班所有同学都做对了,就他错!你看,还有这题,他这纯粹是瞎做、乱做、胡做!"

"是有这种可能。"我笑着说。

"碰上这样的学生,气死我了!我要把他妈妈请过来!"英语老师紧皱着眉头,连珠炮似的愤愤说道。

"和这样的学生生气,值得吗?"我笑着拿过试卷,"小学时,小凡和老师打架,他妈妈跑到学校,跟老师大骂了一场,这样的妈妈,你指望她来有什么用呢?"

"那你说怎么办?"

"我还真觉得小凡是故意做错的,这40道选择题,要全部做错也不容易啊,他得避开所有的正确答案。"

英语老师拿过卷子,眉头越皱越紧:"有道理啊,你说,他干吗要这样做呢?"

"可能,是他心里有什么想法吧?"

"是他对我有什么不满吗?不行,我得找他好好谈谈!"英语老师想往教室冲去。我赶紧拉住她:"这种孩子,你越注意他,他越得劲,先别管他。"

秋日的午后，阳光特别明媚，天空显得格外蓝，格外远，阳台上，我叫住了小凡："听说，你给英语老师出了道难题，怎么样，毛老师有没有中你的招啊？"

小凡一愣，随即明白了我的意思，不好意思地挠挠头："我没那么想，就是挺不服气的。她凭什么总是占用我们的时间？这张试卷，就是她抢占了活动课老师的课，让我们考英语的。"

我笑着看小凡，故意对着教室大声说："就是，这毛老师有些傻，又不是她的课，她着什么急，她家女儿还等着她回去辅导作业呢，她可好，把女儿一个人扔在宿舍里，来给你们考试，就是傻！"

小凡红了脸，支吾着走开了。据说后来，小凡自己去和英语老师和解了，重新做了试卷。

我把小凡的话告诉了英语老师："小孩子不懂我们的苦口婆心，理解他们一下吧，我们小时候不也是这样？"英语老师怅怅然叹了口气："我也是为他们好，哎，欲速则不达啊！"

第二次交手："黄毛"风波

窗外的银杏叶在秋风中渐渐变黄，校园里飘落一地金色的树叶。不知从什么时候起，英语老师有了个外号：黄毛。听班长跟我报告，英语老师在教室里听到同学悄悄叫她的外号，气得铁青了脸，蹙着眉头发了半天的呆，然后，一言未发，猛跺着脚走了。而这起外号的人居然又是小凡。

我找到了小凡，说："你给英语老师起的外号不够精准，毛老师好像不太喜欢。"

小凡无辜地看看我，又摇摇头："我没有用外号叫毛老师，是别人叫的。"

"这黄毛，是什么意思？有什么含义？"

小凡低下了头："英语老师染了黄头发，而且，她非常认真，经常对

第四章 "融通"语文课堂教学案例评析

同学发火,她生气的样子,就像金毛狮王,火力十足。"

看来,这"黄毛"里,也不全是贬义。孩子们对英语老师的认识,也并不全是片面的。如何引导孩子正确看待老师的坏脾气,又该如何消减英语老师的失望和失落?我琢磨着。

"你怎么看英语老师?"小凡看着我,摊开双手耸了耸肩:"她也太凶了点。"看着小凡无奈的表情,一个好主意涌上我的心头。

语文课上,我指导学生进行人物练写,而且要写出人物特征。

"写英语老师怎么样?"

孩子们很兴奋,七嘴八舌道:"英语老师的特征太鲜明了!"一阵讨论之后,关于英语老师的一段段绝妙描写从孩子们嘴里蹦出来。声音响亮、节奏急促的高跟鞋声,歇斯底里的高声批评,粗硬的黄色头发,生气时噘起的嘴,高凸的颧骨,一位立体的英语老师惟妙惟肖地站在我的眼前,但我还是摇头:"没抓住重点特征进行描写。"

"老师,那英语老师的特征到底是什么?"

"你们只看到了她的表象,没看到她的内心。"经我提醒,孩子们想起了那些粗线条描写背后的精致细节:午休课不眠不休地批改作业,学生进步时的爽朗笑声,每天的单词过关练习,每周的错题归类试卷,周日的分层作业……这些,都是英语老师花了多少心血做的啊,不知怎的,教室里的空气竟悄悄有些凝重起来,小凡那原本不屑的表情里,竟也似乎融进了一丝感慨和思考。

课后,我把孩子们的作文给英语老师看,一开始,她还拼命摇头:"他们一定是写我的坏话,以前的学生大多这样。"我把作文本扔在她桌上,过两天,她不无感慨地叹道:"这帮孩子,还挺有心的。我对他们是不是太严厉了些?"

第三次冲突:早读"案件"

我这座"桥梁"暂时化解了学生和英语老师之间"水火不容"的关系,

281

英语老师也愿意用更平和的心态去理解和包容孩子们,但冰冻三尺,非一日之寒,严谨、严肃、严格乃至严厉,终究是她的执教风格,学生的叛逆行为也不会因为我的周旋而彻底消失。在一节早读课上,小凡和英语老师之间的矛盾终于爆发了。

那天,英语老师在讲台上准备上课用的PPT,孩子们读书的声音稀稀拉拉的,有气没力的样子。英语老师不禁有些生气,使劲地拍了一下手上的鼠标:"怎么,念不动了?没吃饭啊!"读书的声音瞬间响亮了许多。可没过多久,教室里的声音又弱了下去。"会不会念啦!"英语老师又狠劲拍了一下桌面,教室里霎时一片安静。在这一瞬间,一个低沉的男音嘟囔了一句:"把鼠标拍坏了怎么办?"英语老师满腔怒火正无处发作,这一个不该出现的声音瞬间将她惹怒了,她涨红了脸,死死盯着发出声音的角落:"小凡,你太过分了!我忍了你多少次了,你刚才说什么!"

小凡也惊呆了,紧抿着双唇,一动不动,在英语老师愤怒的目光里,豁地站起,摔门而去。

等我在宿舍里找到小凡时,他已经恢复了平静,眼睛里却仍隐隐含着泪光:"我也忍了她很多次了,她喜欢动不动就骂我们,动不动就拿我们和别的班比,我受不了了!"

我婉言劝慰小凡,指出他的不妥之处,希望他去跟英语老师说明一下情况,他紧咬着唇:"我不,今天早上我没错!"

事情就这样陷入了僵局。自此以后小凡在英语课上变得格外安静,不吵、不闹,却也不读、不听,似乎总是沉浸在自己的世界里。英语老师则说,这课上得冷冰冰的,寡然无味。

我尽力思索着想要拉回小凡的心,却不知从何下手,时间,似乎一下子凝固了。

两天后,英语老师说,她想去检查身体,一段时间以来,她的胸口总是隐隐地感觉有些疼,镇医院里总是查不出什么结果来。我想着这样也好,可以把小凡的问题冷两天再说,却不想,等待我们的,是英语老师未曾想到的病情。

第四次结缘:蓦然回首

整整一周,英语老师没有在校园中出现,学校为我们班安排了代课老师,学生隔三岔五来问我为什么,我不知道该不该把实情告诉他们。经检查,英语老师的肝胆部位有一个囊肿,需要到上海开刀治疗,她一再叮嘱我不要告诉学生们,随后,她的手机就关机了,再也打不通。我想,她也许是不想让学生们有负担,也许是害怕改变自己在学生心中一直以来强大的形象,也许是害怕学生们用同情的眼光看她吧。但学生们还是知道了,那天早读,望着空荡荡的讲台,我不由得悲从中来,缓缓地和学生们讲述和英语老师的相识、相伴,讲述英语老师对他们学习的焦虑、担心,孩子们静静地听,时光仿佛凝固了一般,一些东西在他们心中涌动,小凡侧着头,满脸忧伤地看着我,眼睛里流动着一丝惆怅。

那天放学的时候,小凡破天荒地拦住我:"老师,英语老师是不是因为我才气出病来的?"望着他明亮的眸子,我不由得心中一动,拍拍他的肩:"怎么会呢?英语老师这病,也不是三两天的事儿了。"他怅然离开了教室,我的脚步,怎么都轻松不起来。

一个月后,我终于拨通了英语老师的电话。电话那头,她的声音听起来有些虚弱。手术成功,她回家了。当我把这个好消息告诉学生们的时候,他们兴奋得跳了起来,争着要去看她。让学生们选了几个代表,挑了一个合适的时间,我们便出发了。

望着苍白瘦弱的英语老师,孩子们掩住内心的伤感,和毛老师有说有笑。临别时,班长从口袋里掏出一个蓝色的小盒子:"毛老师,这是小凡托我带给你的,他想让我和你说声对不起。"英语老师躺在床上,怔怔地看着盒子,喃喃道:"小凡,他还好吗?"

我也有瞬间的失神,想不到,小凡会用这样的方式来表达他内心的歉意,更想不到,看似叛逆倔强的小凡,心中却有着这样一份至真至纯的尊师情谊。

或许,不管是身为人师者,还是身为学生者,内心都有着一份美好的情感,只是在诸如考试、纪律之类的约束和禁锢之下,或者是由于某种原因,失去了自由表达情感的能力,而把种种关心和爱护局限于条条框框之中、铁面冷语之下,一片苦心便成了泡影,一腔热情化作"坚冰";待得时光流转,春暖花开,这份爱才得以显现出来。

在学生和老师之间,总是会发生许多或悲伤、或动情的故事,老师与学生的情感融合,一直都是美好的愿景。从学生的需求出发,卸下伪装,让爱从心底流淌到片言只语之间,把这种愿景变为现实,"融通"的路,还很长,很长……

作业,走在"立人"的路上
——"融通"的初中语文作业变革案例

【聚焦】

中共中央办公厅、国务院办公厅《关于进一步减轻义务教育阶段学生作业负担和校外培训负担的意见》发布后,全国各地围绕"作业改革"展开了轰轰烈烈的讨论、实践与研究,形成了丰硕的研究成果。

前几天,教育部发布《义务教育语文课程标准(2022版)》也在作业方面提出了新的评价建议:"要以促进学生核心素养发展为出发点和落脚点,精心设计作业""要合理安排不同类型作业的比例""作业设计要在识记、理解和应用的基础上加强综合性、探究性和开放性,为学生发挥创造力提供空间"。

如何让这样的作业要求变为切实的作业设计、作业行动?如何让广大专家、教师的研究成果变为学校真实的行动,改变学生的学习方式？如何让作业变革真正发生在初中语文课堂,让学生从作业中获得兴趣、自信和成长？"提高作业设计水平""系统设计符合年龄特点和学习规律、体现素质教育导向的基础性作业",关键在于一线教师的行动,教师的作业设计和指导实施是作业改革真正发生的关键,也是落实"双减"、实施以作业改革推动学生素养发展的"最后一公里"。

【案例】

"发现他的光芒"人物采访作业案例

作业说明:

统编语文教材八年级上册第一单元是"活动·探究"单元,通过"新闻阅读",学生了解了消息、新闻特写、通讯等不同题材的新闻作品,学习了阅读新闻的方法。立足"学用融通""知行合一"的思想,在"人物采访"这一任务中,我们设计基于真实情境的采访任务,让学生采访校园中的各类人物,了解学校中不同职业人的不同生活,感受普通人的生活,在作业过程中学习语言运用,在交往沟通、语言表达、思维品质等各方面获得发展。

作业过程:

一、明确要求,选择采访对象

教师:一个学校的运转和发展离不开校园中每一个人的努力和贡献,学校里任何一个普通工作岗位上的人,都为学校的发展、为我们的成长做出了贡献。他们身上有很多优秀的品质,值得我们去了解、去发现、去学习。请每个小组确立采访对象——必须是校园中的某一个人——并明确采访的目的。

学生行动:以学习小组为单位,了解采访要求;确定各小组的采访对象。

经过进入各小组调查了解发现，各小组确定的采访对象各不相同，呈现范围广、角色全的特征，采访对象有学校保安、保洁工人、各学科老师、校长、某学霸、饭堂阿姨等。为增加采访的挑战性，有两个小组确立的采访对象为从未谋面的学校团支部书记李桦老师、学校运动会总策划袁老师。

二、确立目标，拟定采访提纲

师生合作，拟定采访提纲模板，项目内容包括采访时间和地点、采访对象、采访目的、采访方式、采访器材、采访问题等。对采访提纲的模板进行修订，各小组都提出了自己的意见和建议，在"模板"基础上，我们鼓励各小组进行个性化的提纲设计，尊重各小组采访的自主权和独立性。

各小组根据自己的采访任务，讨论交流，确定采访问题，拟写采访提纲。由教师和组长组成"采访作业审核委员会"，审核各组的采访提纲，商讨并优化采访程序。在此过程中，各小组有机会相互学习，取长补短，为采访作业的顺利开展奠定基础。

三、预约时间，展开采访实践

各小组充分发挥资源优势，与采访对象取得联系，预约采访时间，并准时展开采访，拍摄采访照片，做好采访记录。

在此过程中，老师与家长协同合作，指导学生提前了解采访对象的事迹、工作性质、个性特征，进行"有准备的采访"；当面、电话或微信预约，支持和鼓励学生遇到挫折不气馁、遭遇拒绝不退却，以坚韧的毅力、不懈的意志完成采访任务；指导学生在采访过程中遵时守礼，文明谦逊，恰当运用交际技巧和采访技能，积极主动与人交往。

第四章 "融通"语文课堂教学案例评析

四、撰写报告,展示采访成果

采访结束后,组织学生总结采访的经验,反思采访过程中的不足,结合"新闻阅读"所学,运用消息、新闻特写、人物通讯、随笔等各种方式进行采访稿的撰写。

将学生所撰写的采访稿以及过程性材料(包括照片、采访提纲等)进行物化成果呈现,运用班级微信公众号进行推广,并展开全班交融的、家长参与的线上线下评价。

【思考】

《学记》:"大学之教也,时教必有正业,退息必有居学。"作为课堂教学的补充和延伸,语文作业起到巩固学习成果、发展能力素养的作用,"高质量"的作业,应该成为"帮助学生实现'意义建构'的载体",促进学生"将作业中的知识与技能转换成学科核心素养"。这样"高质量"的作业,关键在于作业设计的"融通",不是盲目地制定并完成任务,而是把"作业"置于语文教学的完整体系之中,既关注作业与课堂之间的联系,又立足作业与全面育人的关系,还要体现作业与社会生活的融合,以生动、活泼、多样的方式促进学生的成长。

一、"文"与"道":重塑作业的"立人"功能

《学记》中说,"不学操缦,不能安弦;不学博依,不能安诗;不学杂服,不能安礼;不兴其艺,不能乐学"。"退息"与"时教"看似形式不同,实则保持同一维度,通往同一境界,那就是"君子"的养成。

关注作业中"人"的成长,使学生在学习运用语言的过程中培养思维,掌握方法,树立积极的价值观,提高自我管理能力和实践能力,将"文"与"道"紧密融合,是作业改革的重要支点。

以"发现他的光芒"为主题的校园采访作业,从"发现'人'"的价值维度出发,引导学生发现普通人身上的人性光辉,对爱岗敬业、善良仁

爱等美好品质有更深切的感触；与普通劳动者的深度交流，使学生了解一个学校的运转离不开每一种职业，从而理解和尊重每一位普通劳动者，构筑科学的价值观、职业观；学生在采访过程中，尤其是预约过程中遭遇的种种"挫折"和"意外"，让他们的身心不断接受来自各界的"考验"，锻炼出坚韧不拔、迎难而上的勇气和毅力……

正如杜威所说："只要着眼点在于外部的结果而不在于包含在达到结果的过程中的心理和道德的状况和生长，这种工作可以叫作手工的工作，而没有理由称为一种作业。"学生对重复机械的"抄写"作业深恶痛绝的重要原因，便在于他在这个过程中不能感受"成长"，只有无尽的枯燥、无奈与厌烦。

"文道合一""文道相生"本就是语文学习的传统，在"作业"这一重要教学流程，更要把"育人"要素放在首位，在作业中实现"人"的润泽濡染。

二、"情"与"境"：真实情境下的作业任务派生

"语文"是"学习语言文字运用"的学科，是实践性学科，学习语文最好的方式是"在使用工具中学会工具使用""在言语实践中纯熟言语技能"。实践活动是否真实，能否带给学生现实的心理冲击和真实的情感触动，是语文学习深入、有效开展的关键。近年来，语文学界越来越重视语文的"实践性"，教材中专设"综合实践活动"课程，考试评价中也多用"实践性活动"的方式，但是，"纸上谈兵"难以练就真实的能力，各种假设、模拟带给学生的往往是模糊的似是而非的"假体验""伪成长"，唯有在真实的境遇中，那些为完成"任务"而生的困苦和迷惘、曲折和矛盾、兴奋与愉悦、成功和收获才能促进学生身心积极的、结构化的改善。

在本次采访作业中，学生面对"找人难""预约时间难""不愿意接受采访""采访时尬聊""被采访者不愿拍照"等真实问题，不断调整自

第四章 "融通"语文课堂教学案例评析

己的采访策略,改进沟通方式,优化作业心态,在"困境——调整——困境""合作——争辩——合作"中协调人际关系,发展语言能力,增强心理承受能力,提升交往能力,在真实的任务驱动中,"境"激发"情"的生发,"情"的改变又创造新的"境",两者融合,激荡互生。就像一位同学在采访手记中写的:

> 一段时间休养生息,调整身心,我们又计划着第二次采访。这时,"菩萨"降世了。一位全身闪闪发光的阿姨如观音菩萨,手拿长勺,啊不——净瓶,踏着五彩祥云向我们飞来,光芒洒向我们身上,每个人的精神仿佛又升华到了一个境界,我们立刻围了上去,"你有空吗,阿姨?"恍惚中,她回头,笑盈盈地,把干枯瘦小的手在衣服上揩了揩,又理了理微乱且带了些银丝的头发,微笑着点了点头——可现实中——她毫无反应,双手依旧在机械地整理着,良久之后,她才来了句"没空"。这让刚才还如气球般膨胀的我们,一下了漏气了。还好我机灵,热情地跑去:"阿姨,我来帮您一起整理碗筷吧——"她没理我,继续着手上的活:"不用,你们是祖国的花朵,快回教室好好学习。"
>
> ……
>
> 几经失败,终于我们成功采访完毕。
>
> 回头深思,在此采访过程中,我们小组内部有争执,有失意,有无措——但一次次坚持终于有了结果。
>
> 我不是天生的王者,但我有着面对困难,坚定向前的信念。

杜威说:"作业的方式也有很多,除了无数种的数字游戏和竞技之外,还有户外短途旅行、园艺、烹饪、缝纫、印刷、书籍装订、纺织、油漆、绘画、唱歌、演剧、讲故事、阅读、书写等具有社会目的(不是仅作为练习,以获得为将来应用的技能)的主动作业。"老师若能智慧化运用,那些真实的生活情境,都可以成为语文作业的一部分。如果我们能在生活实践中将"语文味"融入这些教育活动中,我们就能拥有取之不尽的语文作业情境,"情"与"境"相融相生,就能减少许多虚假情境、离奇想象,让"语文的生活"落地生根。

三、"教"与"学":作业多样路径的选择与指导

教师在学生的作业过程中起什么作用?仅仅是"布置"一个任务,然后等着检验学生的作业成果?在精心设计了作业之后,在学生作业的全过程,老师要如何调控、指导,如何促进学生作业质量的提高?

"作业过程,实际上是从有教师指导的课堂教学,过渡到没有教师指导的自主学习的过程。因此,在设计作业的过程中,教师要有意识地为学生的自主学习架设思维支架,提供相关内容及必要的学习方法指导。"一节课的教学,不以"作业的布置"为终点,作业只是由教学的一个环节转入下一个环节,这个"作业"的过程,离不开教师对"学"的指导和积极评价,教师也需要由"这一次"的作业进程了解学生掌握和巩固知识的程度、能力提升的效度,从而为"下一次"的教学提供参考和依据。

在"人物采访"作业实施过程中,教师的"教"与学生的"学"始终融为一体。协同确定采访对象,对此提出有益的建议;为学生提供采访提纲的最初样本,并组织学生共同讨论,最终形成个性化的采访提纲;在学生采访过程中,主动了解进程,为有困难的小组出谋划策,提供策略框架,激发积极作业心态;收到小组的采访作业后正向评价,并结合实际进行优化指导……

教师的"教"始终伴随学生的作业过程,但作业中教师的"教",不是全程手把手扶持,也不是固定程式的强行要求,而是适时的点拨、鼓励、启发,以"教"融"学",以"教"激"学",以"教"促"学",以帮助学生更独立、更自主地完成作业,从而实现"会学"。

四、"零"与"整":建构立体化的初中语文作业体系

作业控量提质的关键在于"融合"。一次性的、零星的作业创新不能算是作业改革,作业改革的前提是将作业放到整个语文教学体系中,将之与课堂教学内容相整合,与其他学科相融合,与学生个体生活经验相结合,与社会整体发展相应和。学生的每一次作业,都不是割裂的孤立的"个案",也不是无意义无差别的"重复",而是在不断的"分散"中建立知识的内在联系,实现能力的螺旋上升、素养的梯度发展。

化"零"为"整",融"零"于"整",是作业改革的基本思路。

本次"人物采访"的作业是八年级语文上册第一单元任务群学习的有机组成部分,在学习了《一着惊海天》等新闻后,学生对"采访"有了粗浅的认识,对于采访充满了好奇心与探索欲,为后期的新闻写作做好了知识储备,此时进行采访作业,既是对单元阅读任务的总结和深化,也是为后面的新闻写作做好实践准备。

我们采用实践活动的方式,一方面,融合听、说、读、写等语文基本环节,在综合运用中提升学生语文素养;另一方面,实践活动与本单元的其他任务——阅读鉴赏、写作运用构成一个多元融合的整体,最大限度地促进学生思维的、情感的投入,实现核心素养的发展。

在完成作业的过程中,我们支持小组合作实践的方式,小组成员各展所长,分工合作,选择适合自己的任务(分工协调、制作流程、预约嘉宾、采访速记、音像摄制、撰写手记、成果汇总等),在沟通交流、协同合作的过程中发展个性,构建能力增长点。任何一个人都不可能孤立存在于这个世界上,将个体置于集体之中,学生不仅有知识的获得、能力的生长,更有情感的丰富、价值的实现。

最后,我们把作业的成果通过班级微信公众号进行小组展示,打开后台评论功能,引导小组内部进行"反思型评价",鼓励学生之间进行"跨媒介创意评价",提倡家长、老师给予积极评价,增强评价反馈的

多元互动,将"作业"置于过程评价的整体架构之中,让学生获得自我实现感和学习成就感。线上线下交融互动的语文学习和展示方式,实现更大区域的语文共享与共生,整体推进了语文学习立体化体系建设。

作业改革,是一个宏大的命题。

但是,"千里之行,始于足下",通过作业的改革,我们希望学生实现"文化自信""语言运用""思维能力""审美创造"等方面的积累与发展,希望促进学生的自我认知与理解,培养他们的责任心、自律性和意志力,促进"自我管理能力和元认知能力的发展",实现生命个体的成熟与成长,更实现语文学习方式的变革。

参考文献

[1]刘辉,李德显.中小学作业的异化及回归[J].天津师范大学学报(基础教育版),2021(10).

[2]李学书,胡军.大概念单元作业及其方案的设计与反思[J].课程·教材·教法,2021(10).

[3]杜威·约翰.学校与社会·明日之学校[M].赵祥麟,任钟印,吴志宏,译.北京:人民教育出版社,2005.

[4]唐江澎.语文学习,在校园生活情境中展开[J]中学语文教学.2022(1).

[5]杜威·约翰.民主主义与教育[M].王承绪,译.北京:人民教育出版社,2001.

[6]王月芬.作业的本质及育人价值[J].今日教育,2021(10).

[7]中华人民共和国教育部.义务教育语文课程标准:2022年版[M].北京:北京师范大学出版社,2022.

[8]杨清."双减"背景下中小学作业改进研究[J].中国教育学刊,2021(12).

附：

作业成果

1. 采访提纲

2. 采访实照

3. 采访手记

我的一次采访经历

折桂启东中学八(4)班　黄祯熙

谁不是在慌张中跌跌撞撞成长？

——题记

采访张老师，不难，却很慌。

采访前，心神微乱。在得知采访对象是张老师时，心中暗自庆幸，却被陆羿丞那猥琐又笃定的话语浇了个透心凉："你肯定找不到张老师的。"虽知不可信，心中仍像雨滴打过的水面，泛起阵阵涟漪——嗯，有点慌。

采访时我在风中凌乱，还真给陆羿丞预见到了，明明是约好的时间，张老师却不知所踪，空荡荡的办公室只残留一丝空调的余温。办公室外大风呼啸，把我的头发吹得"群魔乱舞"，让我本就凌乱的思绪更加凌乱，头脑一片空白：怎么办？怎么办？只有500秒了，499秒，498秒……我眼见着时间如细沙般从指间流过，熟悉的大秃顶却仍旧没有出现，除了慌张却又无能为力，可是我是大组长，如果连我都没有办法，我的组员们怎么办？肩上的责任感迫使我冷静下来，理一理早已乱如麻的思绪，开启了"人肉搜索模式"——分组在楼上、操场、行政楼仔细搜寻。

待我们找到"失踪人口"时，他却在跟别人闲聊——老师的秃顶微微泛光，挺直的腰板使"啤酒肚"更加显眼，一条粗壮的手臂夹着书本，另一只布满老茧的大手握着和黄老师同款的"养生杯"，一副眉开眼笑的神态，全然不知自己还有个未赴的约定。甚至在我们火急火燎地赶到后，他也没记起这码事来。我们急呀，快上课了！可直接打断他进行采访又不礼貌,为了四班的形象,我只得压下心中的慌乱,面上微笑,实则内心紧张地注视着那位谈得"忘我"的老师。

采访后,准备给他拍照,我慌乱依旧。我们就像在迷宫中的小人儿,历尽千辛万苦,却被出口的一粒小石子绊住了脚。采访完拍照时,刘紫轩竟"人间蒸发"了!哪也找不着,"呼呼"的风声震得我脑仁发疼,却猛然想起林语堂先生的一句话:"明智的放弃胜过盲目的执着。"算了,不管,先拍了照再说……

唉!以前以为记者不过就是问问问题,写写文章,今天真正体验了才知道记者的不易。不过,菲兹杰拉德曾言:"你学过的每一样东西,你遭受的每一次苦难,都会在你一生中的某个时候派上用场。"过程虽苦,但却让我学会了记者们灵机应变、沉着冷静的能力,所以感谢这次的采访,感谢"失踪"的张老师,感谢那可爱的慌乱。

打不倒我只会让我变得更强大!

——后记